RÉPERTOIRE

DE

BIBLIOGRAPHIES SPÉCIALES,

CURIEUSES ET INSTRUCTIVES,

CONTENANT

LA NOTICE RAISONNÉE

1° Des Ouvrages imprimés à petit nombre d'exemplaires ;
2° des Livres dont on a tiré des exemplaires sur papier
de couleur ; 3° des Livres dont le texte est gravé ; et
4° des Livres qui ont paru sous le nom d'ANA. Le tout
rédigé et publié avec des remarques historiques, littéraires
et critiques ;

PAR GABRIEL PEIGNOT, *Principal du Collège de Vesoul,
Bibliothécaire de la ville et du département, Membre de
l'Académie celtique de Paris, de l'Académie de Besançon,
de la Société libre d'émulation du Haut-Rhin, et de la
Société d'Agriculture, Sciences et Arts de la Haute-Saône.*

~~~~~~

A PARIS,

Chez MM. { RENOUARD, Libraire, rue Saint-André-des-Arts,
n° 55.
{ ALLAIS, Libraire, rue de Savoie, n° 12.

~~~~~~

M. DCCC X.

INTRODUCTION.

Quoique l'on se plaigne du nombre excessif des livres (1); quoique les presses de l'Europe, infiniment multipliées, soient dans une activité toujours crois-

---

(1) Le savant Struve a dit qu'il serait plus facile de transporter le Mont-Atlas, que de faire une Bibliographie universelle, c'est-à-dire, un catalogue de tous les livres qui existent, et qu'il faudrait au moins cent cinquante volumes *in-folio* pour ce catalogue; je crois que trois cents ne suffiraient pas. On doit en être convaincu, quand on voit qu'à l'imprimerie des Orphelins, fondée à Halle, par le Baron de Canstein (pour l'Écriture Sainte seulement) on a imprimé, dans l'espace de 22 ans (de 1710 à 1732), la quantité de 327,000 exemplaires de la *Bible*, et 260,000 exemplaires du *Nouveau Testament*, le tout *in-8°* et *in-12*; qu'il existe dans le monde chrétien à-peu-près 14 à 15,000 éditions de la *Bible*, qui, chacune tirée probablement à 5000 exemplaires, donnent 70 à 75,000,000 d'exemplaires : voilà pour un seul article. L'*Imitation* de J.-C. est le livre qui a été réimprimé le plus souvent après la *Bible*. La *Bibliothèque historique de France*, édition de 1768—78, 5 *volumes in-folio*, présente, dans les quatre premiers volumes, 48,223 articles, et encore n'était-elle pas complète alors; que serait-ce si on l'augmentait de ce qui a paru jusqu'à ce jour? Cela n'est également qu'une bien faible partie de la Bibliographie universelle. Le Catalogue de la *Bibliothèque du Roi*, 1739—53, 10 *volumes in-folio*, n'offre que les *Manuscrits*, la *Théologie*, les *Belles-Lettres* et une partie de la *Jurisprudence*; à combien de vol. se monterait-il si on le terminait, et qu'on y ajoutât toutes les augmentations qu'a

sante, et qu'il semble que l'esprit humain n'ait plus rien à produire de nouveau, il faut cependant avouer que le vaste champ de la littérature offre encore quelques parties qui ont été un peu moins cultivées que les autres, et qui laissent quelque chose à desirer. De ce nombre sont la Bibliographie et l'Histoire littéraire, sur-tout en France. On convient assez généralement que, sous ce rapport, nous ne sommes point au niveau des allemands et des italiens, qui ont senti, plus que nous, la nécessité de présenter aux amateurs le fil d'Ariane dans le dédale immense des productions littéraires. Ce n'est pas que les français n'aient aussi de bons livres de Bibliographie ; mais ces livres sont peu nombreux, parce que ce genre de travail, moins agréable qu'utile en ce qu'il exige beaucoup de recherches et d'érudition, s'éloigne un peu, par son aridité, du goût de notre nation, qui a dédaigné dans cette partie une supériorité qu'elle s'est acquise dans beaucoup d'autres.

Quelques réflexions à ce sujet, et un goût décidé pour la connaissance des livres, nous ont porté,

reçues cette bibliothèque depuis 1753 ? Qu'on jette ensuite un coup-d'œil sur les catalogues des grandes bibliothèques publiques de toute l'Europe, des bibliothèques particulières (celui du Duc de la Vallière est en 9 gros volumes *in*-8º), sur les Bibliographies générales et spéciales, sur les catalogues anciens et nouveaux des foires de Francfort, de Leipsick, d'Iéna, sur les journaux bibliographiques français et étrangers, etc., etc., et l'on ne doutera pas que l'entreprise d'une Bibliographie universelle ne soit la chose impossible.

dès notre bas âge, à consacrer tous nos momens de loisir à l'étude de la Bibliographie ; les essais que nous avons publiés jusqu'à ce jour (1), prouvent que nous en avons fait notre occupation particulière autant que les devoirs de notre état nous l'ont permis.

---

(1) Dictionnaire raisonné de Bibliologie, contenant, 1° l'explication des principaux termes relatifs à la Bibliographie, à l'art typographique, à la diplomatique, aux langues, aux archives, aux manuscrits, aux médailles, aux antiquités, etc. ; 2° des Notices historiques détaillées sur les principales Bibliothèques anciennes et modernes ; sur les différentes sectes philosophiques, sur les plus célèbres Imprimeurs, sur les Bibliographes, avec la liste de leurs ouvrages ; 3° enfin l'exposition des systèmes bibliographiques, etc., et un tableau synoptique de Bibliologie. *Paris*, *Renouard*, 1802—1804, 3 *vol. in*—8° ; le 3ᵉ vol. se vend séparément et peut former un ouvrage à part.

Manuel bibliographique, ou Essai sur les Bibliothèques anciennes (traduit du latin de Juste—Lipse), sur la connaissance des livres, des formats, des éditions, sur la manière de composer une Bibliothèque choisie, etc. *Paris*, 1800, 1 *vol. in*—8°.

Essai de curiosités bibliographiques, (ou Notice raisonnée des ouvrages les plus beaux, dont le prix a excédé 1000 fr. dans les ventes publiques). *Paris, Renouard*, 1804, 1 *vol. in*—8°, *tiré à petit nombre ; tous les exemplaires en papier vélin.*

Dictionnaire critique, littéraire et bibliographique des principaux livres condamnés au feu, supprimés ou censurés, précédé d'un discours sur ces sortes d'ouvrages. *Paris, Renouard et Allais*, 1806, 2 *vol. grand in*—8°.

Bibliographie curieuse, ou Notice raisonnée des livres imprimés à cent exemplaires au plus, suivie d'une Notice de quelques ouvrages tirés sur papier de couleur. *Paris, Renouard*, 1808, 1 *vol. in*—8°, *tiré seulement à* cent *exemplaires*, tous

Nous nous sommes d'abord appliqué aux Élémens de la science bibliologique, partie essentielle, par laquelle il fallait naturellement commencer. Après avoir consigné ces Élémens dans notre *Dictionnaire bibliologique*, en 3 *vol. in*-8°, nous avons senti la nécessité de passer de cette théorie à une bonne Bibliographie pratique ; et pour parvenir à ce dernier objet, nous avons pensé que le moyen le plus sûr était de diriger nos recherches vers les Bibliographies spéciales. Nous entendons par ce mot toute Bibliographie particulière consacrée à un genre quelconque d'ouvrages, mais à un seul genre. Ces Bibliographies, sous le rapport de la connaissance approfondie des livres, sont bien préférables aux Bibliographies générales. Celles-ci ne présentent ordinairement qu'un choix d'ouvrages pris indistinctement dans tous les genres : elles s'attachent sur-tout aux livres rares et curieux de toutes les classes, et en forment un tout plus ou moins étendu, mais toujours circonscrit; au lieu que les Bibliographies spéciales, ne renfermant qu'une seule espèce de livres, font mention quelquefois des productions, même les plus minutieuses dans cette espèce, et offrent, par conséquent, tous les renseignemens qu'on peut desirer. Aussi ces recueils sont de vrais trésors pour celui qui veut connaître à fond la Bibliographie proprement dite. On objectera peut-être qu'il est inutile de parcourir une si grande

en papier vélin. Une nouvelle édition, augmentée d'un très-grand nombre d'articles, et corrigée, fait partie de l'ouvrage que nous annonçons.

quantité de livres dont la plupart sont insignifians ou mauvais. Pline l'ancien a répondu depuis long-tems à cette objection : il n'y a pas de livre, disait-il, quelque mauvais qu'on le suppose, qui ne présente quelque chose dont on puisse profiter (1). J'en ai eu la preuve il y a dix ans : une personne m'envoya un roman de sa façon ; il était détestable ; mais il avait cela d'avantageux que, dans 100 pages *in*−18, il offrait exactement l'ensemble de tous les défauts qu'il faut éviter dans la composition de ces sortes d'ouvrages ; et sous ce rapport ce livre m'a paru précieux.

Les Bibliographies spéciales sont encore de la plus grande utilité à celui qui s'adonne, par goût ou par état, à la culture des Sciences, des Arts ou des Lettres. Nécessairement il desire connaître les principaux ouvrages relatifs à la partie qu'il veut cultiver. Souvent, faute de savoir que ces ouvrages existent, il s'attache au premier livre qui lui tombe sous la main ; il n'acquiert que des notions imparfaites, et s'il travaille à son tour sur le même sujet, il ne fait que répéter ce qui a été dit avant lui par un ou plusieurs auteurs dont il ignorait l'existence, et qui souvent ont mieux et plus amplement traité la même matière. C'est ce qui arrive chaque jour, et c'est ce qui produit cette quantité innombrable de livres inutiles ou imparfaits qui surchargent notre littérature. La difficulté de connaître les ouvrages publiés sur

---

(1) *Dicere solebat : nullum esse librum tam malum, ut non aliquâ parte prodesset.* (V. Plin., Epist. 5, Lib. III).

une partie, provient de ce qu'ils sont annoncés iso-
lément dans une infinité de Bibliographies générales
ou de Catalogues. Pour s'assurer de leur existence,
il faut parcourir toutes ces Bibliographies, en extraire
les titres des ouvrages, les ranger méthodiquement,
puis chercher ailleurs les jugemens qu'on en a por-
tés; ce qui est long, fatigant et souvent incomplet,
parce qu'on n'a pas toujours à sa disposition un
grand nombre de Catalogues : une bonne Bibliographie spéciale, où toutes les matières sont classées
dans un ordre convenable, épargne donc ces recherches pénibles. On y trouve, au premier coup-d'œil,
la liste des ouvrages qui existent sur telle ou telle
partie; cette liste, ordinairement bien faite, est à-
peu-près complète, du moins pour les livres les plus
intéressans, et par conséquent elle devient de la plus
grande utilité pour l'homme laborieux et avide de
s'instruire.

Telles sont les raisons qui nous ont engagé non-
seulement à travailler sur les BIBLIOGRAPHIES SPÉCIALES
qui existent, mais même à en augmenter le nombre.

Le volume que nous publions aujourd'hui, sous
le titre de RÉPERTOIRE, devait paraître en février
dernier, ainsi que nous l'avions annoncé, et renfermer
cinq espèces de Bibliographies, savoir : 1° la Notice
raisonnée de toutes les Bibliographies spéciales qui
ont paru jusqu'à ce jour; 2° celle des ouvrages imprimés à petit nombre; 3° des ouvrages imprimés
sur papier de couleur; 4° des ouvrages dont le texte
est gravé, et 5° des ouvrages connus sous le nom

d'ANA; mais des occupations imprévues et multipliées, qui tiennent aux devoirs de notre place, nous ont forcé non-seulement de différer la publication de ce volume jusqu'à ce jour, mais de renvoyer à quelques mois celle de la Notice raisonnée des Bibliographies spéciales, qui devait en former la première partie.

Nous nous sommes déterminé à publier d'abord les quatre dernières Bibliographies, tant pour nous rapprocher du terme que nous avions fixé dans nos engagemens avec nos souscripteurs, que pour répondre au desir que la plupart d'entre eux ont daigné nous témoigner de posséder promptement notre ouvrage. Heureux si par nos recherches et par les soins que nous avons apportés à ce travail, nous ne trompons pas entièrement l'attente des personnes dont la bienveillance a déjà accueilli nos essais précédens.

Les circonstances qui nous ont obligé de différer l'impression de la NOTICE DES BIBLIOGRAPHIES SPÉCIALES, nous ont cependant été fort utiles, en ce que ce délai nous a permis de multiplier nos recherches dans les courts momens de loisir que nous avons eus, et de recevoir des renseignemens précieux de la part de plusieurs savans distingués, tant de France que d'Italie et d'Allemagne. Dans L'INTRODUCTION publiée en octobre dernier, nous annoncions soixante-trois objets sur lesquels nous avions recueilli des Bibliographies spéciales; maintenant ils s'élèvent à plus de cent, et le nombre des auteurs qui ont travaillé sur chaque objet, s'est accru dans la même proportion. Il résulte de ces augmentations que cette Notice, qui devait occuper à-peu-près trois cents pages dans l'ouvrage que nous avions annoncé, formera elle seule un volume de près de cinq cents. Pour donner une idée de ces augmentations, nous allons présenter la nomenclature des articles qui composeront la Notice des Bibliographies spéciales, on pourra la comparer avec celle que nous avons publiée en octobre dernier.

Liste des Matières sur lesquelles on a publié des Bibliographies spéciales, c'est-à-dire, des Catalogues raisonnés d'ouvrages qui ont paru sur chacune de ces Matières.

Abeilles ; Académie ; Agriculture ; Alcoran ; Ana ; Anatomie ; Anonymes et Pseudonymes ; Antiquités ; Arabe (Bibliographie) ; Architecture ; Arithmétique ; Astronomie ; Bibles ; Bibliothèque ; Botanique ; Caffé ; Canonistes ; Catalogues ; Chaldaïque (Littérature) ; Chanoines ; Chasse ; Chimie ; Chirurgie ; Chronologiques (Abrégés) ; Classiques (1) ; Cométographie ; Commerce ; Conciles ; Coquillages ; Coutumes des Romains ; Dactylcographie ; Dictionnaires ; Diplomatique ; Droit ; Droit ecclésiastique ; Droit naturel ; Droit public ; Eaux minérales ; Écriture ; Éditions du quinzième siècle ; Entomologique (Bibliographie) ; Épistolaire (genre) ; Généalogie ; Genet ; Géographie ; Glyptographie ; Hébraïque (Bibliographie) ; Histoire ; Histoire de France ; Histoire littéraire ; Histoire naturelle ; Icthyologie ; Imprimerie ; Index ; Instruction publique ; Jansénisme ; Jeux ; Journaux littéraires ; Langues ; Ligue (la) ; Livres rares ; Magie ; Marine ;

---

(1) Cet article est divisé en trois Sections : la première est composée d'une petite Notice historique sur la découverte des manuscrits de quelques anciens auteurs, lors de la renaissance des Lettres ; la seconde regarde les Bibliographes généraux sur les classiques ; et la troisième appartient aux Bibliographies particulières sur chaque auteur classique.

Mathématiques ; Médecine ; Militaire (art) ; Morale ; Musique ; Mysticité ; Numismatique ; Ordres monastiques ; Orientale (Bibliographie) ; Papes ; Peinture ; Pétrifications ; Philologie ; Philosophie ; Physiologie ; Politique ; Pologne ; Polyglottes ; Réforme ou Luthéranisme ; Respiration ; Romans ; Royale (Bibliographie) ; S. S. Pères ; Salines ; Samskrite (Bibliographie) ; Statistiques ; Théâtres ; Théologie ; Traductions ; Vénérienne (maladie) ; Vétérinaire ; Voyages.

Notre premier soin , en traitant des Bibliographies relatives à ces différentes matières , a été de donner , le plus exactement qu'il nous a été possible , le titre de chaque ouvrage , et d'en indiquer les différentes éditions. Toutes les matières sont classées par ordre alphabétique , ainsi que dans cette nomenclature ; mais sous l'indication de chaque matière , toutes les Bibliographies sont rangées par ordre chronologique , selon la date des éditions : cet ordre nous a paru plus convenable pour faire juger des progrès successifs de chaque science. La majeure partie des articles est accompagnée de notices historiques , critiques ou littéraires , dont la plupart sont très-détaillées.

Quant aux quatre Bibliographies spéciales qui font l'objet du présent RÉPERTOIRE , nous avons tâché de les rendre intéressantes, tant par le choix des articles que par les notices qui les accompagnent.

La première partie regarde les *ouvrages tirés à petit nombre d'exemplaires ;* ce sont des curiosités littéraires que l'on desire d'autant plus connaître , que la plupart sont enfouies dans les cabinets de leurs auteurs ou des amateurs , et ne seront peut-être jamais mises dans le commerce. Leur excessive rareté est une des raisons qui nous a fait diriger nos recherches sur ce genre d'ouvrages. En 1808, nous avions fait tirer à CENT exemplaires, sur papier vélin, une Notice de ces sortes de livres, *in-8°* de quatre-vingt-onze *pages*. Dès-lors nous avons augmenté du double cet essai, grâce à la complaisance de beaucoup de savans qui nous ont fourni des articles précieux, ajoutés à ceux que nous ont procurés de nouvelles recherches. Nous donnons ici cette nouvelle édition, avec l'assurance qu'elle est plus digne de figurer aux yeux des Bibliographes qui ont daigné accueillir la première, toute incomplette qu'elle était.

La seconde partie du RÉPERTOIRE, appartient aux *ouvrages imprimés sur papier de couleur*; c'est encore un genre de curiosités que l'on ne trouve guère que dans les riches cabinets. Cette Notice que nous avions placée à la suite des livres tirés à petit nombre, dans notre essai de 1808, est également beaucoup augmentée dans cette nouvelle édition. Nous y avons ajouté un petit précis historique sur l'usage des papiers et parchemins de couleur, depuis les tems les plus anciens jusqu'à nos jours.

La troisième partie a rapport aux *ouvrages dont le texte est gravé*; nous en avons découvert une certaine quantité, mais nous en avons rejetté un grand nombre, soit parce qu'ils n'offrent aucun intérêt, soit parce qu'ils sont multipliés à l'infini, et peu dignes de figurer dans une Bibliographie. Le petit discours préliminaire qui est en tête de cette partie, traite de la rivalité que les progrès de la typographie ont établie entre elle et la gravure en caractères.

La quatrième et dernière partie concerne les *livres connus sous le nom d'ANA*. Nous avons tâché de rendre cette Notice la plus complette de toutes celles qui existent, quant à la nomenclature des ANA. Mais la nature de notre travail purement bibliographique, et l'espoir que nous avons de posséder avant peu un ouvrage très-étendu sur cette matière, nous a interdit de longs détails sur chaque article ; cependant nous croyons en avoir assez dit pour faire apprécier, parmi ces sortes d'ouvrages, ceux qui sont dignes de l'attention des savans. Le discours préliminaire contient l'histoire raisonnée des ANA, et l'indication des auteurs qui en ont parlé avant nous.

Telles sont les quatre parties qui composent l'ouvrage que nous publions ; nous sommes bien éloigné de les donner pour complettes. Il en est même, nous osons le dire, qu'il serait impossible de completter ; car, parmi les livres qui n'ont point été destinés au public, quelques-uns, enfouis dans des cabinets obscurs, resteront toujours inconnus ; mais nous pensons qu'aucune Bibliographie n'offre, sur les objets que nous avons traités, autant de renseignemens réunis, qu'on en trouvera dans notre volume.

La Notice des *Bibliographies spéciales publiées jusqu'à ce jour*, paraîtra dans le courant de cette année ; elle servira comme d'introduction à tous les ouvrages de ce genre, et sera d'une grande utilité pour ceux qui voudront connaître en détail les immenses richesses littéraires qui existent en Europe. Les Bibliographies générales, qui sont ordinairement très-limitées, n'en donnent qu'une faible idée, comme nous l'avons dit; mais une nombreuse collection de Bibliographies spéciales, en fera juger d'une manière différente et plus certaine; sur-tout quand nous y ajouterons, comme nous nous le proposons, la liste raisonnée des Catalogues de toutes les bibliothèques publiques et particulières, les plus recommandables. Notre intention est d'y joindre aussi la notice raisonnée des principaux ouvrages de Bibliographie et d'histoire littéraire, qui, n'appartenant ni aux Bibliographies spéciales, ni aux catalogues des Bibliothèques, sont cependant d'une utilité indispensable à celui qui veut connaître à fonds les sources où l'on peut puiser les meilleurs documens sur la science bibliologique. Ce recueil sera un vrai manuel indicateur pour tout Bibliographe. Le manuscrit est entièrement terminé. Nous tâcherons de publier ces additions intéressantes en même tems que la notice des Bibliographies spéciales.

Il nous reste à témoigner notre vive reconnaissance aux savans qui ont bien voulu nous procurer des renseignemens sur des objets dont aucun bibliographe ne s'était encore occupé particulièrement; si notre travail présente quelqu'intérêt, c'est aux secours qu'ils nous ont fournis que nous le devrons. Nous regardons leur correspondance, la bienveillance et l'amitié dont la plupart nous honorent, comme la récompense la plus douce des travaux qui nous occupent depuis de longues années. Nous adressons nos sincères remercimens, principalement, à M. Van-Praet, l'un des conservateurs de la bibliothèque impériale, qui, en

1804, nous a donné des preuves de son extrême obligeance, ainsi que M. Barbier, bibliothécaire de Sa Majesté I. et R., et M. la Serna Santander, de Bruxelles; à M. Grégoire, Sénateur; à M. le Baron d'Arétin, bibliothécaire à Munich; à Monsieur Vernazza, bibliothécaire de Turin; à M. Pezanna, bibliothécaire de Parme; à M. de Landine, bibliothécaire de la ville de Lyon; à M. Thiébaut de Berneaud, littérateur à Paris; à M. Beuchot, littérateur et biographe à Paris; à M. Coste, bibliothécaire à Besançon; à M. l'abbé de Billy, professeur d'Histoire à l'Académie de Besançon; à M. Weiss, bibliographe; à M. Guillaume et M. Thomassin, de la même ville; à M. Renouard; à M. Brunet, auteur du *Manuel du libraire et de l'amateur;* à M. Solvet, libraire à Paris, et à beaucoup d'autres savans bibliographes dont la liste est trop nombreuse pour être détaillée ici, mais parmi lesquels nous comptons un grand nombre de nos confrères les bibliothécaires, tant de France que de l'étranger. La perte que les lettres ont faite dans la personne de M. Oberlin de Strasbourg, de M. Camus l'archiviste, et de M. Achard de Marseille, nous a été d'autant plus sensible, que ces Messieurs nous honoraient d'une bienveillance particulière. Qu'il nous soit permis de payer à leurs mânes le tribut de notre reconnaissance et de nos vifs regrets.

TABLE

DES MATIÈRES.

ERRATA.

page		ligne			
16 ,	ligne	19,	*stata,*	lisez	*state.*
30 ,		33,	Random,		Randon.
148 ,		9,	*encaustrum,*		*encaustum.*
186 ,		39,	*Harthieb,*		*Hartlieb.*
227 ,		3,	CHAMPFORTIANA,		CHAMFORTIANA.
227 ,	4, 7, 15,		Champfort,		Chamfort.

NOTICE

BIBLIOGRAPHIQUE

DES

OUVRAGES IMPRIMÉS

A PETIT NOMBRE D'EXEMPLAIRES.

NOTICE BIBLIOGRAPHIQUE

DES OUVRAGES

TIRÉS A PETIT NOMBRE D'EXEMPLAIRES.

Les ouvrages imprimés à petit nombre ont toujours été un objet de curiosité, tant par leur rareté que par leur exécution typographique, qui est ordinairement bien soignée. Comme il est assez difficile d'en ren-contrer dans le commerce, et que les Bibliophiles les recherchent volontiers, nous avons cru aller au-devant de leur desir, en leur présentant une petite Bibliographie de ces sortes de livres. Nous l'avons complettée autant qu'il nous a été possible; mais nous avons éprouvé plus de difficulté pour nous procurer des matériaux dans ce genre que dans tout autre, parce que les Catalogues et les Dictionnaires historiques et bibliographiques nous ont été d'une faible ressource. Ces ouvrages, peu ré-pandus, naissent dans l'obscurité, et vont gagner, à l'insçu du public, la bibliothèque des amis de l'auteur; ils y restent enfouis jusqu'à ce que le hazard les produise au grand jour, si la bibliothèque qui les possède est ex-posée en vente; encore ne font-ils que changer de place sans devenir plus communs, et par conséquent sans être plus connus de la majeure partie des amateurs. Ce n'est donc, ni dans les Catalogues, ni dans les Dictionnaires, qu'on a dû trouver le plus de renseignemens sur cette matière, mais dans les ouvrages particuliers et anecdo-tiques d'histoire littéraire, dans les conversations et dans

1

une correspondance avec les Bibliographes le plus au fait de ces sortes de bluettes. La plupart de ces productions légères étant d'un intérêt médiocre, et n'ayant pour recommandation que leur seule rareté, nous avons cru ne devoir ajouter des notices bibliographiques qu'aux articles les plus intéressans. Quant à ceux qui portent : *tiré à petit nombre*, nous sommes fondés à croire qu'ils n'ont pas excédé le nombre CENT. Nous en avons cité trois ou quatre qui ont été tirés à quelques exempl. au-delà de ce nombre.

Tel est le petit avertissement dont nous avions fait précéder la première édition de cet ouvrage publié sous lé titre de BIBLIOGRAPHIE CURIEUSE, *Paris*, 1808, *in-8° de 73 pages ;* nous le réimprimons, parce qu'il convient également à la nouvelle édition que nous donnons aujourd'hui avec des augmentations et des corrections considérables. Les nombreux articles que nous y ajoutons sont pour la plupart recommandables non-seulement sous le rapport de la rareté, mais par l'importance du sujet ou des discussions littéraires et bibliographiques que quelques-uns ont fait naître. Outre les recherches particulières que nous avons faites et qui nous ont procuré beaucoup d'articles nouveaux, nous avons encore obtenu des renseignemens précieux de la part de plusieurs savans bibliographes et possesseurs de bibliothèques composées de livres rares et curieux. Infiniment flatté de l'accueil dont le public a honoré la première édition de cet Opuscule, nous avons fait tous nos efforts pour rendre celle-ci plus digne de la même faveur.

ABBOT. Histoire naturelle des Lépidoptères les plus rares de Géorgie, contenant leurs caractères systématiques, les particularités de leurs différentes métamorphoses, avec les plantes qui leur servent d'aliment; par J. Abbot; en anglais et en français. *London, Edwars*, 1797, 2 *vol. in-fol., pap. vél.*

Ouvrage précieux, qui n'a été tiré qu'à SOIXANTE exemplaires. Les figures, au nombre de 104, ont été dessinées, gravées et color. d'après nature. M. Brunet dit, dans son excellent *Manuel du libraire et de l'amateur de livres*, que cet ouvrage est peu estimé parce qu'il ne passe pas pour fort exact; cependant un exemplaire *rel. en maroq. verd*, a été vendu 502 fr. chez Mad^e. de Montigny, en 1806; et un autre broché, 201 fr. chez M. (Firmin Didot) en 1808. Les Lépidoptères sont une sorte d'insectes qui ont quatre aîles couvertes de petites écailles coloriées. Ce mot vient du grec *lépis*, écaille, et *pteron*, aîle.

ABRÉGÉ des Mathématiques, (à l'usage de Sa Majesté l'Empereur de toutes les Russies). *Petropoli, typis Academiæ imperialis scientiarum*, 1728, 2 *vol. in-8°.*

On assure dans les *Acta eruditorum* de 1728, qu'on n'a tiré que VINGT-CINQ exemplaires de cet ouvrage; cependant Vogt prétend qu'il en existait plusieurs exemplaires dans une librairie de Hambourg; il pense qu'on a pu le réimprimer en Allemagne, avec le frontispice de Saint-Pétersbourg.

ABSCHATZ. Deutsch – Redender getreuer schaeffer, (par M. Hanns Assmann von Abschatz), *in-fol.*

Cet ouvrage très-rare est une bonne traduction du *Pastor fido* de Guarini, en vers allemands. M. d'Abschatz n'en a fait tirer qu'un PETIT NOMBRE d'exemplaires. Neumester en parle dans son *Specimen dissertationis de Poetis Germanicis*, 1706, *in-4°*, pag. 5. On a fait imprimer un recueil des traductions et poésies de M. d'Abschatz, à Leipsick, en 1704, *in-8°*.

ÆSCHYLI Tragædiæ sex. *Glasguæ*, 1795, *in-fol.*, *fig. de Flaxman.*

Cette superbe édition a été tirée au nombre de CINQUANTE-DEUX exemplaires, et ONZE sur grand papier. Le prix en est considérable en Angleterre; il passe 200 l., monnaie de France, et le double en grand papier.

AMENDES honorables devant le Saint-Sacrement. (*Paris*, *Didot aîné*, 1783), *in-12*.

Ce petit livret est sur papier d'Annonay. Il n'en a été tiré que quelques exemplaires.

ANACREONTIS Carmina, cum novis versionibus (scilicet Henr. Stephani et Heliæ Andreæ) scholiis græcis (Joh. Armandi Bouthillieri) et notis (Mich. Maittaire) *Lond.*, 1725, *in-4°.* — Eadem editio, *Lond.*, 1740, *in-4°.*

La première de ces deux éditions est très-belle et très-correcte; mais l'une et l'autre sont fort rares, parce qu'elles n'ont été tirées qu'à CENT exemplaires.

ANACREONTIS Teii Odaria, (græcè) præfixo commentario, quo poetæ genus traditur, et Bibliotheca Anacreonteia adumbratur, additis variis lectionibus. *Parmæ*, *Bodoni*, 1784, *die* xv *sept.*, *in-4°*, *p. pap.*

Cette édition en grec cursif, a été tirée à SOIXANTE

exemplaires, et QUATRE SUR PEAU–VÉLIN. Elle est fort rare ;
il en existe un superbe exemplaire, tiré sur pap. d'Hollande, à la bibliothèque impériale de France. Il en a
paru une nouvelle édition exécutée en lettres capitales,
Parmæ, 1785, *gr. in–4°*, tirée aussi à petit nombre. Le
savant M. Pezzana, bibliothécaire de Parme, a eu la complaisance de m'envoyer plusieurs notes intéressantes sur
les *Bibliographies spéciales*, sur les *Papiers de couleurs*
et sur le nombre d'exemplaires des belles éditions de
Bodoni qui ont été tirées sur PEAU–VÉLIN ou sur SOIE.
Je vois parmi celles sur VÉLIN : l'*Anacréon*, grec–latin,
in–16, tiré à HUIT exemplaires ; un second *Anacréon*,
grec–latin, *petit in–8°*, en caractères majuscules, tiré à SIX
exempl. *idem ;* un troisième trad. en italien, *petit in–8°*,
tiré également à SIX exempl. Les *Anacréontiques de Savioli*
ont été imprimées à QUATRE exemplaires aussi sur VÉLIN.

ANASTASII bibliothecarii historia, de vitis romanorum Pontificum à Petro apostolo usque ad Nico-
laum I. nunquam hactenus typis excusa. Deinde vita
Hadriani II. et Stephani VI. Auctore Guilielmo bibliothecario ; ex bibliotheca Marci Velseri. Accessere
variæ lectiones, etc. *Moguntiæ*, 1602, *in–4° de
352 pp.*

On prétend qu'il n'existe que DEUX exemplaires de cet
ouvrage dans lesquels se trouve l'histoire de la Papesse
Jeanne. Voici comment David Blondel s'exprime à ce sujet
dans son *Familier éclaircissement de la question si une
femme a été assise au siége papal de Rome entre Léon
IV et Benoit III* (en 855), *Amsterdam*, 1649, *in–8°.*
« Marc Vesler l'un des principaux Magistrats d'Augsbourg,
ayant envoyé en 1601 aux Jésuites de Mayence, le manuscrit d'Anastase pour le faire mettre sous la presse, ils
prièrent Marquard Frcher, Conseiller de S. A. E. à Hed-

delberg, de les aider en ce sujet, sous la promesse qu'ils faisaient de donner au public de bonne foi ce qui leur serait communiqué. Il leur envoya deux manuscrits d'Anastase, où la vie de la prétendue Papesse se trouvait. Mais ces messieurs se contentant de faire tirer DEUX exemplaires de cette sorte, ils supprimèrent dans le reste de l'édition ce qui leur avait été fourni, tellement qu'il n'a point paru, et M. Freher a été contraint de se plaindre par une espèce de manifeste imprimé, du tour qui lui avait été joué. « La même accusation se retrouve dans *Jo. Henr. Boecleri Bibliographia critica*, *Lipsiæ*, 1715, *in-4°* et *in-8°*, pp. 428—429.

APICIUS. Apicii Cœlii de opsoniis et condimentis, sive arte coquinaria, libri decem, cum annotationibus Martini Lister, è medicis domesticis Serenissimæ Majestatis Reginæ Annæ, et notis selectioribus, variisque lectionibus integris, Humelbergii, Caspari Barthii et variorum. *Londini, typis Guillelmi Bowyer, 1705, in-8° de 231 pages, sans la préface et la table.*

Très-belle et très-rare édition, dont il n'a été tiré que CENT VINGT exemplaires aux frais des souscripteurs; nous citons cette édition, quoiqu'imprimée à plus de CENT exemplaires, parce qu'elle est très-peu connue, et qu'elle excède de peu le nombre CENT. Elle a été réimprimée à *Amsterdam* en 1709, *in-8°* de 277 pages, par Theod. Jans. ab Almeloveen, avec des augmentations. M. le Comte de Rewiczki posséde UN exempl. de cet *Apicius* qui est *cum notis variorum;* il dit que cette édition est très-belle, que son exemplaire est en grand papier, et que c'est peut-être le seul de toute la collection des *Variorum* Latins qui soit de ce format.

APULÉE. Psyches et Cupidinis amores ex Apuleii

Metamorphoseon excerpti. — Titi Petronii Arbitri Matrona Ephesiaca ; typis C. Crapelet. *Paris , Ant. Aug. Renouard ,* 1796, *in-*18 *de* 106-12 *pp. , pap. vél.*

> Jolie petite édition , que M. Renouard, éditeur, a fait tirer à QUATRE-VINGT-DIX exemplaires seulement, dont six sur pap. rose , et UN sur vélin.

ARROWSMITH (Joannes). Tactica sacra, sive de milite spirituali pugnante, vincente, et triumphante dissertatio, tribus libris comprehensa, per Joan. Arrowsmith , doctorem. Accesserunt ejusdem orationes aliquot anti-Weigelianæ, et pro reformatis academiis apologeticæ, quas ibidem è cathedra nuper habuit in magnis comitiis. *Cantabrigiæ,* 1657, *in-*4° *de* 363 *pp., et* 26 *pp. pour les Oraisons.*

> Cette édition est rare parce qu'on n'en a tiré qu'un très-petit nombre d'exemplaires. La seconde édition est d'*Amsterdam*, 1700, *in-*4° de 368 pp. C'est dans la préface de celle-ci que l'on dit la raison pour laquelle la première est si rare : *ob nimiam exemplarium penuriam , per aliquot annos nec apud Bibliopolas in Hollandiá venalis fuit, nec publicis in auctionibus modico pretio acquiri potuit, etc.* La première est préférable à la seconde.

ATHÉNÉE. Les quinze livres des Déipnosophistes d'Athénée, de la ville de Naucrate en Égypte, écrivain d'une érudition consommée, et presque le plus savant des grecs, ouvrage délicieux, agréablement diversifié et rempli de narrations savantes sur toutes sortes de matières et de sujets, traduit pour la première fois en français, (d'après les versions latines de Natalis Comes et de Jacques d'Alechamp) ; par

Michel de Marolles, abbé de Villeloin. *Paris, Jacques Langlois*, 1680, *in-4°.*

L'abbé d'Artigny dit (*page* 383 *du tom* 1er *de ses Mélanges*) que cette traduction n'a été tirée qu'à VINGT-CINQ exemplaires, et que voilà pourquoi elle est recherchée des curieux. David Clément révoque ce fait en doute, et je serais assez de son avis. Cependant comme cette traduction ne vaut pas mieux que les autres du même auteur, il faut que sa rareté soit la seule cause du haut prix auquel on la porte dans les ventes. Debure (n° 3916 de sa *Bibliographie*) croit que l'abbé de Marolles, fatigué de l'accueil peu favorable qu'on faisait à ses traductions, fit retirer des mains de son libraire tous les exemplaires de son *Athénée*, et cela est assez probable. Gaignat en possédait un exemplaire en grand pap., le seul que l'on connût, et qui avait été remis par l'auteur au Duc de Montausier à qui l'ouvrage est dédié. Cet exemplaire a été vendu 180 l. en 1769. C'est dix fois plus que ne valent les 60 vol. des OEuvres de Marolles, si l'on en excepte son *Temple des Muses* et ses *Mémoires.*

AUSZUG. Kurtzer Auszug, etlicher zwischen den catholiken und Lutheranern streitigen Glaubens-Lehren; aus des concilii zu Trient, und der gottlichen Schrifft eigenen Worten, wie auch der hiebey gefügten Pabstlichen Glaubens-Bekenntniss und religions-eyde, treulich gefasset, und zum nothigen Unterricht, was jeder Theil glaubt, und glauben soll, ans licht gestellet. *Wolfenbüttel*, 1714, *in-12 de* 363 *pp.*

Bauer fait mention de cet ouvrage dans son *Bibliotheca libr. rariorum. to.* 1, *p.* 40, et Vogt dans son *Catalogus historico-criticus lib. rar., p.* 62; mais celui qui en parle le plus en détail, est David Clément, qui dans sa *Bibliothèque curieuse*, to. II, p. 3o6, s'exprime ainsi : « M. Büsch, savant proposant de cette ville (Gottingen), « m'a prêté ce livre, qui porte un témoignage illustre « des saintes lumières et de la solide piété que j'ai tou-« jours admirées dans la personne illustre à qui nous en « sommes redevables ; c'est Madame Élizabeth-Sophie-« Marie, Duchesse Douairière de Brunsvick-Lunebourg, « qui réduit avec un doux plaisir sa science et sa gloire « à connaître Christ et Christ crucifié; c'est cette pieuse « et charitable Princesse qui nous a donné ce bel ouvrage, « qui l'a fait imprimer à ses dépens, à CENT exemplaires « seulement, de sorte qu'il deviendra toujours plus rare et « plus précieux ». Il en existe un exemplaire dans la bibliothèque de l'université de Gottingen.

BACCHINI. De sistrorum figuris ac differentiâ ad illustriss. DD. Leonem Strozza ob sistri romani effigiem communicatam dissertatio. Auctore D. Benedicto Bacchini monacho S. Benedicti apud Divum Joannem evangelistam, S. officii consultore, etc. *Bononiæ, ex typographiâ Pisanianâ*, 1691, *in-4°*.

Première édition tirée à CINQUANTE exemplaires. le P· Gaudentius Hobertus fit présent d'un exempl. de cette dissertation à Jacques Tollius, à condition qu'il en donnerait une seconde édition plus belle et plus exacte que la première. Tollius s'en occupa et la publia à Utrecht sous le titre suivant : *D. Benedicti Bacchini de sistris, eorumque figuris, ac differentiâ, ad illust. Leonem Strozza dissertatio. Jacobus Tollius dissertatiunculam et notulas adjecit, et perillustri Velthusio consecravit. Trajecti ad Rhenum, ex officina Francisci Halma*, 1696, *in-4°* de 36 pages, avec fig. Grævius a inséré cette dernière édition dans son *Thesaurus antiq. Rom.* to. VI. p. 4o9. Cailleau et Fournier n'ont point connu l'édition de 1691, mais Bauer en a parlé.

BAILLET. Plan de l'ouvrage qui a pour titre : *Jugemens des savans sur les principaux ouvrages des auteurs;* (par Baillet). *Paris,* 1694, *in-*12 *de* 76 *pages.*

Ce volume est rare, parce que Baillet n'en a fait tirer qu'un petit nombre d'exemplaires pour ses amis. Mais on le trouve réimprimé en tête de l'édition *in-*4° *des Jugemens des savans,* de 1722, to. 1er, pp. 15—60. Il est aussi en tête de l'édition *in-*12 donnée à Amsterdam en 1725.

BALDWIN. Premiers principes de la langue anglaise, par S. Baldwin. *Paris, de l'imprimerie de Didot l'aîné,* 1785, *in-*18, *pap. vélin, de* 108 *pages.*

Cet ouvrage a été tiré à petit nombre. Cependant je crois qu'il en existe 130 exempl.

BARRUEL-BAUVERT. Réponse à l'ouvrage intitulé : *La Religion considérée comme l'unique base du bonheur et de la véritable philosophie, par* M^{de}. *de Genlis;* par M. le Comte Antoine-Joseph de Barruel-Bauvert. *Orléans,* 1788, *in-*12, *p.p. de* 160 *pages.*

Cet ouvrage a été imprimé à CENT exemplaires. Mirabeau (le Comte) en remit quelques-uns a la Dame Lejay, libraire, place du Carrousel à Paris, chez laquelle se rendaient les hommes du monde qui s'occupaient de littérature; le reste a été distribué, par l'auteur, à ses amis.

—— Dialogue entre un monarchiste, un bourbonniste et un jacobin; par M. de Barruel-Bauvert. *Genève,* 1804, *in-*18.

Opuscule tiré à CENT exemplaires.

—— Actes des Philosophes et des Républicains, recueillis et remis en évidence par le ci-devant Comte de Barruel-Beauvert. *Paris*, 1807, *in-8° de* 360 *pp.*

Cet ouvrage a été tiré en nombre; mais l'édition ayant été supprimée à l'instant où elle a vu le jour, il n'en existe que QUATRE à CINQ exemplaires. Pour faire juger de l'esprit dans lequel cet ouvrage est écrit, il suffit de citer les deux épigraphes que l'on a placées, l'une sur le frontispice, et l'autre en tête du premier Chapitre : voici la première : « Si l'une de mes provinces (a dit Frédéric II) me donnait « de grands sujets de mécontentement, je ne voudrais lui « infliger d'autre punition, que de la faire gouverner par « des philosophes » : la seconde est :

> Paraissez à ma voix vous qu'on disait sublimes :
> Aux races à venir je déroule vos crimes.

L'ouvrage est précédé d'une dédicace aux enfans de l'auteur, datée du 16 janvier 1807. J'en possède un exemplaire; j'y ai trouvé beaucoup de traits d'histoire et d'anecdotes intéressantes.

BAUDOT. Lettre en forme de dissertation sur l'ancienneté de la ville d'Autun ou de Bibracte, par M. François Baudot. *Dijon, Ressaire,* 1710, *in*-12.—— Lettre de M. Baudot sur l'origine de la ville de Dijon. *Dijon, Ressaire,* 1710, *in*-12.

Ces deux ouvrages ont été tirés à un très-petit nombre d'exemplaires, et par conséquent sont fort rares. Plusieurs auteurs en ont parlé et ont attesté cette rareté. On en donné le titre dans la *Bibliothèque historique de France,* dernière édition, to. 1er, n° 222 et n° 264, puis to. 111, n° 35922; dans le 1er tome, les deux ouvrages sont annoncés séparément; dans le 111e tome, on les annonce réunis sous ce titre: *Lettre* (de François Baudot) *sur l'antiquité de la ville de Dijon et d'Autun. Dijon, Ressayre* 1708 et 1710, 2 *vol in*–12. Comment concilier, pour les dates, ces deux annonces données dans le même ouvrage? *Le magasin encyclopédique* n° de mai 1807, présente une autre difficulté. Il dit que « M. François « Baudot est auteur de deux dissertations sur *Bibracte* et « sur *l'ancienneté de la ville de Dijon*, qu'il se proposait « de mettre au jour, lorsque la mort le surprit, et que « ses enfans ont fait imprimer depuis, cet ouvrage, dont « il n'a été tiré qu'un petit nombre d'exemplaires ». Nous avons vu précédemment que ces deux dissertations ont été imprimées en 1710, et même l'une d'elles peut l'avoir été en 1708, et M. Baudot est mort en 1711; elles ne sont donc point des éditions posthumes. M. Michault de Dijon parle de ces deux dissertations dans ses *Mélanges historiques et philologiques*, to. 11. p. 91, où il dit qu'elles sont fort rares; et page 165, où il s'exprime en ces mots sur la première. « M. Baudot est le premier qui ait dé- « montré que Beaune (lieu où M. Mandajors place l'an- « cienne Bibracte) est dans une situation plus occidentale « de six ou sept lieues que n'était Bibracte. Une analyse « des *Commentaires de César*, soutenue par des réflexions « judicieuses sert de base à l'opinion de M. Baudot qui « adjuge à Autun l'honneur d'avoir été incontestablement « l'ancienne Bibracte ». On lit ailleurs dans les mêmes mélanges que le Père Oudin a publiés et même retouchés pour le style, l'ouvrage de Baudot son ami, et qu'il en a donné un extrait dans les *mémoires de Trévoux*, avril, 1712, page 680. La *Bibliothèque historique de France*, parlant du second ouvrage, n° 264, ajoute en note. « On « rapporte communément l'origine de la ville de Dijon, « connue dans les anciens auteurs sous le nom de *Castrum* « *Divionense* (et sous celui de *Divio* par quelques inscriptions) « au tems de l'Empereur Aurélien; mais elle doit remonter, « selon M. Baudot, jusqu'à Jules-César, qui porta en cet en- « droit quatre légions pour contenir les Belges et les Éduens ».

On voit par l'extrait fidèle des différens auteurs que nous venons de citer, que les deux dissertations de M. Baudot sont intéressantes et fort rares ; que le Père Oudin en a corrigé le style, qu'il les a même publiées, du moins la première ; mais il est difficile de concilier l'opinion de ces auteurs relativement aux différentes dates des éditions, et aux éditeurs. L'ouvrage est-il posthume ? Est-ce le Père Oudin ou les fils Baudot qui lui ont fait voir le jour? C'est ce que nous ne pouvons décider. Tout ce que nous savons, c'est qu'on en a tiré peu d'exemplaires, à peine CENT ; et ce nombre a suffi pour que nous citassions cet ouvrage dans notre bibliographie.

BAUDOT. Lettre d'un voyageur étranger, au Préfet de la Côte-d'Or ; sur quelques Mausolées rétablis dans la nouvelle Cathédrale de Dijon ; par M. Baudot aîné, membre de l'Académie de Dijon. *Paris*, *Huzard*, *an* 11, *in-8° de* 16 *pages*.

Tiré à CENT exemplaires.

—— Éloge historique de M. l'abbé Boullemier, garde de la Bibliothèque publique de Dijon, etc. ; par M. Baudot aîné. *Dijon*, *Frantin*, 1803, *in-8° de* 34 *pages*.

Tiré à CENT exemplaires.

BAYER. De Numo Rhodio in agro Sambiensi reperto dissertatio, in quâ simul quædam de numis romanis nuper in agro repertis retractantur; auct. Theoph. Sigefrid. Bayero. *Regiomont*. 1723, *in-4°*.

L'auteur n'a fait tirer que QUARANTE-HUIT exemplaires de cette dissertation, pour ses amis seulement.

BAYEUX. Essais académiques ; (par Bayeux), 1785, *in-8°.*

> Imprimé à QUATRE-VINGT exemplaires pour les amis de l'auteur.

BEAUPLAN. Description d'Ukranie, qui sont plusieurs provinces du royaume de Pologne, contenues depuis les confins de la Moscovie jusqu'aux limites de la Transilvanie, ensemble leurs mœurs, façons de vivre et de faire la guerre ; par (Guillaume Levasseur sieur) de Beauplan. *Rouen, Cailloué, 1650, in-4°.*

> Cet ouvrage fut réimprimé en 1660 chez le même libraire. Dans l'avis au lecteur qui précède cette édition, on annonce que la première n'a été tirée qu'à CENT exemplaires, qui furent distribués, par l'auteur, à ses amis. Voyez la *Bibliothèque curieuse* de David Clément, to. 3. p. 1.

BECCARIA. Dei delitti e delle pene (di Beccaria). *Parigi, Didot N. M.; 1781, in-4°, gr. pap.*

> On trouve à la fin de ce volume la note suivante imprimée : « *Di questa edizione in-4°, ne sono stata stampate* QUATTORDICI *copie solamente, etc.*

BECHER. Johannis Joachimi Becheri convenientiæ linguarum : character pro notitia linguarum universali : inventum steganographicum hactenus inauditum, quo quilibet suam legendo vernaculam, diversas, imò omnes linguas unius etiam diei informatione explicare et intelligere potest. *Francofurti, apud Ammon, 1661, in-8° de 13 feuilles.*

> Cet ouvrage est extrêmement rare, parce que l'auteur n'en a fait tirer qu'un petit nombre d'exemplaires; il a

pour objet l'établissement d'une langue universelle; chimère après laquelle ont couru plusieurs savans, qui ont montré en cela plus d'imagination et d'érudition que de jugement. Becher en entreprenant d'exprimer ses idées en toutes sortes de langues par les mêmes caractères, se donna bien des maux, dépensa beaucoup d'argent pour les frais d'impression, n'en retira aucun profit, et guères plus de gloire; cependant on recherche encore son livre.

BEDOYÈRE. Werther, traduction nouvelle, (par M. de la Bedoyère, fils). *Paris, Colnet, an* xii, *in-*12.

Il n'existe qu'un très—petit nombre d'exemplaires de cette traduction. V. les *Anonymes* de M. Barbier, n° 7670.

BELLORI. Pitture antiche delle grotte di Roma et del' sepolchro de' Nasoni, disegnate et intagliate alla similitudine degli antichi originali da Pietro Santi Bartoli e Francesco Bartoli, suo figlivolo, descritte ed illustrate da Giov. Pietro Bellori, e Michel Angelo Causei de la Chausse. *In Roma*, 1706, *in-fol. de* 63 *pp. et* 75 *planches.*

Édition tirée à TRENTE—SIX exemplaires. Cet ouvrage a été réimprimé à Rome en 1721. Il n'en est pas plus commun en France, où il est resté presqu'inconnu à tous les bibliographes. Cailleau ou plutôt l'abbé Duclos, ne parle point de l'original dans son *Dictionnaire bibliographique*, tome 1er, page 116; mais il en cite une traduction latine, sous ce titre : *Picturæ antiquæ cryptarum romanarum et sepulchri Nazonum, delineatæ et expressæ à Petro Santi Bartoli* etc. *descriptæ et illustratæ à Joanne Petro Bellorio et Mich. Angelo Causseo : opus nunc primùm latinè redditum.* Roma. 1738 *in-folio.* Ces mots *opus nunc primùm latinè redditum,* auraient dû lui faire soupçonner qu'il existait un original italien. Il a peut-être regardé comme tels les deux ouvrages italiens sur le même sujet qu'il cite un peu plus haut sous la date, l'un de 1680, *in-fol*, et l'autre de 1719, aussi *in-folio*. M. Brunet observe, dans son *Manuel du libraire*, qu'il n'est pas certain qu'il n'existe que 36 exempl. de l'édition de 1706. J'en posséde un de cette date et j'avoue que je n'y ai reconnu aucun indice de rareté. Ce qui me ferait pencher pour l'opinion de ceux qui prétendent que cet ouvrage a été tiré à plus grand nombre.

BELLOWSELSKY. Épitres aux Français, aux Anglais et aux républicains de Saint-Marin; (par le prince Bellowselsky). *Paris, Didot ainé, 1789, in-8°, gr. pap. vélin.*

Ce volume imprimé à SOIXANTE exemplaires ne s'est jamais vendu : presque tous les exemplaires ont été envoyés en Russie.

BERCHÈRE. Discours à mon neveu (M. de Thésar), pour ses mœurs et pour sa conduite: (par M. Denys Legouz de la Berchère), *à Grenoble, le 9 mai 1663, in-4°.*

L'auteur assure qu'il n'a fait tirer que TRENTE exemplaires de cet ouvrage. Cette assertion se trouve dans une lettre manuscrite, que M. de la Berchère écrit à son neveu le 9 mai 1663, en lui envoyant un exemplaire de ce livre.

BERGASSE. Théorie du monde et des êtres organisés suivant les principes de Mesmer ; (par M. Bergasse). *Paris, 1784, in-4°, fig. cart. texte gravé.*

« Ouvrage qui n'a été tiré qu'à CENT exemplaires, dis-« tribués à raison de 2,400 liv. aux seuls souscripteurs « de Mesmer ». Cette annonce est extraite d'une *notice des principaux articles d'environ* 4,5oo *vol. du cabinet de* M. F.... *homme de Lettres*. Paris, Tilliard frères, 18o9, *in*-8°. V. pag. 17.

BERNARD. Histoire des guerres de Louis XIII contre les religionnaires rebelles ; par Charles Bernard, Historiographe de France. *Paris, imprimerie royale,* 1633, *in-folio.*

Si l'on en croit Bauer, *Biblioth. lib. rar.*, *to.* 1, *p.* 71. ce vol. n'a été tiré qu'à DOUZE exempl. Vogt l'a dit également d'après Groschuffius, qui dans la préface de sa *Nova librorum rariorum contractio*, Halis, 17o9, *in*-8° s'étaye du témoignage de Sorel, rapporté dans sa *Bibliothèque française*. Mais Sorel dans cette *Bibliothèque*, page 356 citée par Vogt, ne parle pas seulement de douze exemplaires; voici ses propres expressions: « Charles Bernard fit une histoire des guerres du Roi Louis XIII contre les religionnaires rebelles, laquelle fut imprimée dans le Louvre même, en une imprimerie qui était au haut du grand pavillon, autre que celle qui fut établie depuis aux Thuilleries. On ne tira que DEUX OU TROIS DOUZAINES d'exemplaires de ce livre, pour les faire voir au Roi et à ses Ministres ». Vogt a donc eu tort de citer la *Bibliothèque* de Sorel. Mais il ne se serait pas trompé, s'il eût cité la préface que le même Sorel a mise en tête de *l'histoire de Louis* XIII, composée par Charles Bernard, et donnée par lui Sorel, en 1646, 2 parties *in-fol*. Il dit, page 7 de cette préface: « le S^r. Bernard étant homme fort accommodé et fort magnifique en ce qui regardait le service de son maître, dès l'année 1633, il avait fait imprimer à ses dépens toute la guerre de la rébellion, de la plus belle impression qui se puisse voir, sans en faire tirer néanmoins que DOUZE exemplaires ». Voilà deux assertions de Sorel différentes; mais je pencherais plutôt pour la dernière, parce qu'il est naturel de croire qu'il a pris des renseignemens plus positifs sur la première édition de cette *Histoire des guerres*, en la refondant dans l'*Histoire de Louis* XIII, que ceux qu'il a consignés dans sa *Bibliothèque française*.

Un autre Bernard, avocat à Saint–Omer, a composé des *Annales de la ville de Calais et du pays reconquis*, 1715 *in–4°*, qui n'ont été imprimées qu'à deux cents exemplaires.

BERNARD. OEuvres complettes de Bernard. *Paris, Didot le jeune*, 1795, *in–8°, gr. pap., fig.*

On n'a tiré que TRENTE – CINQ exemplaires de cette édition des OEuvres complettes. Vendu 20 l. 1 s. chez M. Bailly, en 1800.

BERNIS. OEuvres complettes du Cardinal de Bernis. *Paris, P. Didot l'aîné*, 1799, 1 *vol. gr. in–8°, pap. vélin.*

Tiré à CENT exemplaires.

BIBLE. Histoires du vieux et du nouveau Testament, (par David Martin), enrichies de plus de 400 fig. gravées en taille–douce. *Amsterdam, P. Mortier*, 1700, 2 *vol. in–fol., gr. pap.*

Cette bible est infiniment précieuse lorsque les gravures sont de premier tirage, c'est–à–dire, avant les clous; lorsque l'exemplaire est en grand papier, et sur-tout lorsque le texte hollandais s'y trouve avec le français. Il n'y a eu que SIX exemplaires reliés, avec les discours dans les deux langues.

BIBLIOGRAPHIE des Pays–bas, avec quelques notes. *Nyon, en Suisse, Natthey et compagnie*, 1783, *in–4°.*

Tiré à CINQUANTE exemplaires.

BOLLANDUS. Acta, elogia et effigies virorum illustrium è societate Jesu : Joan. Bollandi; God. Hens-
chenii; Dan. Papebrochii; Francisci Baertii; Conradi
Janningi; Petri Boschii; J. B. Sollerii; Guil. Cuperi;
Joan. Pinnii; Joan. Stiltingi; Joannis Perieri; et
Constantini Suyskeni, qui actis sanctorum, immenso
labore colligendis, dirigendis, illustrandis immortui
ad societatem sanctorum, uti fas est confidere,
transierunt. *In-fol., fig.*

Cet exemplaire est UNIQUE; Il est composé des éloges
et portraits répandus et imprimés dans divers volumes
des *acta Sanctorum.* Ce livre qui appartient à M. de la
Serna de Bruxelles, n'a pu être formé sans gâter un
exemplaire de cette vaste collection. Elle est en 54 *vol.
in-fol.*, et n'est point terminée. On a 2 vol. pour *janvier;* 3 pour *février;* 3 pour *mars;* 3 pour *avril;* 8
pour *mai*, en y comprenant le *Propilæum* (1); 7
pour *juin;* 7 pour *juillet;* 6 pour *août;* 8 pour *septembre;* 6 pour *octobre;* et le *Martyrologium Usuardi.*
L'ouvrage, comme on le voit, n'est par terminé, et ne
le sera sans doute de long-tems. L'avant dernier et le
dernier vol., qui sont les 5ᵉ et 6ᵉ d'octobre, sont très-
rares, sur-tout le dernier. M. de la Serna Santander de
Bruxelles a donné les 296 premières pages de ce vol. à
M. Camus l'archiviste; il présume qu'elles ont été imprimées à Tongerloo (Abbaye dans la Belgique); et que
le surplus du vol. a été imprimé à Rome (V. l'intéressant
Voyage de M. Camus, dans la Belgique, pp. 55-61).

BONORDEN. Harmonia und angenehme ordnung

---

(1) *Propilæum ad acta Sanctorum Maii*, est un catalogue chronico-historique
des Souverains Pontifes : les exemplaires qui contiennent l'histoire des conclaves
ont été défendus à Rome.

zwischen den sechs schopfungs-tagen, Ruhe, fall auch
fluch der erden, und deren jarlichen Wieder-Er-
neuerung vom kürzten bis langsten tage, nebst ihrer
Wieder-Verderbung, vom langstein bis kürzten tage,
durch den jahr-gang der sieben aufsteigenden neu-
monden, in einigen anmerckungen, und zum theil
leicten paraphrasi der drey ersten capitel des ersten
buchs Mosis, wobey zugleich deren abbildung in den
sinn-bildern der sonnen-bahn mit dem himmels-
drachen auch vieles aus dem Homero und Hesiodo
in ein naheres licht zu setzen, gebracht wird, von
D. C. S. G. O. B. F. J. (Johan. Frid. Bonorden,
Graflich Stolbergischer Cantzeley Director). *Gedruckt im jahr Christi* 1740 *in-4° de* 152 *pages.*

Cet ouvrage n'a été tiré qu'à CENT exemplaires. L'auteur
prétend que Dieu a créé le monde dans un seul moment,
mais qu'il a employé six jours pour l'orner et en régler
toutes les parties, comme nous le voyons. Après le discours préliminaire, vient une traduction libre des trois
premiers chapitres de la Genèse que l'auteur a accompagnés de ses remarques. Il développe son système au
commencement du chapitre II. Les notes en sont assez
étendues; il y a ajouté un avertissement où il le développe encore plus clairement; ensuite il présente trois
points principaux tirés de la raison touchant l'unique Dieu
éternel, et ses créatures qui ne sont point éternelles. Il
a mis ensuite des thèses latines avec ce titre : *Theses
fundamentales de ortu et significatione sacrificiorum cum
nonnullis maximè verosimilibus.* Enfin l'ouvrage est terminé
par une pièce intitulée : *Vergleichung der Stifts-Hütte
Mosis mit der Wohnung gottes in den himmeln.* Ce système fut attaqué par deux théologiens auxquels Bonorden

fit une réponse, imprimée en 1741, *in-4° de* 20 *pp.* aussi rare que le système. Cet auteur a encore un autre ouvrage allemand relatif à Hésiode, à Homère et à l'origine des anciens dieux dn paganisme. Ce volume, imprimé en 1740, *in-4° de* 187 *pages*, est aussi fort rare. Freytag croyoit qu'il n'en existait que cinqnante exemplaires; mais il est reconnu qu'on en a imprimé trois cents.

BOSCOVICH. Memorie sulli cannocchiali diottrici (les lunettes), del Boscovich. *In Milano*, 1771, *in-8°, fig.*

Cet ouvrage a été tiré à très-petit nombre, et destiné à être donné en présent à quelques amis.

BOSSE. Recueil de plantes dessinées et gravées par ordre de Louis XIV, (Par Abraham Bosse, Nicolas Robert et L. de Chatillon). 2 *vol. gr. in-folio.*

On prétend que M. Anisson Duperron a fait faire pour ce beau recueil, des titres et une espèce de préface qu'il n'a fait tirer qu'à CINQ exemplaires. Cette superbe collection est très-bien exécutée; elle doit renfermer 310 planches.

BOSSUET. Exposition de la doctrine de l'Église catholique; par Bossuet. *Paris, Cramoisy*, 1671, *petit in-12, exemplaires d'amis.*

On connaît la rareté de ces sortes d'exemplaires. M. Barbier a donné sur cette édition, dont il n'existe plus que TROIS exemplaires, des détails très-intéressans; on les trouvera dans le *Journal de l'Empire* dn 15 fructidor an XII, et dans *le Dictionnaire des Anonymes* de cet estimable auteur, *tome* 1er, *page* 279. Je renvoie aussi à la *Bibliothèque curieuse* de David Clément, *tome* Ve, *page* 129; les détails qu'il donne sur les deux éditions de 1671, c'est-à-dire sur les *exemplaires d'amis*, qui ont été supprimés, et sur les exemplaires tirés ensuite en nombre, sont très-satisfaisans. Je me contenterai de rapporter ici deux variantes citées par Clément, et qui font parfaitement reconnaître la première édition si rare, et la font distinguer de la seconde, quoique l'une et l'autre portent la même date. Dans la première on lit, pp. 33–34, ces mots : « Nous avons déjà remarqué les paroles du Concile de Trente, qui se contente de l'appeller (l'invocation des Saints) bonne et utile, sans enseigner qu'elle soit nécessaire, ni qu'elle soit commandée ». Ce passage a été supprimé dans l'édition en nombre. A la page 115 des *exemplaires d'amis*, il est dit en parlant de la messe : « Si bien qu'elle peut être raisonnablement appellée un sacrifice ». Et dans la seconde édition, page 146, on lit : « Si bien que rien ne lui manque pour être un véritable sacrifice ». Ces deux variantes suffisent pour distinguer les deux éditions.

Boze. Catalogue des livres du Cabinet de M. Claude Gros de Boze. *Paris, imp. royale*, 1745, *petit in-fol. de 332 pages et* xxxi *pour la table et l'ordre des matières.*

On assure que cet ouvrage n'a été tiré qu'à TRENTE-SIX exemplaires : Bauer n'en compte que VINGT-CINQ. Ils sont très-rares et très-recherchés des savans, parce qu'ils contiennent des notices d'ouvrages qui ne sont point dans l'édition que Martin a publiée en 1753 ; mais il y a encore une édition *in*-8° de 192 pages, qui contient des articles qui avaient été distraits de la bibliothèque. Ces articles sont les mêmes en partie que ceux du catalogue de 1753 ; j'ai l'un et l'autre avec des prix différens, mêmes articles. L'exemplaire particulier de M. de Boze (*in-folio*), et portant ses armes, a été vendu 55 l. chez Mirabeau, en 1792. On voit dans les *Anonymes* de M. Barbier, n° 8002, que c'est Boudot le père, libraire, qui a rédigé ce catalogue en 1742; mais ce n'est pas lui qui l'a donné au public en 1745. Il a même corrigé sur son propre exemplaire bien des fautes échappées à celui qui a fait imprimer l'ouvrage.

—— Le livre Jaune, contenant quelques conversations sur les logomachies, ou disputes de mots, abus de termes, contradictions, double entente, faux sens; (par de Boze). *Bâle*, 1748, *in-8°*.

Ouvrage rare, tiré à TRENTE exemplaires, sur papier végétal. Il a été vendu 24 l. chez M. Baron, en 1788.

BREVIAIRE de Paris, traduit en français. *Paris*, 1742, 8 *vol. in-4°*.

Ce breviaire n'a été tiré qu'à CENT exemplaires. Il était fort cher autrefois. Un exemplaire rel. en maroq. vert, doré à compartimens, n'a été vendu que 36 f. 95 cent. chez M. Lamy en 1808.

BRIZARD. Notice sur J. Cl. Richard, abbé de Saint-Non, par Gabr. Brizard, 1792, *in-8°*.

Tiré à petit nombre.

BROSSE. Guidonis Brossei icones posthumæ, seu reliquiæ operis historici plantarum in horto regio parisiensi educatarum, à Guidone de la Brosse, medico regio, ejusdem horti præfecto suscepti, ab Abr. Bosse æri incisæ. *In-fol. atl.*

Ce recueil n'a été tiré qu'à VINGT-QUATRE exemplaires, et n'a jamais été vendu. Il renferme 50 planches et n'est gravé qu'à l'eau-forte, sans explication. Je trouve ces détails dans le catalogue de M. L'héritier ; il y est dit que son exemplaire lui a été donné en 1788 par Ant. Laur. de Jussieu. Ce volume rare a été vendu 281 fr., en septembre 1805, chez M. L'héritier. « Il est annoncé dans le *catalogue de feu Étienne-Pierre de Ventenat* (mort le 12 août 1808 à 52 ans), *Paris*, *Tilliard*, *in-8°*, sous le n° 417, avec ce titre :

« Jardin des plantes de Paris, sous Henri IV, par Guy de la Brosse. 48 planches *in*-fol. atlant. cart.

Recueil très-rare, n'ayant été tiré qu'à VINGT-QUATRE exemplaires. Les genres de plantes n'étant pas désignés, M. Ventenat les a ajoutés au bas de chaque plante. «

BULLET. Du festin du Roi-boit ; (par Jean-Baptiste Bullet, professeur en théologie). *Besançon*, *Charmet*, 1762, (*Mourgeon*, 1808), *in-8°*, *brochure*.

Cette petite brochure, édition de 1762, était devenue très-rare ; on vient de la réimprimer sous la même date, au nombre de CINQUANTE exemplaires.

BURETTE. Dialogue de Plutarque sur la musique, traduit du grec avec des remarques, par Jean-Pierre Burette. *Paris*, *impr. royale*, 1735, *in-4° de plus de 500 pages*.

Cet ouvrage, sur lequel Bauer dit simplement *albo corvo rarior*, est effectivement très-rare, puisqu'on en a tiré DOUZE exemplaires seulement, qui ont été distribués par l'auteur à quelques amis de distinction. Sa rareté n'empêche pas que l'exemplaire qui se trouvait dans la Bibliothèque de M. Burette n'ait été donné pour 6 francs ; Cailleau et Fournier n'estiment ce livre que 8 à 10 liv. Ce peu de cherté provient sans doute de sa réimpression dans les *Mémoires de l'Académie des Inscriptions*. David Clément a donné la description de ce volume dans sa *Bibliothèque curieuse*, to. V, p. 427.

Bute. Botanical tables , containing the different family of british plants , by John Earl of Bute. *London , 9 vol. in-4°, fig. coloriées.*

On dit que cet ouvrage n'a été tiré qu'à douze exemplaires , et qu'il est d'une exécution magnifique. M. Dryander en a donné la description dans son beau catalogue de la riche bibliothèque de M. Bancks.

Caillard. Catalogue des Livres du Cabinet de M. A. B. Caillard. *Paris , 1805 , gr. in-8°, pap. d'Hollande.*

Tiré à vingt-cinq exemplaires.

Caille (la). Astronomiæ fundamenta novissimis solis et stellarum observationibus stabilita , à Nicol. Lud. de la Caille. *Parisiis , Colombat , 1757 , in-4°.*

Ouvrage tiré à très-petit nombre d'exemplaires , destinés à être donnés en présent. C'est un recueil précieux d'observations , qui renferme un nouveau catalogue de 400 étoiles , réimprimé dans plusieurs ouvrages.

—— Ludovici Nicolai de la Caille cœlum australe stelliferum , seu observationes ad construendum stellarum australium catalogum institutæ ad Caput-Bonæ- Spei. *Parisiis , Sumptibus Guérin et de la Tour , 1763 , in-4°.*

Ce volume a été tiré à très-petit nombre ; il est précédé de la vie de l'auteur , mort en 1762, donnée en latin par l'abbé Brotier. C'est à la sollicitation du libraire, M. Guerin, que le savant éditeur donna cet éloge qui est écrit dans un latin très-pur ; et c'est aux soins de M. Maraldi, intime ami de de la Caille, que l'on doit là publication de cet important ouvrage. Il contient les observations de 10035 étoiles australes, le catalogue des 1942 principales, et un planisphère austral, dont l'original en grand est à l'Institut.

CAIUS. Joannis Caii Britanni, de canibus Britannicis, liber unus; de rariorum animalium et stirpium historia liber unus; de libris propriis, liber unus; de pronunciatione græcæ et latinæ linguæ cum scriptione nova libellus; ad optimorum exemplarium fidem recogniti a S. Jebb, M. D. *Londini*, 1729, *in-8° de 249 pages.*

> Cet ouvrage a été tiré à très-petit nombre. C'est une réimpression de plusieurs Opuscules de Jean Caius ou Kaye, anglais très-savant qui vivait dans le xvie siècle. Le premier de ces Opuscules avait vu le jour dès 1570, *in-*12, fort rare.

CAMBIS. Catalogue raisonné des principaux manuscrits du Cabinet de M. Jos. L. D. Cambis. *Avignon, Louis Chambeau,* 1770, *in-*4°.

> Ce catalogue n'a été tiré qu'à très-petit nombre d'exempl. Il y en a qui n'ont que 519 pages, au lieu de 766. Cela provient de ce que l'auteur, quelque tems après avoir distribué une partie de l'édition, y ajouta les descriptions de plusieurs manuscrits, dont il avait fait acquisition. Ce catalogue a été vendu 66 l. chez M. de la Vallière, en 1784. M. de Cambis, littérateur respectable et bibliographe instruit, a été très-maltraité par l'irascible abbé Rive, qui a relevé quelques erreurs dans le catalogue en question; on peut consulter à ce sujet la *Chasse aux bibliographes,* pages 150, 187, 275, 285, 294, 299, 300, 303, 304. Malgré les diatribes de Rive, ce catalogue est très-recherché.

Camus de Limare. Catalogue des livres de M. le Camus de Limare, 1779, *in*-12.

Ce catalogue a été tiré à très-petit nombre, et ne s'est jamais vendu.

Caron. Mystères, moralités, sotties et farces choisies, dont les éditions ont été renouvellées par M. P. S. Caron, et dont la collection forme onze volumes imprimés dans le même genre que les éditions originales et avec les mêmes vignettes. *Paris*, 1799—1802, 11 *vol. petit in*-8°.

Nous allons entrer dans quelques détails sur cette collection, qui n'a été tirée qu'à cinquante-cinq exemplaires, dont douze sur papier vélin, deux sur papier rose, deux sur papier bleu, et trente-neuf sur papier ordinaire. De ces trente-neuf derniers exemplaires, vingt-cinq ont été détruits. C'est ce qu'ont mandé MM. Fournier frères à M. Guillaume, (avocat à Besançon, et propriétaire d'une très-belle collection d'ouvrages de grand prix), en lui fournissant un exemplaire des huit premiers articles de cette collection, en papier ordinaire, pour la somme de soixante-douze francs. Le premier ouvrage dont nous allons parler ne peut pas être classé dans les mystères ; mais comme il fait partie de la collection, et qu'il paraît avoir été réimprimé le premier, nous le rapporterons d'abord.

I. Morlini novellæ cum gratia et privilegio Cesareæ maiestatis et summi pontificis decennio dvratvra. *Deux parties, format petit in*-8°.

Cet ouvrage est divisé en deux petits volumes sous la même série de chiffres au haut des pages ; le second volume qui commence au folio ciii est intitulé : *Morlini fabvlæ et comedia*. En tête de ce recueil très-licencieux se trouvent six pages renfermant un avis de l'éditeur, M. Caron; il a pour titre : *Opus Morlini, complectens novellas, fabulas et comediam, integerrimè datum : id est : innumeris mendis tum latinæ dictionis, tum orthographiæ, etiamque interpunctionis quibus scatet in editione priori, in hâc posteriori non expurgatum, maximâ curâ et impensis Petri Simeonis Caron bibliophili, ad suam nec non amicorum oblectationem rursus editum.* Parisiis, 1799.

L'ouvrage a en tout cxlvii feuillets chiffrés d'un seul côté. Ensuite vient la *table*, puis un *errata*, suivi d'un *avis de Morlin au lecteur*, lequel avis est terminé par cette souscription : *Neapoli in œdibus Joannis Pasquet. de Sallo.* m.d.xx. *Die viii april.* : une petite potence est figurée au commencement de cette souscription. L'éditeur pense que ce petit signe patibulaire peut avoir rapport à ces deux vers :

Verbera pro verbis, pro lingua ligna merebit
Et funis finis gutturis ejus erit.

Après la souscription dont nous venons de parler, se trouve une *Conclusio lectori Bibliophilo, et rariorum librorum amanti :* puis une table des nouvelles de Morlin qui se trouvent traduites dans les *nuits facétieuses de Straparole*, édition de 1726, 2 *vol. in-12*, enfin une addition de cinq pages. Toutes les pages non chiffrées après le 147me feuillet sont au nombre de trente.

Il paraît comme nous l'avons déjà dit, que cet ouvrage-ci est le premier dont M. Caron a donné une réimpression figurée. Un exemplaire de l'original a été vendu, non pas 1131 liv., mais 1121 liv. chez M. Gaignat; il se trompe également, quand il avance que le même ouvrage s'est vendu 1901 liv. chez M. Random, il a sans doute voulu dire 901 liv. chez M. Random.

II. Recveil de plusieurs farces tant anciennes que

modernes, lesquelles ont esté mises en meilleur ordre qu'avparavant. *A Paris, chez Nicolas Rousset, rue de la Pelleterie, près l'orloge du palais à l'image St. Jacques, devant la Chaire de fer. M DC. XII avec privilège du Roi. Petit in-8⁰ de 144 pages chiffrées des deux côtés.*

Ce recueil, excessivement rare, renferme sept farces, qui paraissent toutes avoir été composées vers la fin du XVᵉ siècle, qnoiqu'on les annonce tant anciennes que modernes; voici le titre de chacune:

1⁰ *Farce nouvelle et récréative du médecin qui guérist de toutes sortes de maladies et de plusieurs autres; aussi faict le nez à l'enfant d'une femme grosse, et apprend à deviner, à quatre personnages.*

2⁰ *Farce de Colin, fils de Thenot le maire, qui revient de la guerre de Naples et amène un pélerin prisonnier, pensant que ce fut un Turc, à quatre personnages.*

3⁰ *Farce nouvelle de deux savetiers, l'un pauvre, l'autre riche. Le riche est marri de ce qu'il voit le pauvre rire, et perd contre lui cent écus et sa robe, en vers, à trois personnages.*

4⁰ *Farce nouvelle des femmes qui aiment mieux suivre et croire fol-conduit, et vivre à leur plaisir, que d'apprendre aucune bonne science, à quatre personnages.*

5⁰ *Farce nouvelle de l'Ante-Christ et de trois femmes, l'une bourgeoise, et les deux autres poissonnières, à quatre personnages.*

6⁰ *Farce joyeuse et récréative, d'une femme qui demande les arrérages à son marri, à cinq personnages.*

7⁰ *Farce nouvelle, contenant le débat d'un jeune moine et d'un vieil gendarme, par devant le Dieu Cupidon, pour une fille, fort plaisante et récréative, à quatre personnages.*

On peut consulter sur ce recueil la *Bibliothèque du théâtre français*, tom. 1, pp. 6–11; il a été vendu, chez le Duc de la Vallière, 124 liv.

III. Novvelle moralité d'une pauvre fille vilageoise,
laquelle ayma mieux avoir la teste couppée par son
père, que d'estre violée par son seigneur. Faicte a la
louange et honneur des chastes et honnétes filles. A
quatre personnages. *A Paris, chez Simon Caluarin,
rue St. Jacques, à la Rose blanche couronnée.* (sans
date) *petit in-8° de 88 pag.*—Farce joyeuse et récréative dv galant qui a fait le coup, à quatre personnages.
Paris, 1610, petit in-8° de 25 pages, avec une chanson
à la fin.

Ces deux pièces sont réunies dans le même volume;
les chiffres des pages sont de suite au *recto* et au *verso*,
excepté la chanson qui n'est pas chiffrée. Il est singulier
que ce livre rempli de polissonneries finisse par une prière
à Jésus. Les bibliographes ne parlent point de ces deux
pièces. On trouve un extrait de la première seulement,
dans la *Bibliothèque du théâtre français*, tom. 1ᵉʳ, page
3ₐ. La fille n'a point eu la tête coupée, comme le titre
semble l'annoncer; elle priait seulement son père de la
lui couper, plutôt que de se voir exposée à la brutalité
de son seigneur: mais à l'instant où le père allait adhérer
à la prière de sa fille, le seigneur touché de la vertu et
du courage de cette fille, renonce à ses projets, lui demande son amitié et affranchit elle et son père de toute
espèce de servitude.

IV. Le mystère du chevalier qui donna sa femme
au dyable, à dix personnages, c'est à savoir, Dieu le
Père, Nostre-Dame, Gabriel, Raphaël, le chevalier,
sa femme, Amaulry escuier, Antenar escuier, le pipeur
et le dyable. (*Sans lieu d'impression ni date*). *Petit
in-8° de* 39 *feuillets chiffrés sur le recto.*

M. de la Vallière donne un extrait de cette pièce dans
sa *Bibliothèque du théâtre Français*, tom 1, p. 79, mais

il dit dans le titre : *représenté en* 1505 : l'exemplaire réimprimé par M. Caron, ne porte aucune date.

V. Le jeu du prince des sotz et mère sotte, joué aux halles de Paris, le mardi gras. L'an mil cinq cent et vnze. (Par Pierre Gringoire). *Petit in*-8° *de* 58 *feuillets, chiffrés au recto.*

Ce jeu est composé d'un *cry*, d'une *sottie*, d'une *moralité* et d'une *farce.* La sottie et la moralité sont allégoriques, et ont rapport aux différends qui étaient alors entre le Pape Jules II et le Roi Louis XII. C'est ce même Pape qu'on a voulu désigner dans la moralité, sous le nom de l'*homme obstiné.*

Au commencement du volume, au verso de la gravure est *la teneur du cry*, composé de quatre strophes de neuf vers et d'une de quatre. Ensuite vient la *sottie*, au verso du folio 3, elle est à 18 personnages; puis la *moralité*, au verso du folio 26, elle est à 7 personnages et a pour titre : l'*homme obstiné.* Enfin la *farce*, au folio 46, est intitulée : *faire vaut mieux que dire;* elle a six personnages. Le volume finit au folio 58 par ces mots : *fin du cry, sottie, moralité et farce, composez par Pierre Gringoire, dit mère sotte et imprimez pour iceluy.*

Cet ouvrage a toujours été très-rare, et s'est porté à un haut prix dans les ventes. Voyez le n° 1926 du *catalogue* de Gaignat, il y est annoncé *petit in*-4° goth. et a été vendu 599 l. 19 s. Sous le n° 3368 du *catalogue* de la Vallière, on le trouve du même format, et porté à 461 liv. Ce duc en a donné un extrait dans sa *bibliothèque du théâtre françois*, tom. 1, pp. 85—88.

VI. Sottie à dix personnages. Iouée à Genève en la place du Molard, le dimanche des Bordes, l'an 1523. *A Lyon, par Pierre Rigaud, petit in*-8° *de* 23 *pages chiffrées des deux côtés.* — Sottie jouée le dimanche après les Bordes en 1524 en la Iustice, pour ce que le dimanche des Bordes faisoit gros vent, fut continuée ladite Sottie. Et joua la grand mère, Maistre Pettremand, grand ioueur d'espée. *Petit in-8°.*

Ces deux pièces forment un volume; la dernière commence à la page 25 et finit avec le volume à la 48ᵉ. Le duc de la Vallière a donné un extrait de ces deux Sotties dans sa *bibliothèque du théâtre françois*, tom. 1, pp. 90—92. Il termine cet extrait par dire : « on trouve ces deux pièces imprimées ensemble et en vers, dans un petit volume *in-12* sans nom de ville ni d'imprimeur et sans date ». Il y a apparence que ce petit volume n'est point de l'édition réimprimée par M. Caron, ni de celle annoncée dans le *catalogue* du duc de la Vallière sous le n° 3371, (et portant cette note : *édition refaite depuis environ 20 ans*), puisque l'une et l'autre indiquent *Lyon* comme le lieu d'impression et *Rigaud* comme imprimeur. La première *Sottie*, rapportée seule sous le n° 3371 du catalogue de la Vallière, n'a été vendue en 1784, que 13 l. 10 s.

VII. La farce de la querelle de Gauthier-Garguille et de Perrine sa femme; avec la sentence de séparation entre eux rendue. A Vavgirard, par a e i o u, à l'enseigne des trois raues. *Petit in-8° de 16 pages.*

Cette farce est plaisante mais ordurière, on en peut juger par l'échantillon qu'en a donné le duc de la Vallière, dans sa *bibliothèque du théâtre françois*, tom. 1, p. 468.

VIII. Le Plat de Carnaval ou les beignets apprêtés par Guillaume Bonnepâte, pour remettre en appétit ceux qui l'ont perdu; avec cette épigraphe :

Ils sont tout chauds,
oh! oh! oh! oh!
ils sont tout chauds,

A Bonnehuile, chez Feu-clair, rue de la Poêle, à la pomme de Reinette, l'an dix-huit cent d'œufs. Petit in-8° de j—x—142 pages chiffrées des deux côtés.

Ce livre singulier et burlesque ne paraît pas ancien puisqu'on y fait mention d'ouvrages du xviiie. siècle. Après les 142 pages, on en trouve deux non chiffrées et intitulées : *Air de la chanson;* elles renferment chacune cinq portées de musique sans notes. Viennent ensuite quatre pages non chiffrées et figurées ainsi :

RESTE A LÉCHER

Q
U
O
I
?

LA RÉPONSE EST DERRIÈRE.

Effectivement la réponse est au verso.

On voit au recto du second feuillet *le fond et très-fond du plat de Carnaval.* Puis viennent quatre feuillets non chiffrés intitulés : *Carton ouvert aux gens bons, vrais et joyeux amis.* (C'est l'explication du 29e Beignet; il y a en tout 100 Beignets).

IX. Chute de la Médecine et Chirurgie , ou le monde revenu dans son premier âge; traduit du chinois par le bonze *Luc-Esiab,* avec cette vignette :

B R
Q mon E
A N

A Emeluogna. La présente année ooooooooo. Petit in-8° de 8 pages, sans date.

X. Chansons folastres des comédiens recueillies par
un d'eux et mises au jour en faveur des enfans de la
bande joyeuse, pour leur servir de remède préservatif
contre les tristes ditz mélancolicomorbo afflatos. *A
Paris, chez Guillot Goriu, aux halles, près le pont
Alais, à l'enseigne des trois amis. 1637, petit in-8°.*

Cette brochure de 16 pages, non compris le titre,
renferme neuf chansons ordurières, et assez plates.

XI. Traduction des Noëls Bourguignons de M. de
Lamonnoye, 1735, *petite brochure in-8° de 24 pages
non compris le titre.*

Dans l'avertissement on apprend que ces *Noëls* qui ne
sont pas ceux de Lamonnoye, sont tirés du *Cosmopolite.*

XII. Le C..u consolateur (Car-on-en-a-besoin).
L'an du C...age 5789. (*Paris*), *petit in-8°.*

Ce petit volume est aussi rare que les précédens. Voilà,
autant que je puis le croire, la liste de tous les ouvrages
facétieux dont P. S. Caron est ou éditeur ou auteur.
Ceux qui sont annoncés sous les n^os X et XI n'ont
pas été entièrement terminés ; pendant le cours de l'impression, l'éditeur a fini misérablement ses jours en se
précipitant d'un quatrième étage.

CASTAING. Théâtre de J. Castaing. *Alençon*, 1791--
93, 3 *vol. in-8°.*

Tiré à TRENTE exemplaires.

CATALOGUE. Catalogue de la bibliothèque du château
de Rambouillet appartenant à son A. S. M. le Comte
de Toulouze; par Gabriel Martin. *Paris*, 1726, *in-8°.*

Ce catalogue n'a point été mis en vente, parce qu'on

en a tiré un petit nombre d'exemplaires dont on a fait des présens.

—— Catalogue de la bibliothèque du grand conseil, disposé par l'abbé Boudot, avec la table des auteurs. *Paris, Simon,* 1739, *gr. in-8°.*

Tiré à très-petit nombre, et destiné à être donné en présent.

—— Catalogue des livres du Cabinet de Mg^r. Comte d'Artois. *Paris, Didot l'aîné,* 1783, *gr. in-8°.*

Tiré a très-petit nombre.

—— Catalogus librorum rarissimorum, etc. (*Voyez* Smith).

Censorinus. Q. Moderati Censorini de vitâ et morte linguæ latinæ paradoxa philologica, criticis nonnullis dissertationibus exposita, asserta et probata (auctore D. Matthæo Aimerichio Hispano). *Ferrariæ, Rinaldi,* 1784, *in-8°.*

Traité curieux, qui a été tiré à très-petit nombre ; il en existait un exemplaire dans la bibliothèque de M. de la Serna Santander. (V. son catalogue, Bruxelles, 1803, 4 *vol. in-8°,* et 1 *vol.* d'additions), n° 6086. Il existait encore deux ouvrages du même Mathieu Aimerich, dans cette bibliothèque (n° 6151, et 6152); ils ont rapport à l'ancienne littérature romaine dont les monumens nous manquent. M. la Serna fait nn grand éloge de Mat. Aimerich, jésuite espagnol, demeurant à Ferrare; il était très-avancé en âge, lorsqu'il publia son dernier ouvrage en 1787.

Chateaubriand. Essai politique et moral sur les révolutions anciennes et modernes, considérées dans leurs rapports avec la révolution françoise, dédié à tous les partis; (par M. Chateaubriand). *Londres*, 1797, *deux parties, in-8°.*

On m'a assuré qu'il n'existe qu'un très-petit nombre d'exemplaires de cet essai, qui est le premier ouvrage de M. Chateaubriand. Il devait avoir 2 vol *in-8°.* Mais on n'a imprimé que la première et la seconde partie du 1er volume; les exemplaires en sont fort rares en France.

CHIMENTELLIUS. Marmor Pisanum de honore Bisellii. Parergon inseritur de veterum sellis, synopsis appenditur de re donatica antiquorum quam brevi spondet auctor Valerius Chimentellius J. C. in Pisano Lyceo eloq. et politic. professor. Accedit myiodia, sive de muscis odoris Pisanis epistola. *Bononiæ*, 1666, *ex typographiâ hæred. Victorii Benatii, in-4°ᵒ de 272 pages, fig.*

Ce volume est rare, et n'a été tiré qu'à CINQUANTE exemplaires, si l'on en croit un grand nombre de bibliographes, tels que Tentzel, Wendler, Struve, Vogt, Salthen, etc. Mais Meermann prétend que cela est faux, et que rien n'est plus commun que cet ouvrage. Quoi qu'il en soit, il est fort estimé, et a été inséré dans le *Thesaurus antiquitatum romanarum Grævii*, tom VII, pag. 2025. L'auteur ayant trouvé à Pise un marbre sur lequel il était question de l'honneur du canapé, en fit l'objet de ses recherches, et il y parla de toutes sortes de chaises et de fauteuils en usage chez les anciens; il en fit graver en cuivre les figures. Telle est l'origine de ce livre qui est le plus complet sur cette matière.

CHOISEUIL – GOUFFIER. Discours préliminaire du voyage pittoresque de la Grèce; (par Choiseuil-

Gouffier). *Paris*, *de l'imprimerie de Pierres*, 1783, *in*–18.

Tiré à très-petit nombre. Cette édition offre des différences, avec le grand discours imprimé en tête du grand voyage, dont le second volume paraît.

CHRÉTIEN FLORENT. Prologue de la comédie des guêpes, d'Aristophanes, par Chrétien Florent, et publié par Claude Chrétien son fils, en 1605.

Cet opuscule a été tiré à TRÈS–PETIT NOMBRE comme on peut le voir par le détail suivant : Chrétien Florent, né en 1541 à Orléans, très-habile critique et l'un des plus honnêtes hommes de son siècle, suivant *Prosper Marchand*, *Dict.*, tom. 2, *p.* 19, mourut en 1596. Il a traduit en vers français le poëme d'*Oppian*, sur *la chasse* et la tragédie de *Jephté de Buchanan*; l'édition qu'il a donnée en 1589. *Paris*, *Fed. Morel*, *in*–8°, de la comédie d'*Aristophane*, intitulée : *Irena vel Pax*, est rare et recherchée; il avait préparé un Commentaire sur quelques autres pièces d'*Aristophane*, lequel a été inséré dans l'édition de ce poëte, publiée à Genève en 1607. On en retrancha cependant le *Prologue* de la comédie des *Guêpes*, à cause des rapprochemens qu'il aurait pù occasionner entre les troubles d'Athènes et ceux de la Ligue, qui conservait encore des partisans. Son fils *Claude Chrétien* fit imprimer séparément ce *Prologue*, mais à TRÈS–PETIT NOMBRE, se réservant de ne le donner qu'aux personnes de la discrétion desquelles il serait assuré. Il écrivait le 16 août 1605, à Jos. Just *Scaliger :* « je vous envoye SIX exem- « plaires du *Prologue des Guespes d'Aristophane* que, « n'osant laisser aller en public avec le reste de l'œuvre, « j'ai faict imprimer pour les amis. Vous y verrez une « partie de l'histoire de la ligue et les qualités les plus « excellentes des pères loyolites naïfement descriptes avec

« la chicanerie de notre Palais ». On peut juger de la rareté de cette petite pièce, puisque jusqu'ici aucun bibliographe n'en a parlé comme l'ayant vue, et que le savant *Küster* n'a pu réussir à se la procurer pour l'insérer dans sa belle édition d'Aristophane.

CICERON. Traités de Ciceron sur la vieillesse et l'amitié, (traduits en français par l'abbé Mignot, abbé de Scellières, et neveu de Voltaire). *Paris, Didot l'aîné,* 1780, *in–8°.*

On assure qu'il n'existe que CINQUANTE exemplaires de cet ouvrage. Le *De Officiis*, imprimé par Didot jeune en 1796, *in-4°, pap. vélin*, pour le compte de M. Renouard, a été tiré à 163 exempl. seulement, UN sur VÉLIN.

CLARKE. Dissertation sur la bible de Walton; par M. Adam Clarke (en anglais). *Londres,* 1803, *in-8°.*

Tirée à CENT exemplaires. C'est une réimpression, avec des additions, de l'intéressante notice que M. Clarke a insérée dans son *Bibliographical dictionary*, tome 1ᵉʳ, au sujet de la polyglotte de Walton. Ces renseignemens se trouvent dans l'*Introduction to the Knowledge of rare and valuable editions of greec and roman classics, by Dibdin, London,* 1804, *in–8°.* M. Clarke a publié en 1807 un supplément à son *Dictionnaire bibliographique*, qui consiste en un travail sur les classiques grecs et latins traduits en anglais. 2 *vol. in–8°.* Cela fait présumer que le *Dictionnaire bibliographique* est terminé.

CLAVIÈRES. Recueil de fables diverses; par M*** (Clavières). *Paris, Didot l'aîné,* 1792, *in–*18 *de* 196 *pp.*

Ce petit volume a été tiré à CINQUANTE exemplaires, et destiné à être donné en présent.

Clifford. Hortus Cliffortianus , plantas exhibens quas in hortis coluit Georg. Clifford , auctore Carolo Linnæo. *Amstelodami ,* 1737 , *in-fol. , fig.*

>Ouvrage très-bien exécuté et fort rare, parce qu'il n'a été tiré qu'à très-petit nombre d'exemplaires , et qu'il a été imprimé aux frais du banquier Clifford , qui l'a donné en présent. Il en existait un exemplaire dans la bibliothèque de M. Didot le jeune.

Collection d'ouvrages en prose et en vers , imprimée par ordre de M. le Comte d'Artois. *Paris , de l'imprimerie de Didot l'aîné ,* 1780 , 64 *vol. in-*18.

>On a tiré soixante exemplaires de cette collection , en papier fin, pour M. le Comte d'Artois ; lesquels exemplaires sont tous ornés des armes de ce Prince sur le frontispice.
>
>Outre ces 60 exemplaires, M. Didot en a fait tirer quelques-uns en papier ordinaire , pour son compte particulier. L'un et l'autre de ces papiers sont recherchés , cependant on donne la préférence au papier fin.
>
>Il y en a eu quatre exemplaires imprimés sur vélin ; ils doivent être infiniment précieux.
>
>Cette collection est très-rare, sur-tout lorsqu'elle est bien complette et bien conservée, comme chez M. Didot père , à la mort duquel, un exemplaire, pap. fin, *en feuilles,* a été vendu 1212 l., en 1804; un autre exemplaire relié , en vélin, et non rogné, a été porté à 1100 l. chez M. Legendre , en 1797; et 1200 l. broché, à la vente de M. Bozérian , en 1798. En papier ordinaire, on estime cette collection 3 à 400 l.; cependant elle n'a été vendue que 193 l. chez M. Didot, en 1804.
>
>Voici la liste des ouvrages qui composent cette collection , très-curieuse sous le rapport typographique.
>
>Le Temple de Gnide , par Montesquieu . . . . 1 vol.

Acajou et Zirphile, par Duclos . . . . 1 vol.

Ismène et Isménias, trad. du grec 1

Zayde, histoire espag., par M^{de}. de la Fayette . . 3

La Princesse de Cleves, par la même 2

Le petit Jehan de Saintré, extrait par de Tressan . 1

Contes moraux, par Marmontel 1

Lettres de la Comtesse de Sancerre, par M^{de}.

Riccoboni 2

Ollivier, par Cazotte 2

Le Berceau de la France, par d'Aucourt . . . 2

Lettres de Milady Juliette Catesby, par M^{de}.

Riccoboni 1

Le Prince Gerard, Comte de Nevers, extr. par

de Tressan 1

Contes et Romans de Voltaire 6

Daphnis et Chloé, trad. de Longus, par Amyot 1

Histoire d'Aloyse de Livarot, par M^{de} Riccoboni 1

Les amours de Roger et Gertrude, par la même 1

Histoire de Tristan de Léonnois, extr. par de

Tressan 1

Histoire de Manon Lescaut, par l'abbé Prévot . 2

Les Confessions du Comte de .... par Duclos . . 2

Sargines, par Arnaud 1

Lettres péruviennes, par M^{de} de Graffigny . . 2

Le siège de Calais, par M^{de} de Tencin . . . 2

Lorezzo, nouvelle, par d'Arnaud 1

Don Carlos, nouvelle historique, par S. Réal . 1

Conjuration des Espagnols contre Venise, par le

même 1

Mémoires du Comte de Grammont, par Hamilton 3

OEuvres choisies de Boileau 1

Les Fables de la Fontaine 2

OEuvres choisies de Gresset 1

Aventures de Télémaque, par Fénélon . . . 4

Les Contes d'Hamilton 3

Les Jardins, par Delille 1

64 vol.

COLLET. Lettres sur la Botanique, (par Philibert Collet). *Sans date, in-12.*

> Tiré à TRENTE–SIX exemplaires. Tournefort a fait une critique de ces lettres sous le nom de Chomel. Elle a pour titre : *Réponse de M. Chomel* (Joseph de Tournefort), *à deux lettres écrites par P. C.* (Philibert Collet), *sur la Botanique, in–8°.* Ces deux ouvrages ont paru vers 1697. Ils ne se sont jamais vendus.

COMPONIMENTI per le Nozze di Stefano Sanvitale, e di Luisa Gonzaga. *Parmæ, Bodoni,* 1787, *in-4°.*

> Très-beau livre, imprimé à petit nombre, et distribué en présens. Il est orné d'une belle gravure de R. Morghen.

CONCILIUM *Tridentinum.* Canones et decreta sacrosancti œcumenici, et generalis Concilii Tridentini; sub Paulo III, Julio III, Pio IV Pontificibus maximis. *Romæ, apud Paulum Manutium, Aldi filium, cum privilegio Pii IV,* 1564, *in-fol.*

> Édition originale, authentiquée et revêtue de toutes les formes, par les attestations et les propres signatures manuscrites du secrétaire et des greffiers de ce Concile. Quelques savans prétendent que le Pape Pie IV en fit parapher VINGT–QUATRE OU TRENTE exemplaires; d'autres assurent qu'il n'y en a que DOUZE tant de la première édition que de la seconde, qui porte la même date. Ce qu'il y a de sûr, c'est que la première édition est fort rare, fort recherchée, et passe pour être aussi précieuse que le manuscrit original de ce célèbre Concile. Elle est

si rare, dit M. Cambis, qu'on ne la trouve pas dans le Catalogue des livres des bibliothèques de MM. de Boze, de Rothelin, de Selle, de Gaignat, etc. Un exemplaire a été vendu 80 l. chez M. de la Vallière, en 1784. Le Concile de Trente a commencé le 16 décembre 1543, et a fini en 1563; il a eu pour but la destruction des erreurs de Luther, de Zuingle et de Calvin, et la réformation de la discipline et des mœurs. Il a été reçu en France pour le dogme et non pour la discipline. Il faut consulter sur cette édition le curieux ouvrage de M. Renouard, intitulé : *Annales de l'imprimerie des Aldes*, *tome* 1er, *pages* 346—352. On y trouvera de bons détails. On y verra « qu'il a été fait à Rome, en 1564, trois éditions in-folio, dont chacune fut aussitôt copiée sous la même date, à Rome, par P. Manuce, et à Venise par son fils, dans les formats *in-8º* et *in-4º*. La première *in-fol.* est extrêmement rare et mérite place parmi les livres les plus précieux. (Nous en avons rapporté le titre exactement). Elle a 239 pages cotées en chiffres romains, sans index. Elle est très-fautive, et on en rencontre des exemplaires corrigés à la main dans tout le cours du volume. De cette édition et de la seconde *in-fol.*, on connaît quelques exemplaires collationnés et authentiqués par le secrétaire et les notaires du Concile », comme nous l'avons dit.

Cotton des-Houssayes. Oratio habita in comitiis generalibus societatis sorbonicæ die 23 decembris 1780 à DD. Joan. Bapt. Cotton des-Houssayes doct. th. parisiensi, soc. sorbonico, bibliothecæ sorb. præfecto, ect. *Parisiis, prælio Philippi Dionysii Pierres regis typographi ordinarii*, 1781, *in-*12.

Ce discours de huit pages d'impression n'a été tiré qu'à vingt-cinq exemplaires, tous sur papier fort, et traités avec un nouveau caractère d'imprimerie petit-texte fort net et très-agréable. L'ouvrage est précédé d'un avertissement de l'imprimeur (composé par Mercier de S^t.-Leger) et qui commence ainsi : *Casu quodam felici mei juris facta est oratio sequens, in quâ, verborum, non rerum parcus auctor, gratiis actis societati sorbonicæ, quæ ipsum ejusdem Bibliothecæ præfectum constituisset, die sextâ novembris 1780, dotes, officia, cæteraque hujusmodi, viros bibliothecis præpositos spectantia, paucissimis enumerat et exponit. Non injucundum itaque fuerit rei litterariæ amantibus, si orationem, etc.* Je dois la connaissance de cet Opuscule à mon obligeant confrère, M. Coste, bibliothécaire de la ville de Besançon, membre de l'Académie de cette ville, et correspondant de l'Institut royal de Hollande. L'exemplaire qu'il possède provient de la bibliothèque du savant M. Droz, à qui l'abbé de Saint-Léger en avait fait présent.

COUVAY. Catalogue de la bibliothèque de M. de Couvay, chevalier de l'ordre de Christ, secrétaire du Roi. *Paris,* 1728, *in-fol.*

Ce Catalogue a été tiré à très-peu d'exemplaires, et n'a jamais été mis en vente; on en a fait des présens.

CRAMAYEL. Recueil d'Opuscules en vers et en prose (par M. de Cramayel). *Paris, Didot aîné,* 1804, *in-18 de* 133 *pages.*

Tiré à très-petit nombre d'exemplaires.

CRAWFORD. Essais sur la littérature française, écrits pour l'usage d'une dame étrangère, compatriote de l'auteur (M. Crawford). *Paris,* 1803, 2 *vol. in-4°.*

M. Barbier, dans son *Dictionnaire des Anonymes,* n° 9639, dit que ces deux volumes ont été tirés à VINGT-CINQ exemplaires.

D'AGUESSEAU. Discours sur la vie et la mort, le caractère et les mœurs de M. d'Aguesseau, Conseiller d'État ; par M. d'Aguesseau, Chancelier de France, son fils. *Imprimé au château de Fresnes, en 1720 (1778), in-8°.*

> Ouvrage très-rare dont il n'y a eu que SOIXANTE exemplaires tirés pour la famille. Un exemplaire a été vendu 60 l. chez Mirabeau, en 1792. Mais précédemment 120 l. à la vente des livres de M. Rigoley de Juvigny, en 1788. L'année exacte de cette édition est de 1778, quoique portant 1720. M. et M^de de Saron se sont amusés à composer typographiquement, dans leur hôtel, ce volume, à l'aide d'une petite presse d'imprimerie, venue de Londres, en 1778.

DEBURE. Musæum typographicum, seu collectio in quâ omnes ferè libri in quâvis facultate ac linguâ rarissimi notatuque dignissimi accuratè recensentur ; à G. F. Rebude (Debure Juniore, bibliopolâ Parisiensi). *Parisiis, 1755, in-12.*

> Petit ouvrage imprimé par son auteur lui-même au nombre de DOUZE exemplaires. Ils ont tous été donnés en présent, même celui que l'auteur s'était réservé. Ce *Musæum* ne renferme que des titres de livres rares, sans notes et sans remarques. Le manuscrit original se trouvait dans la bibliothèque de M. Gaignat. La rareté de ce petit imprimé le fait monter assez haut lorsqu'il s'en rencontre dans les ventes. Voyez sur cet ouvrage *l'appel aux savans et aux gens de lettres, au sujet de la* BIBLIOGRAPHIE INSTRUCTIVE, par le même Debure, page 6.

DELANDINE. De quelques changemens politiques, opérés ou projettés en France pendant les années 1789, 1790 et 1791, ou discours sur divers points importans de la constitution et de la nouvelle législation du royaume, par Delandine, bibliothécaire de Lyon, des Académies de Londres, de Dijon, de Rouen, et député à l'assemblée nationale de 1789. *Paris*, 1791, 1 *vol. in-8° de 324 pages.*

Il n'est resté de l'édition entière de cet ouvrage profond et recommandable par la sagesse des opinions qui y sont développées, que QUINZE exemplaires remis à l'auteur, et distribués par lui. Tout le reste a été consumé dans l'incendie des magasins du libraire Gattey, chargé de la vente, et mis à mort sous Robespierre. Les libraires de Lyon qui en avaient reçu CINQUANTE exemplaires, les jettèrent au feu pendant la terreur, pour qu'on ne saisît pas chez eux un écrit opposé au maratisme et à la destruction. L'un des quinze exemplaires échappés au feu, est parvenu à Liège, où *l'esprit des journaux* publié dans cette ville, en a fait le plus grand éloge. Cet ouvrage a été traduit en allemand par un médecin. L'édition de France n'a pas été réimprimée. L'estimable auteur de cet ouvrage a eu la complaisance de me communiquer quelques articles pour cette nouvelle édition de la *Bibliographie curieuse*, qu'il me permette de lui en témoigner ici ma reconnaissance! (Voyez les articles GAUFFRECOURT, VERBAL ET INFORMATION, etc.; CHARLY et FORETILLE). M. Delandine s'occupe aussi de *Bibliographies spéciales*; il en a fait une excellente relative aux *historiens de Lyon*, et il en prépare une très-détaillée sur les *manuscrits* et les *éditions du XV*^me *siècle*, existant dans la riche bibliothèque confiée à ses soins. Nous parlons de ces ouvrages curieux dans notre recueil de *Bibliographies spéciales*.

DÉLASSEMENS. Mes Délassemens, recueil de poésies. *in*-18.

Tiré à VINGT-CINQ exempl., dont CINQ sur pap. fin.

DELATOUR. Suite et arrangement des volumes d'estampes connus sous le nom du cabinet du Roi, imprimés, sur l'édition du Louvre, en 1727, *in-fol.*, et réduite en format *in-8°*, (par L. Fr. Delatour). *Paris, Delatour, in-8°.*

> M. Delatour, Imprimeur, n'a tiré que SIX exemplaires de cet ouvrage, pour lui et ses amis.

—— Essais sur l'architecture des Chinois, sur leurs jardins, leurs principes de médecine, et leurs mœurs et usages, avec des notes; (par L. Fr. Delatour, ancien imprimeur-libraire). *Paris, Clousier, 1803, in-8°, fig.*

> Cette édition n'a été tirée qu'à TRENTE-SIX exemplaires. Celui que s'était réservé l'auteur, était enrichi de quatre modèles (dessinés et colorés d'après nature) de pierres dont on décore les jardins. On doit encore à M. Delatour : *les petites nouvelles parisiennes.* Paris, 1750, *in—18*, format carré, tiré à très-petit nombre.

DÉMENCE de M^de^ de Phanor. *Paris*, 1796, *in-18*, *pap. vélin.*

> Tiré à VINGT-CINQ exemplaires seulement. Un exempl. br. vendu 7 l. 19 s. chez M. Bozérian, relieur, en 1798.

D'ÉPINAY. Mes momens heureux, (par Madame D'Épinay). *Genève, de mon imprimerie*, 1759, *in-12.*

> Ouvrage tiré à très-petit nombre. M^de^. D'Épinay est connue par ses liaisons avec J. J. Rousseau. Ce volume renferme des lettres pour la plupart adressées à des personnes qui composaient sa société, entre autres Saint-Lambert, Tronchin, Gauffecour, quelques réponses de leur part et des portraits.

— Lettres à mon fils, (par M^{de}. D'Épinay). *Genève*, 1759, *in*-12.

> Tiré à très-petit nombre, et quelquefois réunis au précédent.

DESHOULIÈRES. Vers allégoriques de M^{de}. Deshoulières à ses enfans. (*Paris*, *de l'imp. roy.*), *sans date. In*-4°.

> Ce petit livre, tiré à petit nombre, sur papier d'Annonay, est très-rare. Il a été imprimé pour l'éducation du Comte d'Artois. On a annoncé dans le *Catalogue* de M. R.... (Renouard), XIII—1804, n° 1799, un livre sous le titre de *Choix de vers de Mad^e Deshoulières*, *Racine*, *J. B. Rousseau* et *Gresset*. (*Paris*, *imp. roy.*), *in*-4° *cart.* Je présume que c'est le même que celui porté en tête de cet article. Il n'a été vendu que 7 l. 15 s., et cependant on y avait ajouté les portraits des quatre poëtes.

DE VAINES. Recueil de quelques articles tirés de différens ouvrages périodiques; (par feu de Vaines, Conseiller d'État). An VII (1799), *in*-4° de 220 *pages*.

> Ce recueil a été tiré à QUATORZE exemplaires.

DIDEROT. L'histoire et le secret de la peinture en cire. — L'art nouveau de la peinture en fromage ou en ramequin; (par Diderot). *Marolles*, (*Paris*), 1755, 2 *parties*, *in*-12.

> Cet ouvrage a été tiré à petit nombre d'exemplaires. M. Naigeon l'a réimprimé dans le 15e volume des œuvres de Diderot, dont il est éditeur. Voyez l'avertissement qu'il a mis en tête.

DROZ. Extrait de divers moralistes anciens et modernes, (par M. Joseph Droz). *An IV de la républ.*, *in*-12 de 93 *pages*.

Imprimé par l'auteur à TRENTE-SIX exemplaires. Cet ouvrage n'a jamais été vendu.

DUCLOS. Acajou et Zirphile, conte (par Charles Dineau Duclos). 1744, *in-4° et in-12, figures.*

Ce roman n'a point été imprimé à petit nombre; mais l'ouvrage qui est cause qu'il a vu le jour, n'a été tiré qu'à DEUX exemplaires. C'est un conte dont j'ignore le titre, et qui était orné de figures; ces figures dont on avait tiré plus de deux épreuves, étant tombées seules entre les mains de Duclos, lui firent naître l'idée de composer un roman auquel elles conviendraient, et il fit *Acajou* et *Zirphile.* Rien de plus original que sa préface, dans laquelle il ne flatte certainement pas le public. L'invention de ce roman est un peu forcée, mais on n'en est pas surpris, vu que l'auteur n'en était pas le maître.

DUFRESNE. Études sur le crédit public; par Dufresne, liquidateur au trésor royal. 1784, *in-8°.*

Vendu 36 f. 10 c. chez M. Chardin, avec cette note: EXEMPLAIRE UNIQUE, à l'usage de l'auteur.

DUPIN. OEconomique, (par Claude Dupin fermier général). *Carlsruhe,* 1745, 3 *vol. in-4°.*

« Cet ouvrage, (dit M. Barbier dans ses *anonymes,* n° 5o54), n'a été imprimé qu'au nombre de DOUZE à QUINZE exemplaires, pour être distribué à des amis. Un de ces exemplaires s'étant égaré a été vendu 16 louis. La rareté ne fait pas le seul mérite de ces trois volumes, M. Rousselot de Surgy en a inséré plusieurs morceaux dans le *Dictionnaire des finances de l'Encyclopédie méthodique* ».

—— Observations sur un livre, intitulé: de l'Esprit des lois, (en ce qui concerne le commerce et les finances), divisées en trois parties; (par Claude Dupin, fermier général, revues par les pères Plesse et Berthier). *Paris, Guerin et Delatour, 1757—58), 3 vol. in-8°.*

J'ai parlé en détail du sort de cet ouvrage, dans mon *Dictionnaire des livres condamnés au feu*; *tom.* 1, *page* 119. J'ai dit qu'on n'en connaissait que CINQ à SIX exemplaires répandus clandestinement dans le public; M. Barbier dit dans ses *anonymes*, qu'il en existe environ DOUZE. Il ajoute que J. J. Rousseau nous apprend dans le 6ᵉ livre de ses *Confessions*, que le Père Berthier, Jésuite, aida M. Dupin dans la composition de ses *Observations*. Il rapporte aussi l'anecdote de Mᵈᵉ de Pompadour, qui fit dire à Dupin qu'elle prenait sous sa protection Montesquieu et son ouvrage; alors le fermier général fit brûler l'édition presqu'entière de sa critique. J'ai cité cette anecdote d'après Rive ; mais je retrouve dans le catalogue de feu M. Delatour, libraire, mentionné au titre de l'ouvrage, la note suivante sur ce même livre : « il n'en a été mis « dans la circulation que 30 exemplaires donnés en présent « par l'auteur; tout le reste de l'édition a été supprimé ». Cette note, sur le nombre des exemplaires, nous paraît plus certaine que ce que nous en avons dit d'après MM. Rive et Barbier.

DUVAUCEL. Essai sur les appanages, ou mémoire historique de leur établissement; (par Louis-François Duvaucel, grand maître des eaux et forêts au département de Paris), *sans date, sans nom de ville ni d'imprimeur, 2 vol. in-4°.*

Cet ouvrage, dit Mercier de S. Léger, n'a été tiré qu'à DOUZE exemplaires, l'auteur n'ayant pas voulu le rendre public. Le premier volume renferme 372 pages, et le second 403, non compris 142 pages de pièces justificatives avec la table.

I

DUVERNET. Principes de sagesse, ou les épitres
d'Horace, trad. en vers par M. du V. (Duvernet),
premier valet de chambre de garde-robe, chez
Monsieur). *Versailles*, 1788, *petit in-12 de* 108
pages.

>   On assure que cet ouvrage n'a été tiré qu'à CINQUANTE
>   exemplaires.

EMBRIOLOGIA sacra seu de salute parvulorum in
utero à Cangiamilà. *Panormi*, 1758, *in-fol.*, *fig.*

>   Ouvrage tiré à petit nombre.

ÉMILIE ou les joueurs, comédie en cinq actes et
en vers; (par le marquis Montesquiou Fezenzac).
Paris, *Didot aîné*, 1787, *in-18*, *pap. vélin*.

>   Cette comédie n'a été tirée qu'à CINQUANTE exemplaires;
>   ce volume a 144 pages.

L'ENFER de la mère Cardine, traitant de la cruelle
et terrible bataille qui fut aux enfers, entre les diables
et les maquerelles de Paris, aux nopces du portier
Cerberus et de Cardine, qu'elles voulayent faire royne
d'enfer; et qui fut celle d'entre elles qui donna le
conseil de la trayson, etc., 1597. — Chanson novvelle
de certaines bourgeoises de Paris, qui, feignant d'aller
en voyage ès fauxbourgs S. Germain des Préz, furent
surprinses en la maison d'une maquerelle, et menées
en prison à leur deshonneur et confusion. — Dé-
ploration et complaincte de la mère Cardine de Paris,
cy devant gouvernante du Huleu, sur l'abolition
d'iceluy : trovvée après le déceds d'icelle Cardine
en un escrain auquel estoient ses priuez et précieux

secretz, tiltres de ses qualités authentiques, receptes souueraines, compostes, anthidotes, baulmes, fardz, boestes, ferremerits et vstenciles seruans audict estat dudict mestier. 1570. (*Paris*, *Didot aîné*, 1793), *grand in-8° de* j—viij—1—55 pages.

Réimpression de trois anciennes pièces de poésies très-rares, tirée à CENT exemplaires, grand papier vélin, et HUIT exempl. sur VÉLIN. M. Barbier, dans son *Dictionnaire des anonymes*, n°. 9564, dit qu'on attribue l'*enfer de la mère Cardine* à Flaminio de Birague, gentilhomme ordinaire de la chambre de François premier, et petit cousin du Cardinal de ce nom.

ÉPICTÈTE. Manuale di Epitetto, greco–italiano. *Parmæ*, *Bodoni*, 1793, *in-4°*.

Cette belle édition à été tirée à CENT exemplaires. Plus quelques-uns sur étoffe de soie.

ERNESTE DE HESSE. Der so Warhaffte, als gantz auffrichtig und discret-gesinte catholischer, das ist, tractat oder discurs von einigen gantz raisonablen und freyen, als auch moderirten gedancken, sentimenten, reflexionen und concepten über den heutigen Zustand dess religions-wesens in der welt, etc. (Le catholique sincère et discret, etc.; par le Landgrave Erneste de Hesse). *Sans lieu d'impression*, 1666, *in-4° de* 811 *pp.*

Ouvrage tiré à QUARANTE-HUIT exemplaires pour faire des présens. Il a pour auteur le Landgrave Erneste de Hesse, fils du savant Landgrave Maurice. Comme ce Prince avait quitté la religion réformée dans laquelle il avait été élevé, pour embrasser le catholicisme, il composa cet ouvrage pour justifier sa conduite. Il n'y mit pas son nom, mais on le reconnut facilement. S'étant ensuite repenti d'avoir parlé un peu trop librement dans ce traité, il fit tout son possible pour en retirer les exemplaires qu'il avait déjà répandus parmi ses amis, de sorte qu'il en reste fort peu.

——Extract des veri, sinceri et discreti catholici, etc. *Gedruckt, Im jahr,* 1673, *in-4° de* 215 *pp.*

> Wogt assure que cet extrait de l'ouvrage précédent, n'a été tiré qu'à QUARANTE OU CINQUANTE exemplaires. D'autres prétendent qu'il est plus commun que l'original. Quoi qu'il en soit, il a été traduit en latin en 1674, et est infiniment rare. On doit encore au Landgrave Erneste une petite pièce également fort rare; elle est intitulée : *Audiatur et altera pas.* Viennœ, 1661, *in-12* de 12 *pp.*

ERNST. Insectes d'Europe, peints d'après nature, par Ernst, gravés et coloriés sous sa direction, et décrits par le P. Engramelle. *Paris* 1779, 29 *cah. in-4°, et* 342 *pl. coloriées.*
Explication de l'ouvrage précédent, 1786, *in-4°.*

> Les exemplaires de cette explication sont extrêmement rares et presqu'inconnus. Elle a été rédigée et imprimée par les soins de M^de de Genlis, pour l'éducation des enfans d'Orléans. Un exempl., avec cette explication, a été vendu, en l'an v, 220 l. chez M. Lefebvre.

ESSAIS littéraires, par une société de jeunes gens. (Par MM. Ch. Nodier, Ch. Weiss, Compagny, Baud et Monnot). *Besançon,* (*sans date*), *in-12.*

> Ouvrage tiré à CINQUANTE exemplaires. M. Ch. Nodier est auteur de différens ouvrages favorablement accueillis du public, entre autres d'un *Dictionnaire des Onoma-topées*, qui a été adopté pour les Lycées. M. Baud a

donné une traduction de l'*art de faire les vins*, par Fabroni. M. Ch. Weiss prépare un travail important sur *les traductions françaises des auteurs classiques grecs et latins.* Cet ouvrage, qui exige des recherches considérables, pourra faire suite à celui d'Harvood. M. Weiss a eu la complaisance de nous faire connaître plusieurs ouvrages tirés à petit nombre ; et ce ne sont pas les premières preuves qu'il nous a données de son extrême obligeance et de son érudition. (Voyez le *Dictionnaire critique*, *littéraire et bibliographique des principaux livres con-damnés au feu*, to. 1, p. 100 et 168 ; *to.* 11, p. 182, et l'article FOURNIER, du présent vol.)

ÉTRENNES. Les étrennes du cœur, ou l'hommage des amis. *Au château de Livry et au temple de l'amitié.* (*Paris*, *F. A. Didot*), 1 *vol. in-*12.

Un seul exemplaire a été tiré sur beau VÉLIN d'Italie, et DOUZE seulement sur papier. Je présume que cet ouvrage est de M. Mérard de S. Just.

EXTRAIT d'un voyage pittoresque en Espagne, en 1788, 1789 et 1790. — Description d'une partie des appartemens de S. E. le Duc d'Albe à Madrid, 1792, *in-*8° *de* 59 *pages.*

Tiré à petit nombre, et inconnu dans le commerce.

FAERNUS. Gabrielis Faerni Cremonensis fabulæ centum, ex antiquis auctoribus delectæ, carmini-busque explicatæ ; et ejusdem varia carmina. *Parmæ*, *in Ædibus Palatinis*, *typis Bodonianis*, 1793, *in-*4°.

Imprimé à CENT exemplaires, avec beaucoup d'élégance. M. Renouard, éditeur, a soigneusement revu cette édition sur l'originale de 1564, et sur les deux Cominianes de 1718 et 1730 ; il y a en outre ajouté une notice exacte des diverses éditions et traductions de cet auteur. Gabriel Faerne, poëte latin moderne, connu par des *élégies latines* et *des fables*, mourut à Rome en 1561.

FALLOURS. Histoire naturelle des plus rares curiosités de la mer des Indes; poissons, écrevisses, etc. peints au naturel, par Samuel Fallours. *Amsterdam*, 1718, *2 tomes en 1 vol. in-fol.*

> Cet ouvrage a été tiré à petit nombre d'exemplaires.

FARCE de la querelle de Gauthier-Garguille, etc. (*Voyez* CARON).

FAYOLLE. Sixième livre de l'Enéide, trad. en vers français, par F. Fayolle. *Paris*, 1808, *in-8° de* XV—*58 pp.*

> Tiré à CINQUANTE exemplaires. On trouve en tête de cet ouvrage une description des enfers selon Virgile, par M. Binet, proviseur au Lycée Bonaparte.

FERDINAND IV. Origine della popolazione di S. Leucio colle leggi corrispondenti al buon. Governo di essa di Ferdinando IV. Re delle Sicilie. — Doveri verso Dio, verso se, verso gli altri, verso il Re, por uso delle scuole normali di S. Leucio. *Napoli*, *stamperia reale*, 1789, *2 vol. in-4°.*

> Édition originale tirée à très-petit nombre d'exemplaires. C'est un livre assez curieux en ce qu'il renferme un recueil de lois faites par le Roi Ferdinand lui-même pour une petite colonie d'ouvriers qu'il a fondée. Il en existe d'autres éditions plus usuelles.

FLEINS (de). Hymnes de Callimaque (trois), imités du grec par M. Poullain de Fleins. *Paris*, *Ph. de Pierres*, 1776, *in-8°.*

Tiré à QUARANTE exemplaires, tous donnés en présent par l'auteur.

FOE. La vie et les aventures de Robinson Crusoé, en anglais, (par Foe), avec la version française interlinéaire. *Imprimé au château de Dampierre, 1797, 2 vol. gr. in-8°, pap. d'Hollande.*

Cet ouvrage imprimé par M^de de L...... ne s'est jamais vendu, parce qu'il a été tiré à petit nombre.

FOISSY. Le Polythéisme analysé (par de Foissy). *Paris, an IV, in-8°.*

Tiré à petit nombre. Je crois cependant qu'il en existe cent cinquante exemplaires.

FONTENELLE. Relation de l'île de Bornéo, (par Fontenelle, avec des additions et la clef), *en Europe. (Paris), 1807, in-12 de 48 pages.*

Superbe édition tirée à QUATRE-VINGT-QUATORZE exemplaires, tous sur pap. vélin, DEUX sur *papier rose*, DEUX sur *pap. bleu*, TROIS sur VÉLIN, et UN sur SATIN. On a ajouté à SOIXANTE exemplaires une *lettre* de Fontenelle au marquis de la Fare, *sur la résurrection.* Ces lettres de Fontenelle n'ont jamais été imprimées dans ses œuvres. J'ai découvert qu'un M. Pillot de D.... est éditeur de cette réimpression sortie des presses de M. Didot l'aîné. La Harpe s'est trompé, lorsque dans son Lycée, *tom. xv, p. 36*, il a fait deux ouvrages de celui que nous annonçons : « Fontenelle, dit-il, n'a jamais avoué deux petites brochures depuis long-tems oubliées, *l'histoire de Mero et d'Enegu* (Rome et Genève), *et la relation de l'île Bornéo, etc. ».* Ces deux titres appartiennent au même ouvrage, qui n'a jamais fait brochure séparée, mais qu'on trouve dans les *OEuvres de Bayle. La Haye, 1727, 4 vol. in-fol., tom. 1, p. 476.*

FORETILLE (DE LA). Poëme sur le soleil , par M. de la Foretille de Mâcon. *Lyon , Ballanche ,* (vers 1798).

> Tiré d'abord à DIX exemplaires ; l'auteur n'étant point content de cette édition , en fit imprimer une seconde à TROIS exemplaires.

FORTIGUERRA. Richardet , traduit en vers français , (de l'italien de Nicolo Carteromaco Fortiguerra) , par Mancini-Nivernois. *Paris , Didot j. ,* 1797 , 2 *vol. in-8° , pap. d'Hollande.*

> Il n'existe que DEUX exemplaires de ce poëme , tirés séparément des OEuvres du traducteur. M. Dumourrier a aussi traduit ce poëme en vers français , 1766 , 2 *vol. in-8°.* La meilleure édition du *Ricciardetto* est celle de *Parigi ,* (*Venezia*) , 1738 , *in-4°.*

FOURNIER. Essai portatif de Bibliographie , par François-Ignace Fournier , âgé de 18 ans , 1796 , 1 *vol. petit in-8°.*

> Cet ouvrage n'a été tiré qu'à VINGT-CINQ exemplaires , que l'auteur s'est réservés. Il renferme 13 à 14000 articles , et m'a paru fort bien imprimé. Il est terminé par une Notice des ouvrages sortis des presses des Aldes , des Elzevirs , des Barbou , des Bodoni , des Didot , etc. Cet ouvrage a été dernièrement réimprimé sous le titre de *Dictionnaire portatif de Bibliographie , contenant plus de* 17000 *articles de livres rares , curieux , estimés , recherchés , etc. ; par F. I. Fournier. A Paris , de l'imprimerie de Fournier frères ,* 1805 , *in-8°.* Ce volume est bien imprimé. La seconde édition de ce *Dictionnaire ,* également très-bien imprimée , a paru en mai 1809 , *in-8°.* Le titre porte que ce vol. renferme plus de 23000 articles de livres rares , curieux , estimés et recherchés ;

il serait avantageux pour la littérature qu'il existât un aussi grand nombre de bons ouvrages. Mais, les critiques que l'on a faites du dictionnaire de M. Fournier prouvent qu'on pourrait rabattre quelque chose de ce nombre. V. les observations de M. Grosier dans la *Gazette de France*, nos du 28 juin, 21 août, 11 septembre et 21 octobre 1809 ; le *supplément* à ce dictionnaire par le savant M. Chardon de la Rochette ; le compte qui a été rendu sur le même objet dans le *Moniteur*, *etc.* Mais le *supplément* le plus ample et le plus détaillé, qui ait été fait à ce dictionnaire, existe en manuscrit entre les mains de son auteur, M. Weiss de Besançon ; on y trouve une infinité de corrections, d'additions et de remarques judicieuses. Les omissions essentielles y sont réparées ; et nous ne pouvons qu'engager M. Weiss à faire jouir promptement le public d'un travail utile et qui mettra les Bibliophiles dans le cas de se servir de l'ouvrage de M. Fournier avec plus de confiance. La très-grande majorité des articles traités par M. Weiss, ne se trouvent point dans les deux bons Opuscules de MM. Chardon de la Rochette et Grosier.

FRANKLIN. Lettres de Benjamin Franklin. (*Voyez* The way to wealth or poor Richard improved by Benj. Franklin. *Paris , Printed for Ant. Aug. Renouard*, 1795, *in-8°*), *pp.* 84—142.

Cet Opuscule , réimprimé dans l'édition de M. Renouard, que nous citons, n'a été tiré dans le principe qu'à QUINZE ou VINGT exemplaires ; il est composé de trois petites pièces écrites sans aucune prétention et comme bagatelles de société. Elles n'ont été imprimées que pour être distribuées parmi les personnes qui composaient la société choisie de Franklin. La première pièce est une lettre datée du 10 novembre 1779 à Passy, elle contient une petite leçon de morale qu'on pourrait intituler le *Sifflet ;* la seconde est du.... août 1778, également de Passy ; elle a rapport à une plaisanterie philosophique que l'on pourrait appeler les *Éphémères*. La troisième est un *Dialogue entre la goutte et Franklin*, datée de minuit le 22 octobre 1780. Le tout est écrit par Franklin, dans un français incorrect et rempli d'anglicismes, mais extrêmement naïf et expressif; on ne pourrait pas le corriger sans lui faire perdre beaucoup de sa grace.

Frédéric. Éloge du Prince Henri, par Sa Majesté le Roi de Prusse, avec une traduction anglaise. *Birmingham, Baskerville, 1 vol. in-8°.*

Il n'a été tiré que vingt-cinq exempl. de cet ouvrage; et ils ont été donnés en présens par Frédéric.

Garat. Précis historique de la vie de M. de Bonnard, par Garat. *Paris, Didot jeune, 1785, in-18, pap. d'Annonay.*

Ce livre a été tiré à très-petit nombre. L'auteur l'ayant fait imprimer seulement pour lui et pour ses amis, n'avait pas cru devoir le faire passer à la censure. Mais comme il s'y trouvait quelques traits qui déplurent à M^{de} de Genlis, restée seule gouvernante des enfans du duc d'Orléans, après la retraite du chevalier de Bonnard, cela faillit conduire l'imprimeur à la Bastille; il en fut quitte pour une interdiction de trois mois, sous le prétexte d'une lettre du duc d'Orléans, insérée dans ce livre sans avoir obtenu l'agrément de ce Prince. Un exemplaire de cet ouvrage a été vendu 12 l. 2 s. chez Bozerian, en 1798. Il en existe une contrefaçon remarquable par quelques pièces ajoutées au volume et contenant des traits satyriques contre M^{de} de Genlis.

Gauffrecourt. Traité de la reliure des livres, (par M. de Gauffrecourt). *In-12 de 72 pages.*

Tiré à douze exemplaires; c'est l'auteur lui-même qui

l'a imprimé, « pour faire, dit-il, usage dans sa vieillesse de son heureuse oisiveté. »

GÉNÉALOGIE de la maison du Chastelet, avec les preuves, 1777, *in-fol.*

Cet ouvrage, qu'il ne faut pas confondre avec celui de Dom Calmet, qui porte le même titre, n'a jamais été mis en vente. Le hasard en ayant fait passer un exemplaire dans le commerce, il s'est vendu 8 à 10 louis. L'abbé Rive ne connaissait que TROIS exemplaires de cet ouvrage à Paris, ceux des avocats Gerbier, Target, et le sien.

GILBERT. Histoire de Calejava, ou de l'isle des hommes raisonnables, avec le parallèle de leur morale et du christianisme, (par Claude Gilbert, avocat). (*Dijon*, *Jean Resseyre*, 1700), *petit in-12* de 329 *pages.*

Il n'existe qu'un seul exemplaire de cet ouvrage ; la veuve de l'auteur en a fait présent à l'abbé Papillon en lui jurant que son mari avait brûlé l'édition entière à l'exception de cet exemplaire. (V. la *bibliothèque des auteurs de Bourgogne* ; par Papillon, *tom. 1, p.* 249). Ce petit volume, ayant passé dans la bibliothèque du duc de la Vallière, a été vendu, en 1784, 120 liv. ; il renferme des choses hardies ; cependant l'imprimeur avait retranché plusieurs endroits dangereux concernant le christianisme et le judaïsme. Mercier de Saint Léger a remarqué que le dessein de l'auteur était d'établir la religion naturelle sur les débris de la révélation. (V. sa 2e *lettre aux auteurs du Journal de Trévoux sur la Bibliographie instructive*, août 1763). Gilbert place l'île de Calejava en Lithuanie ; l'ouvrage est en Dialogues ; il est divisé en 12 Livres, et les Livres en Chapitres.

GIROD DE CHANTRANS. Essai sur la destination de

l'homme; (par M. Girod de Chantrans). *Aux Ver-
rières de Suisse*, 1 *vol. in-8°.*

> Cet ouvrage a été tiré à très-petit nombre d'exempl.,
> tous donnés en présens.

GLICÈRE, ou la philosophie de l'amour, poëme
champêtre, divisé en autant de parties que le jour.
Zurich, (*Paris*), 1796, 1 *vol. in-8°, pap. vélin.*

> On trouve au dos de l'avertissement la note suivante :
> « il n'en a été tiré que CENT exemplaires, tous sur papier
> vélin seulement. Cette édition aura du moins le mérite de
> la rareté pour les amateurs ». Ce vol. a 127 pages avec
> les notes. On l'attribue à M. de Saint-Aubin.

GODEAU. Prières et Méditations, par Antoine
Godeau, 1643.

> *Bauer tom.* 2, *p.* 33, dit que ce volume est d'une
> rareté extrême, puisqu'il n'en a été tiré que SIX exempl.
> à l'usage de la Reine de France Anne d'Autriche. Pelisson
> et son continuateur l'abbé d'Olivet ne l'ont pas connu ;
> autrement ils en auraient fait mention dans la liste des
> ouvrages de cet auteur, à la suite de l'*Hist. de l'Acad.
> française.*

GOLOWKIN. Catalogue des livres de la Bibliothèque
du Comte Alexis de Golowkin. *Leipsic*, 1798, *in-8°,
tiré sur grand papier, format in-4°.*

> Ce Catalogue, qui n'a que cent pages d'impression,
> a été tiré, m'a-t-on assuré, à VINGT-CINQ exemplaires :
> et on croit qu'il n'y en a que deux en France ; il ne
> renferme que des articles infiniment précieux. L'impres-
> sion n'en est pas très-correcte, et le papier est assez
> commun ; mais ce Catalogue est curieux.

GONZAGA DI CASTIGLIONE. Riflessioni filosofico-politiche sull' antica democrazia romana, precettrice di tutte le nazioni libere, ad uso del popolo inglese di Luigi Gonzaga di Castiglione. *Venezia*, 1780, *in-8° de 223 pages.*

Ce vol., l'un des mieux imprimés à Venise, depuis les Jenson et les Aldes, a été tiré à petit nombre. Il porte pour épigraphe cette belle expression d'un cœur loyal et vraiment humain : *Il popolo giammai non ebbe adulatori : io ne sono il diffensore : e piacesse al cielo, ch'avessi potuto esserne il benefattore.* Il y en a des exemplaires sur beau papier d'Hollande ; M. Arsenne Thiébaut, homme de lettres à Paris, en possède un. A cet exemplaire est joint un article du même écrivain, intitulé : *Reflessioni sulla poesia e sulla musica*, qui se trouve dans l'*Antologia di Roma*. Ce morceau est plein de choses comme tous les ouvrages de ce Prince ; il offre un commentaire philosophique de ce mot d'Horace : *Ut pictura poesis.* Il fut d'abord écrit en français, langue que Gonzaga possédait éminemment, puis traduit en italien par l'abbé Godard. On croit que ce discours a été publié en France et tiré à petit nombre. L'ouvrage qui fait l'objet de cet article avait paru précédemment sous ce titre : *Discours philosophique et politique, par le Prince Louis Gonzague de Castiglione.* Genève, 1779, *in–4°*, tiré à CENT exemplaires.

GRAY. Elegia inglese di Gray sopra un cimitero campestre con due vers. italiane di G. Torelli, Melch. Cesarotti, ed altra lat. di G. Costa. *Parma, Bodoni*, 1793, *in–4°.*

Ce volume a été tiré à CENT exempl. Il vaut 12 à 15 l.

GRÉCOURT. Maranzakiniana, (rédigé par l'abbé de Grécourt), 1730, *in–24.*

Ce petit volume de 54 pages, très-bien imprimé, et rédigé par Grécourt, a été tiré à CINQUANTE exemplaires, par ordre, aux frais et sous les yeux de Mde. la Duchesse douairière. C'est une vraie carricature sur les *Ana*. Maranzac était un écuyer d'écurie, ou piqueur de Monseigneur, fils de Louis XIV, et qui lui servait de fou ou plaisant. Après la mort de ce prince, en 1711, il passa au service de la Duchesse, où il était encore en 1741, dans un âge très-avancé. M. Lancelot a acheté un exemplaire de cet ouvrage 72 l. d'une femme de garde-robe de la duchesse. (Voyez le *Dictionnaire des anonymes* de M. Barbier, *tome* II, *p.* 635).

GRENUS. Quelques fables, par J. L. G. (Grenus) *à Paris, de l'imprimerie de l'auteur, an* 1800, 1 *vol. in-*18 *de* 72 *pages.*

Ce vol. a été tiré à très-petit nombre; il renferme 33 fables, extraites d'un recueil de plus de cent cinquante fables, qui a été imprimé en 1807, en 2 vol. in-16. avec fig.

GRESSET. Réponse de M. Gresset, directeur de l'Académie française, au discours de réception de M. Suard le 4 août 1774.

Ce discours n'avait été imprimé d'abord qu'à VINGT exemplaires, et assez incorrectement comme on le voit par une lettre de Gresset du 10 septembre 1774; mais il a été réuni pour la première fois aux œuvres de cet auteur dans la charmante édition qu'en a donné M. Fayolle, *Paris, Bleuet jeune, an* XI—1803, 3 *vol in*—18, *pap. vél.* L'éditeur annonce que c'est avec beaucoup de peine qu'il a pu se procurer ce discours; et dans la *Notice sur Gresset. P.* XXVIII, qui est en tête de cette édition, il dit que l'auteur « prodigua des lieux communs de per-« siflage et de néologisme, tout en recommandant de

« les proscrire: son discours offrait les meilleurs matériaux
« de sa critique ». Cette opinion de M. Fayolle est fondée;
il suffit de lire l'ouvrage pour s'en convaincre.

GRINGORE. Le jeu du prince des sots, etc. (*voyez*
CARON).

GUIBERT. Le Connétable de Bourbon, tragédie en
cinq actes ; (par Guibert). *Paris, Didot l'aîné,*
1785, *in*-18 *de* 106 *pp.*

> Tiré à CINQUANTE exemplaires, que l'auteur a distribués
> à ses admiratrices. (*Voyez* le LYCÉE de la Harpe, *tom.*
> VIII, *p.* 453). Il en existe une édition *in*-8° de 74
> *pages*, qui est encore plus rare que l'*in*-18; elle ne porte
> qu'un faux titre.

HAMILTON. Mémoires du Comte de Grammont, avec
des notes par Horace Walpole. *Strawberry-Hill,*
1763, *in*-4°, *fig.*, *et* 1772, *in*-4°, *fig.*

> Ces deux éditions sont très-rares, ayant été tirées à
> très-petit nombre. La seconde est la mieux exécutée
> et la plus correcte; elle vaut 150 l., la première 100 l.
> On en connaît encore une édition de *Londres, Dodsley,*
> 1783, *in*-4°, qui est également fort rare, ayant été tirée
> à petit nombre. Elle est ornée des portraits d'Hamilton,
> de Grammont et de Mistriss Hamilton. Cette édition est
> très-soignée.

HAMPDEN. Roberti de Hampden Britannia, Lathmon,
villa Bromhamensis; poematia, nunc primùm, curante
filio Joanne Trevor, patris et ejusmet amicorum in
gratiam edita. *Parmæ, ex tipograph. reg.* (*Bodoni*),
1793, *in-fol. max.*

> Livre magnifiquement exécuté et tiré à TRENTE exem-
> plaires, dont QUINZE sur papier vélin. M. Fournier dit,

dans son *Dictionnaire bibliographique*, que ces QUINZE exempl. ont été tirés sur VÉLIN ; le Catalogue des éditions de Bodoni porte *papier vélin*.

HEARNE. Acta Apostolorum græco-latinè , litteris majusculis : è codice Laudiano, characteribus uncialibus exarato , in bibliothecâ Bodleianâ adservato, descripsit, ediditque Thomas Hearnius, A. M. Oxoniensis , qui et symbolum Apostolorum ex eodem codice subjunxit. *Oxonii, è theatro scheldoniano, sumptibus editoris,* 1715 , *in-8° de 320 pages.*

Cet ouvrage a été imprimé à CENT–VINGT exemplaires ; l'éditeur Hearne aurait désiré faire fondre des caractères semblables à ceux du manuscrit, qui est en lettres onciales, sans accens et avec très–peu d'abréviations ; mais n'ayant pu y parvenir, il s'est contenté de lettres majuscules ; et pour donner une idée des caractères du manuscrit, il en a fait graver un échantillon ainsi qu'un alphabet des lettres grecques et latines. David Clément dit que les ouvrages de Hearne sont rares, parce qu'il n'en a fait tirer que peu d'exemplaires ; effectivement ils sont peu connus en France. Le Dictionnaire historique cite une *Histoire universelle* de cet auteur, publiée en 1704–1705, 2 *vol in-8°,* et une édition de l'*Histoire d'Angleterre* de Litle, qui commence à 1066, et finit à 1197, *Oxford,* 1719, 3 *vol. in-8°.* M. Brunet dans son *Manuel du libraire et de l'amateur,* to. 1 , p. 51 , donne la liste des *Varii scriptores de historia anglicana.* Oxonii, 1709—35, 64 *vol. in-8°* dont Hearne est éditeur, et qui ont été tirés à petit nombre.

HÉNAULT. Pièces de théâtre en vers et en prose (par le Président Charles–Jean–François Hénault). *Paris,* 1770, *in-8°.*

L'auteur n'a fait tirer qu'un petit nombre d'exemplaires

dé cette collection, pour être distribués à ses amis ; les pièces contenues dans ce volume sont : *Cornélie*, *Vestale*, tragédie en vers en 5 actes; 1769. — Nouveau théâtre français, *François II*, *Roi de France*, en cinq actes et en prose, seconde édition, enrichie de notes nouvelles ; 1768. — *La petite Maison*, comédie en trois actes et en prose ; 1769. — *Le Jaloux de lui-même*, comédie en trois actes et en prose, 1769. — *Le réveil d'Epiménide*, comédie en prose, 1769 : je crois qu'on en a fait une nouvelle édition en 1790. — *Le Temple des Chimères*, divertissement en un acte et en vers, 1770.

HÉRAULT DE SÉCHELLE. Visite à Buffon, septembre 1805, (par Hérault de Séchelles) *Paris*, 1785, *in-8°. de 53 pages.*

Imprimé à CENT exemplaires. On l'a réimprimé depuis sous le titre de *Voyage à Montbar*, *in-8°*. On a encore du même auteur une brochure intitulée *Détails sur la société d'Olten*, 1790, *in-8°. de 38 pages*, tiré à CENT exemplaires.

HOEUFFT. Jacobi Henrici Hoeufft pericula poetica, munus amicis, 1783, *in-8°.*

Ce livre a été tiré à petit nombre, il est en papier fort, et l'édition entière a été réservée pour être distribuée à des amis.

HOMÈRE. L'Iliade d'Homère, traduite (par M. Lebrun). *Paris, Bossange*, 1809, 2 *vol. in-fol.*, *fig.*

Magnifique édition, tirée à VINGT-CINQ exemplaires, sur deux colonnes en papier vélin, et DEUX sur PEAU-VÉLIN. Ce chef-d'œuvre de typographie, dont l'imprimeur a eu l'honneur de présenter le 15 mars 1809, un exemplaire (en VÉLIN) à l'Empereur, a le titre imprimé en or; chaque exemplaire est orné de 34 gravures d'après Flaxman, et des bustes d'Homère et d'Achille. La même traduction est imprimée en 2 *vol. in*-12; celle de l'Odyssée paraîtra incessamment, tirée également à VINGT–CINQ exemplaires, 3 *vol. in–fol.* sur papier vélin, et deux sur PEAU–VÉLIN, avec le titre en or, et 28 gravures d'après Flaxman. La petite édition formera 2 *vol. in*–12.

HOUBIGANT. Psalmi hebraïci mendis quàm plurimis expurgati (à C. F. Houbigant). *Lugduni batav.*, 1748 , *in*-18.

Tiré à CENT exemplaires et imprimé par l'auteur lui-même, à Avilly, lieu où il avait une petite imprimerie particulière. Cette édition est comme un échantillon des corrections qu'il se proposait de faire dans le texte sacré. V. sur cet ouvrage et sur les autres du P. Houbigant, l'intéressante notice qu'en a donnée M. Adry, dans le *Magasin encyclopédique*, 1806, tom. III, p. 123. C'est de M. S....., libr. à Paris, que j'ai appris que cet ouvrage a été tiré à CENT exempl.

HOUDETOT. Poésies de M^de la Vicomtesse d'Houdetot. *Paris, de l'imprimerie de Didot l'aîné*, 1782, *in*-18, *pap vélin.*

Ce volume, tiré à petit nombre, ne s'est jamais vendu. Il est très-mince, et les poésies qu'il renferme, sont bien peu intéressantes, mais elles sont précédées d'une notice assez curieuse sur la personne de l'auteur, morte à la fleur de l'âge. Cette notice a été composée par M. de Brienne, Archevêque de Sens.

HUE DE MIROMÉNIL. Catalogue des livres de la Bibl. de M. Hüe de Miroménil, garde des sceaux de France. *Paris, Valade*, 1781, *in*-4°.

Indiqué dans le Cat. de M. *Coste*, avec la note suivante : ouvrage rare, tiré à petit nombre, et qui ne s'est point vendu.

IDÉES sur la peinture, relatives aux jugemens qu'on doit porter sur les grands ouvrages de cet art. *Amsterdam*, 1781.

« Il n'a été tiré que CENT exemplaires de cet ouvrage, « que l'auteur, personnage aussi distingué par son état que « par son goût et ses connaissances littéraires, a fait imprimer pour les distribuer à ses amis ». Note extraite du *Catalogue de Dusaulchoy*, Amst. 1787, 2 *vol in-*8°, et qui m'a été remise par M. S..... libr. à Paris.

IDYLLES ou Essais de poésie créole, par un colon de Saint-Domingue. *New-yorck*, 1804, *pap. vélin*, 18 *pages*.

Tiré à petit nombre, et excessivement rare. « La langue créole est une espèce de jargon que parlent généralement les nègres, les créoles et la plupart des colons des îles d'Amérique. C'est un français corrompu, abatardi, mais approprié à des organes plus doux, et où l'on fait disparaître par de fréquentes élisions, par diverses modifications et sur-tout par des transpositions continuelles, les sons trop rudes des consonnes, et les fortes articulations. Cette langue a par conséquent une infinité de mignardises, et une extrême douceur, qui la rendent propre à exprimer avec délicatesse, et sur-tout avec une certaine naïveté, les sentimens de l'amour, dans le caractère que prend cette passion chez les sensuels et voluptueux habitans de la Zone Torride. Aucun poëte que je sache, n'a chanté ses amours dans cette langue, et ces essais, les seuls de ce genre, sont tout-à-fait inconnus en France ».

IGNACE. Ignatii epistolæ septem genuinæ. *Oxonii, in theatro Sheldoniano*, 1708, *in-*8°.

Schelhorn assure que cet ouvrage n'a été tiré qu'à CENT exemplaires. Voyez les *Acta eruditorum* de Leipsick année 1713, p. 399.

Impostores. De tribus impostoribus, anno 1598, *in-12. Sans note de ville et d'Imprimeur.*

Fameux traité, qui, selon l'opinion commune, n'a été imprimé qu'à DEUX OU TROIS exemplaires. On n'en connaît que DEUX, dont l'UN, qui existait dans la bibliothèque de M. Crevenna, a été retenu à la vente de ses livres, en 1790; et l'autre, qui se trouvait dans la bibliothèque de M. de la Vallière, a été vendu 474 l. en 1784. Ce volume contient 46 pages. Comme le papier est très-mauvais, M. Crevenna pense que ce livre a été imprimé en Allemagne; et comme le caractère rond et de la grandeur de l'augustin romain ne paraît pas aussi ancien que semble l'annoncer la date de 1598, M. Crevenna est d'avis qu'il y a supercherie dans la date, et que l'ouvrage peut avoir été imprimé en 1698. Les traductions françaises de cet opuscule n'ont point de rapport avec le texte latin. (Voyez *Catalogue* de Crevenna de 1776, 1er vol., page 144). On peut en outre consulter sur la rareté et sur le mérite de ce livre, le *Dictionnaire* de Prosper Marchand, la *Dissertation* de la Monnaie, imprimée à la suite du *Menagiana*, et la réponse à cette *Dissertation; l'Epistolium ad Batavum in Britanniâ hospitem de tribus impostoribus*, et la réponse latine à cette épitre; les *sentimens sur le traité des trois imposteurs*, qui se trouvent à la suite de ce *traité* en français, petit *in-8°* de 1775. Nous en avons aussi parlé dans notre *Dictionnaire bibliologique, tome* 1, *p.* 333.

Imprimeries particulières. Il existait avant la révolution française, des imprimeries particulières d'où il sortait des ouvrages qui ordinairement étaient tirés à petit nombre. Voici une notice des principales.

Imprimerie du cardinal Duperron : elle fut établie à Bagnolet, en 1600; le cardinal y fesait imprimer ses ou-

vrages et en était lui-même le correcteur : les éditions qui
en sortaient, tirées à petit nombre, étaient déstinées aux
amis de l'auteur. Il recueillait leurs avis et ensuite il
faisait imprimer en nombre soit à Paris, soit ailleurs, les
mêmes ouvrages pour les livrer au public. C'est Pélisson
qui raconte cette anecdote dans son *Histoire de l'Académie française*, 1653, *in-8°, pp.* 47 *et* 48.

IMPRIMERIE DU VICOMTE DE LUGNY, établie au château
de Lugny près d'Autun. On y a imprimé vers 1617, une
édition des *Mémoires de Gaspar et de Guillaume de Saulx
de Tavannes*, son père et son frère aîné, *in-fol.*

IMPRIMERIE DE SULLY, établie vers 1630 au château de
Sully dans l'Orléanois. On y imprima une édition des
OEconomies royales, 2 *vol. in-fol.*

IMPRIMERIE DU CARDINAL DE RICHELIEU, établie en 1640,
à Richelieu. On ne cite aucun ouvrage sorti de cette imprimerie, du vivant du fondateur; mais après sa mort on
en a vu sortir : *Les morales d'Épictète, de Socrate, de
Plutarque et de Sénèque, par J. Desmarets.* Au château
de Richelieu, 1653, *in-8°.* — *Le combat spirituel ou de la
perfection de la vie chrétienne, traduit en vers par J.
Desmarets.* Au château de Richelieu, 1654, *petit in-12.*

IMPRIMERIE DE FOUQUET, établie en 1660 à Saint-
Mandé. On ne cite aucun ouvrage sorti de ces presses,
mais Gui Patin, dans sa lettre du 23 février 1663, rapporte que le roi a fait saisir quelques libelles qui s'impri-
maient à Montreuil (sous Vincennes) pour Fouquet (en-
fermé alors à la Bastille), par le soin de ses parens.

IMPRIMERIE SAVARIENNE, établie en 1715 à Paris, pour
la littérature orientale. On doit cet établissement à M.
Savary de Breves, ambassadeur à la Porte. Il fit graver
à Constantinople des poinçons arabes, turcs, syriaques,
etc., et delà passa à Rome où il fit imprimer deux ouvrages en arabe. Revenu à Paris, il amena un impri-

meur de Rome, nommé Paulin ; qui imprima en français et en turc le *Traité fait entre Henri IV et le Sultan Achmed*. Paulin retourna ensuite à Rome, après avoir formé des ouvriers dans la connaissance et la composition des caractères orientaux. De cette imprimerie particulière qui s'intitulait *Tipographia Savariana*, on vit sortir : *Gabrielis Sionitæ Hesronitæ grammatica arabico-maronita :* 1616, *in-fol.* etc., etc.

IMPRIMERIE DE LOUIS XV, établie en 1718, au château des Tuileries, à Paris. On en vit sortir : *Cours des principaux fleuves et rivières de l'Europe*, *composé et imprimé par Louis XV*, en 1718. Paris, dans l'imprimerie du cabinet de Sa Majesté, dirigée par J. Collombat, 1718, *in-8°*. Nous en parlons ailleurs.

IMPRIMERIE DE D'AGUESSEAU, établie en 1720, au château de Fresne ; nous parlons également ailleurs de l'ouvrage sorti de cette imprimerie. (*Voyez* D'AGUESSEAU); mais M. Lottin prétend qu'il faut en reporter la date de l'impression à 1768, tandis que nous l'avons trouvée ailleurs annoncée sous la date de 1778.

IMPRIMERIE DU MARQUIS DE LASSAY, établie en 1727 au château de Lassay. On y a imprimé : *Recueil de différentes choses, commençant vers l'an* 1663 *et finissant au mois d'octobre* 1726, imprimé au château de Lassay, le 15 juin 1727, *in-4°*.

IMPRIMERIE DU DUC D'AIGUILLON, établie en 1735 dans sa terre de Verret en Tourraîne. Ce Duc y a imprimé l'infâme *Recueil* dont nous parlons ailleurs.

IMPRIMERIE HÉBRAIQUE DU P. HOUBIGANT, établie vers 1748 à Avilly. C'est là que cet auteur a imprimé lui-même le *Psalterium* dont nous parlons ailleurs.

IMPRIMERIE DE MADAME LA DAUPHINE, établie en 1758 au château de Versailles. Il en sortit : *Élévations de cœur à N. S. J. C., par rapport à la Sainte Communion,*

Imprimé de la main de M^de la Dauphine (mère de S. M.) 1758 , *in*–16. Cette petite impression s'est faite sous la direction de Charles J. B. de l'Espine, impr. du Roi.

IMPRIMERIE DE MONSEIGNEUR LE DUC DE BOURGOGNE, établie en 1760 au château de Versailles. On y a imprimé : *Prières à l'usage des enfans de France.* Versailles , de l'imprimerie de Mgr. le Duc de Bourgogne, frère aîné de Sa Majesté , sous la direction de Vincent, imprim. , 1760 , *n*–12.

IMPRIMERIE DE LA MARQUISE DE POMPADOUR, établie en 1760 au château de Versailles , dans son appartement. On y imprima : *Rodogune, Princesse des Parthes, tragédie*, (de P. Corneille). Au Nord, 1760, *in*–4°, avec une fig. d'après le dessin de Boucher , et gravée par M^de de Pompadour elle–même.

IMPRIMERIE DE MONSEIGNEUR LE DAUPHIN (Louis XVI), au château de Versailles en 1766. Il en sortit : *Maximes morales et politiques tirées de Télémaque, imprimées par Louis Auguste, Dauphin.* A Versailles, de l'imprim. de M. le Dauphin, dirigée par A. M. Lottin, 1766, petit *in*–8°. Nous en parlons ailleurs. (V. LOUIS XVI.)

IMPRIMERIE DE FRANKLIN, établie à Passy en 1782; on en a vu sortir : *Petit Code de la raison humaine, etc.*; par M. B. D. B. (Barbeu du Bourg), 1782, *in*–24 *de* 118 *pag.* avec le texte. Cet ouvrage est dédié à B. F. (Benjamin Franklin). C'est de cette presse qu'est sorti l'ouvrage dont nous parlons ailleurs. (*V.* FRANKLIN.)

IMPRIMERIE DES ENFANS AVEUGLES, établie par les soins de M. Haüy en 1786. On cite deux ouvrages sortis de cette imprimerie: *Essai sur l'éducation des aveugles*, par M. Haüy. *Paris*, 1786, *in*–4°; et *Éloge historique de M. Phelipeaux, Archevêque de Bourges, composé et présenté au Roi par Blin de Sainmore.* Paris, 1788, *in*–8° de 53 pages.

Nous pourrions encore citer plusieurs imprimeries particulières modernes ; mais elles n'ont pas assez d'importance
pour figurer à côté de celles dont nous venons de parler.

INDEX expurgatorius librorum qui hoc seculo pro-
dierunt, Philipi II jussu, et auctoritate atque Albani
ducis consilio ac ministerio in Belgiâ concinnatus.
Antverp, Christ, Plantinus, 1571, *in-4°.*

Cet index est très-rare, ayant été tiré à petit nombre
par la raison qu'on le destinait seulement aux commissaires
chargés de la surveillance des livres proscrits. Jamais
il ne s'est vendu, si ce n'est dans les bibliothèques
particulières exposées en vente dans le XVIIIme siècle.

JACQUIN selectarum stirpium Americanarum historia
in quâ ad Linneanum systema determinatæ, descrip-
tæque sistuntur plantæ illæ, quas in insulis Martinica,
Jamaïca, S. Domingo, etc, observavit rariores ; ad-
jectis iconibus ab autoris archetypa pictis. (*Viennæ
austriæ, circà an.* 1780) ; *in-fol max.*

Ouvrage tiré à DOUZE exemplaires. Il est composé de
137 pages de texte et de 264 fig. peintes et non gravées.
Le même auteur a encore publié des *Miscellanea austriaca
ad botanicam, chimiam et historiam naturalem spectantia.*
Vindobon. 1778-81. 2 *vol., petit in-4° avec* 21-23 fig.
coloriées. Et *Collectanea austriaca ad botanicam, chimiam
et historiam naturalem spectantia.* Vindob., 1786-96, 5
vol. in-4°, fig. coloriées.

JÉSUITES. Catalogus personarum et officiorum
Provinciæ Franciæ societatis Jesu, anno 1752-1761,
in-8°.

Ces Catalogues étaient tirés à très-petit nombre tous
les ans.

Kerner (Joh. Sim.) Hortus semper virens exhibens icones plantarum selectiorum quotquot ad vivorum exempl. normam reddere licuit. *Stutgartiæ*, 1796— 1805, 2 *vol. in-fol. atl. pap. vélin*, *fig. color.*

Magnifique ouvrage imprimé à petit nombre ; les figures ne sont pas gravées, mais dessinées et peintes. Ce livre est composé de 14 cahiers, ornés chacun de 12 figures. Dans certains exemplaires le titre porte pour adresse : *Manhemiæ artaria.* Chaque livraison a coûté 150 fr. On doit encore à cet auteur : *Description et représentation des arbres et arbustes qui croissent naturellement dans le Duché de Wurtemberg.* Stoutgard, 1783-86, 4 cahiers en 1 *vol. in-4°*, avec 31 planc.—*Figures de plantes économiques, avec l'explication (en allemand) en français.* Stoutgard, 1786, 8 *vol. in-4°* avec 500 planches.—*Le raisin, ses espèces et variétés, dessiné et colorié d'après nature.* Stoutgard, 1803, *in-fol.* pap. vél., fig. coloriées. Ouvrage dont chaque livraison de 12 planches, a coûté 150 fr.

LABORDE. Recueil de quelques vers , dédié à Adélaïde, par le plus heureux des époux (M. de Laborde). *Paris, de l'imprimerie de Didot l'aîné,* 1784, *in-18, pap. vélin.*

Édition tirée à petit nombre, et qui n'a point été dans le commerce. Un exemplaire sur vélin porte en lettres capitales, par M. de Laborde, exemplaire unique. Jean Benjamin de Laborde est mort sur l'échafaud, victime de la révolution le 22 juillet 1794, à soixante ans.

—— Recueil de pensées et maximes, par Jean Benj. de Laborde. *Paris, Didot aîné,* 1791, *in-18, pap. vélin.*

On n'a tiré que douze exemplaires de cet opuscule. L'un d'eux magnifiquement relié et enrichi du portrait de l'auteur, dessiné à l'encre de la Chine, a été vendu 18 f. chez M. Lamy en 1809. La réimpression qui a eu lieu dernièrement chez ce dernier, est précédée de la vie de l'auteur.

LA FONTAINE. Notice sur la vie et les ouvrages de la Fontaine, par Naigeon. *Paris, Ant. Augustin Renouard*, 1795, *in-8°, pap. vélin.*

> Cette Notice qui est ordinairement jointe aux fables de la Fontaine, édition de Causse de Dijon, a été tirée séparément à QUINZE exemplaires seulement. Il en existe CINQ exemplaires sur VÉLIN.

LA GRANGE-CHANCEL. Les Philippiques, Odes par la Grange-Chancel, avec des notes historiques, critiques et littéraires, *Paris, (Didot jeune)*, 1795, *in-*12, *pap. vélin.*

> Cette jolie édition a été tirée à petit nombre. La 1re édition de 1723, *in-*12, ne contenait que trois odes; la 2me imprimée sans date, *in-*12, n'en renfermait que quatre; et celle-ci en renferme cinq.

LAMOIGNON. Catalogues des livres imprimés et manuscrits de la bibliothèque de M. le président de Lamoignon, (rédigé par L. Fr. Delatour), avec une table (analytique) des auteurs et des anonymes. *Paris, (Delatour)*, 1770, *in-fol.*

> Catalogue fort rare, tiré à QUINZE exemplaires seulement, sur papier de coton fabriqué, par singularité, à Angoulême. On sait que depuis deux siècles on ne fabrique plus de papier de coton.

LAMOTTE-LE-VAYER. De la contrariété d'humeur qui se trouve entre certaines nations, singulièrement entre les nations française et espagnole. (Extrait des œuvres de Lamotte-le-Vayer) *Paris, Debeaus-saux, 1809. Broch. in-8°, sur grand papier vélin.*

> Cet opuscule n'a été réimprimé qu'à VINGT-CINQ exemplaires.

LANGEAC. Colomb dans les fers, à Ferdinand et Isabelle; épître qui a remporté le prix de l'Académie de Marseille, par Langeac. *Paris, F. Ambr. Didot l'aîné, 1782, in-18.*

> Petit ouvrage très-rare, n'ayant été tiré qu'à peu d'exemplaires, destinés à être donnés en présent. Quelques-uns sur papier d'Annonay. M. Brunet fils, en a vu un sur VÉLIN. On assure que le nombre des exemplaires est le même que celui de la collection d'Artois, SOIXANTE. Il en existe une édition *in-8°* qui est plus commune.

LA RIVE. Pyrame et Thisbé, scène lyrique, par de la Rive. *Paris, de l'imprimerie de Didot l'aîné, 1784, in-18, pap. vélin.*

> Cette pièce, tirée à petit nombre, ne s'est jamais vendue.

LAUZIÈRES-THÉMINES. Oraison funèbre de Marie-Thérèse d'Autriche, Impératrice Douairière de Hongrie et de Bohême; par M. Alexandre-Amédée de Lauzières-Thémines, Evêque de Blois. (*Paris, Didot l'aîné*), 1 *vol. in-4°.*

> Cet ouvrage a été tiré à petit nombre, et sur très-grand papier, pour faire des présens.

LEFÈVRE. Lettre sur les Mémoires de l'Académie de Troyes; (par Lefèvre, un des auteurs des Mémoires). *Amsterdam, (Paris), 1765, in-12 de 19 pages.*

> Il n'a été tiré que DOUZE exemplaires de cet ouvrage,

si l'on en croit l'abbé Goujet. Aussi cette lettre est très-rare. Les Mémoires en question sont plaisans, ils ont pour titre: *Mémoires de l'Académie des sciences, inscriptions, belles-lettres, beaux-arts*, etc, *nouvellement établie à Troyes en Champagne.* (Par MM. Grosley ét Lefèvre, de Troyes). *Troyes, Paris, Duchesne,* 1756, 2 *vol. in*-12. Ils sont remplis d'érudition.

LÉGER. Oraison funèbre de Messire Claude Léger, Curé de Saint-André-des-Arcs, par Messire de Beauvais, Evêque de Sénez. (*Paris, Didot l'aîné*), 1 *vol. in*-4°.

Tiré à petit nombre, sur très-grand papier, pour faire des présens.

LEIBNITZ. Pensées de Leibnitz sur la religion et la morale, précédées d'un discours sur les ouvrages et la vie de cet homme célèbre, (par Emery); seconde édition, considérablement augmentée de l'ouvrage intitulé: Esprit de Leibnitz. *Paris, V^e. Nyon,* an XII-1803, 2 *vol. in*-8°.

A la fin du premier volume, on a inséré dans quelques exemplaires une *Dissertation sur la mitigation des peines des damnés,* laquelle n'a été imprimée qu'à un fort petit nombre, long-tems après l'ouvrage.

LEONE. Le virtu del trono, cantata di Leone Evagrio. *Parma, Bodoni,* 1796, *in-fol., pap. vél.*

Cet ouvrage a été tiré à moins de CINQUANTE exemplaires, pour faire des présens.

LITTARA. Vincentii Littaræ, Netini sacerdotis, de rebus Netinis libri duo, in quibus urbis agrique descriptio, Netinorum origo, illustrium virorum monumenta, etc. *Lugduni Batav.*, *Vander Aa*, (*sans date*), *in-fol. gr. pap.*

On croit qu'il n'existe qu'un exemplaire de cet ouvrage. Celui indiqué dans le Catalogue de M. Burette, en 1748, portait cette note : *exemplar unicum.* Cependant il n'a été vendu que 4 l. 16 s., chez M. Gaignat, en 1769.

LONGIN. Longini (Dionysii) de sublimitate commentarius Gr. Lat. *Parmæ*, *Bodoni*, 1793, *in-fol.*

Cette édition n'a été tirée qu'à CENT exemplaires, qui valent 60 l.; et QUINZE en pap. vélin, qui valent davantage. L'édition *in-4°* de la même année, l'a été à CENT CINQUANTE exemplaires, elle vaut 30 l.; et celle *in-8°* de la même année, a DEUX CENTS exemplaires, vaut 6. l. (V. le *Dict. bibl.* de Fournier).

LONGUS. Gli amori pastorali di Dafni e di Cloe, tradotti dal greco di Longo Sofista da Annibale Caro. *Parmæ*, *Bodoni*, 1786, *in-4°.*

Tiré à CINQUANTE-CINQ exemplaires, dont DEUX sur papier vélin d'Annonay. Cette édition a été faite aux dépens du Marquis de Brême, sur un manuscrit de la main d'Annibal Caro. Tous les exemplaires ont été donnés aux personnes dont la liste est sur un feuillet séparé à la fin du volume. Qnant aux DEUX exemplaires sur vélin d'Annonay, l'un a été donné au Roi de Sardaigne par le Marquis; et l'autre est dans le cabinet de M. Renouard. Bodoni a donné une charmante réimpression de cette édition en 1793, petit *in-8°*, tiré à 250 exempl.; et M. Renouard en a également publié une jolie édition en 1800, *in-18* et *in-12*, dont il existe deux exemplaires sur VÉLIN. L'un des deux est à la bibliothèque impériale. En 1803, M. Renouard a publié une édition très-correcte de la traduction d'Amyot, *in-18* et *in-12*, avec une gravure superbe, faite sur les dessins de Prudhon. Il en a fait tirer TROIS exempl. *in*–12 sur papier rose , et UN sur VÉLIN. Le discours préliminaire nous a paru fort intéressant. Il renferme des notices sur les principales éditions de Longus, tant original que traduit. Nous croyons devoir les citer ici en abrégé, et dans un ordre chronologique. Nous y ajouterons quelques détails sur l'édition française de 1718, dite du régent. Quant au texte, les principales éditions sont celles de *Florence* , chez Philippe Junte , 1598, *in*–4° , par Columbanius , (c'est la première) ; — des héritiers de Commelin en 1601 , réimpression de la précédente , avec la paraphrase en vers latins de Gambara ; — de Hanau, 1605 , avec la traduction latine et les notes de God. Jungermann ; — de Pierre Mollus à *Franecker* , en 1660, avec une traduction latine et des notes de sa façon ; — de la même , à *Paris* , 1754, *in*–4°, avec quelques conjectures sur le texte, par J. et Bernard d'Amsterdam ; — de Dutens, en 1776, toute grecque, *in*–12 , tirée à 200 exempl. ; — de Boden à *Leipsick* , en 1777, *in*–8° , avec la trad. lat. de Jungermann , la paraphrase de Gambara , d'anciennes notes et les siennes ; — de Villoison , en 1778, c'est la meilleure ; — de Bodoni à *Parme* , 1786, tirée à 56 exempl. *in*–4°, avec des prolégomènes de Paciandi ; — de Mitscherlich, dans le 2me vol. de ses *Scriptores erotici græci*, Biponti, 1792–94, 4 *vol in*–8° ; — enfin de Schaeffer, *Lipsiæ* , 1803 , *in*–12.

Quant aux traductions , la première de toutes est celle d'Annibal Caro , en italien, faite vers le milieu du XVme siècle, et seulement imprimée en 1786 par Bodoni à Parme, *in*–4° et petit *in*–8° ; en 1800, M. Renouard en a donné, comme nous l'avons dit , une jolie réimpression , très-correcte, *in*–18 et *in*–12. La traduction française d'Amyot a paru en 1559 à Paris, *in*–8° ; elle a eu beaucoup d'éditions, parmi lesquelles on distingue celle du régent donnée par Cangé son valet de chambre, en 1718, *in*–8°, avec les dessins de ce Prince , gravés par Audran ; elle a été

tirée à 250 exemplaires. Les éditions de 1731 et de 1745,
avec les notes de Falconet, sont estimées, et celles de 1731
sur-tout. « Mais il arrive souvent que des personnes de
mauvaise foi, enlèvent le titre de ces deux dernières éditions, et laissent subsister le frontispice gravé, qui porte
la date de 1718, dans le dessein de faire passer l'une et
l'autre pour l'originale; pour signaler cette fraude, il est
bon de donner une petite description de l'édition de 1718.
On trouve à la tête sept feuillets contenant : 1° le frontispice gravé, 2° le titre, 3° avertissement sur cette édition,
4° la préface. Vient ensuite le corps de l'ouvrage, qui
commence à la page 1, et finit à la page 164. Il est orné
de 28 figures, qui sont placées aux pages 3, 5, 13, 19, 20,
23, 28, 31, 35, 37, 53, 56, 58, 64, 66, 74, 77, 83, 87,
95, 97, 133, 136, 146, 150, 152, 160, 162. La figure
connue sous le nom des quatre pieds qu'on ajoute à cet
ouvrage, doit se trouver à la fin du volume. le Comte
de Caylus l'a gravée à l'eau-forte en 1728. Antoine Lancelot
a fait des notes sur cet ouvrage; elles se trouvent à la
fin de l'édition de 1745 ». Les autres traductions sont
celles de Marcassus, *Paris*, 1626, *in-8°*, en français; celle
de Jean-Baptiste Manrini, en italien, *Boulogne*, 1643,
in-4°. Elle est mauvaise, c'est sans doute la raison pour laquelle il n'en est pas question, dans l'édition de M. Renouard.
Celle du médecin le Camus, *Paris*, 1754, *in-4°*; celle
de Valentin Mulot, *Mytilène* et *Paris*, 1783, *in-8°* et
in-16; celle de Debure de Saint-Fauxbin, 1786, *in-4°*,
enfin celle d'un anonyme.

LORMEAU DE LA CROIX. Recueil des opuscules posthumes de M. Lormeau de la Croix, dédié à son
père, par son frère aîné. *Paris, de l'imprimerie de
Monsieur*, 1787.

Ce volume, tiré à petit nombre, ne contient que des
facéties. Il ne s'est point vendu.

Louis xiv. La guerre des Suisses, traduite du premier livre des Commentaires de Jules-César; par Louis xiv, Dieu-donné, Roi de France et de Navarre. *Paris, de l'imprimerie royale,* 1651, *petit in-fol., fig.*

> Cette édition est rare, n'ayant été tirée qu'à petit nombre; elle n'a que 18 pages, avec trois vignettes et quatre plans gravés. Ces plans ont été copiés dans la belle édition des *Commentaires de César,* par Clarke. *Londres, Thompson,* 1712, *in-folio.*

Louis xv. Cours des principaux fleuves et rivières de l'Europe, ouvrage composé et imprimé par Sa Majesté très-chrétienne Louis xv, Roi de France et de Navarre. *Paris, de l'imprimerie de Sa Majesté,* en 1718, *in-8°.*

> Petit traité rare, parce qu'il a été tiré à petit nombre.

Louis xvi. Maximes morales et politiques tirées de Télémaque, imprimées par Louis Auguste Dauphin (Louis xvi). *Versailles,* 1766, *in-8°.*

> Tiré à VINGT-CINQ exemplaires. On assure que Louis xvi a encore traduit le *Règne de Richard* iii, *d'Horace Walpole,* (pendant qu'il était détenu au Temple). *Paris,* 1800, 1 *vol. in-8°.* Cela me paraît très-douteux.

—— Description de la forêt de Compiègne, comme elle était en 1765, avec le guide de la forêt; par Louis Auguste Dauphin (Louis xvi). *Paris, imprimerie de Lottin,* 1766, *in-8°.*

> Ouvrage tiré à TRENTE-SIX exempl. seulement.

Lucain. M. Annæi Lucani editionum ac versio-

num elenchus, ex editione parisina anni 1795, ex-
cerptus typis Didot natu majoris. *Parisiis , studio
et impensis Ant. Aug. Renouard, an. Reip.* III —
1795, *in-fol. pap. vélin.*

> L'éditeur, M. Renouard, n'a fait tirer cette Notice
> séparément qu'au nombre de VINGT-UN exemplaires, dont
> six en grand pap. vélin.

LUIDIUS. Edvardi Luidii litophilacii britannici
ichnographia , sive lapidum aliorumque fossilium
Britanniæ distributio classica. *Londini*, 1699, *in-8°.*

> Cet ouvrage n'a été tiré qu'à CENT VINGT exemplaires. Il
> ne vaut cependant que 6 à 8 l. : il y en a quelques
> exempl. de format *in-4°.* Ce nombre se rapproche telle-
> ment du nombre cent, que j'ai cru pouvoir parler de
> cet ouvrage.

MABLY. Du gouvernement de Pologne , (par
l'abbé de Mably).

> Cet ouvrage, écrit en 1770 et 1771, n'a été imprimé
> pour la première fois qu'en 1781, et à très-petit nombre
> d'exemplaires, destinés aux amis de l'auteur. Il est adressé
> à J. J. Rousseau qui en fait un bel éloge. C'est le comte
> de Wielhorski qui fut chargé, par les confédérés de Po-
> logne, de consulter en France Rousseau et Mably. En
> 1770 Mably fit un voyage en Pologne avec ce comte.
> Il y resta plus d'un an pour mieux étudier la nation
> sur laquelle il avait à travailler. (Voy. VAUGUYON (de la).

MAÏER. Regno di Napoli e di Calabria, descritto
con medaglie, arrichito d'una descrittione compen-
diosa di quel famoso regno ; ed illustrato d'una
succinta dichiaratione intorno alle sue medaglie,
cavata da i piu celebri ed approvati scrittori si an-

tichi come moderni. Autore Marco Maier. *In Lione,*
1717, *in-fol., fig.*

Monete del regno di Napoli da Roggiero primo
Re sino all' augustissimo regnante Carlo vi impera-
dore, e iii Re catolico, raccolte, e spiegate da D.
Cæsare Antonio Vergera dottore del una e l'altra
Legge. *In Roma, (Lione),* 1716, *in-fol., fig.*

> Vogt dit, dans son *catalogus librorum rariorum*, que
> les libraires réunissent ordinairement ces deux ouvrages;
> puis il ajoute : *uterque liber, etsi exiguæ molis, figuris
> tamen haud paucis decoratus et vix ultra* centum, *ut
> fertur exemplis excusus, satis magno pretio venditur.*
> J'ai cru pouvoir parler de ces deux ouvrages sous le
> rapport du petit nombre d'exemplaires qui en a été tiré.
> Il paraît qu'on a excédé de peu le nombre cent.

MAINE (le duc du). OEuvres diverses d'un auteur
de sept ans (le duc du Maine). *Sans aucune indication, in-*4°.

> Cet ouvrage a été tiré à très-petit nombre.

MARC. Euterpilia ou mes Bucoliques aux armées;
(par M. J. A. Marc) (*Vesoul*). *En Arcadie, an*
viii, *gr. in-*8°, *pap. vélin, de* 92 *pp.*

> Cet ouvrage imprimé par l'auteur n'a été tiré qu'à
> dix-huit exemplaires, avec une carte géographique dessi-
> née et enluminée par lui-même : ce laborieux littérateur
> s'occupe avec succès de matières agronomiques; ses tra-
> vaux utiles ont été couronnés, l'an dernier, par la so-
> ciété d'agriculture de la Seine ; et les mémoires de l'aca-
> démie de Besançon, et de la société d'agriculture de la
> Haute-Saône renferment plusieurs morceaux qui attes-
> tent son goût pour la poésie et pour les antiquités.

MARCEL. Alphabet irlandais, précédé d'une notice historique, littéraire et typographique, par M. J. J. Marcel, directeur de l'imprimerie impériale de France. *Paris, an* XII, *in-8°.*

Cet ouvrage, tiré à CENT exemplaires pour être donné en présent, est imprimé sur gr. pap. vélin. Vendu relié 16 f. 95 c., à la vente de M. d'Ansse de Villoison en 1806. On m'a assuré que l'*Oratio Dominica* CL *linguis versa et propriis cujusque linguis caracteribus expressa*, exécutée par les soins de M. Marcel, à l'imprimerie impériale, en 1805, *gr. in-4°*, avait été tirée à petit nombre d'exemplaires ; mais je n'ai aucune certitude à cet égard. Cet ouvrage est d'une belle exécution ; chaque page est encadrée en rouge. J'en possède un exemplaire. M. Brunet remarque que cette édition a été faite avec trop de précipitation et ne présente point des échantillons de tous les caractères exotiques que possède l'imprimerie impériale. On en a tiré des exemplaires en papier vélin. Bodoni a publié aussi une *Oratio Dominica in* CLV *linguas versa et exoticis caracteribus plerumque expressa*. Parmæ, 1806, *gr. in-fol. de* 248 *pages*, magnifique édition, dont la totalité des exemplaires a été achetée par le Vice-Roi et la Vice-Reine d'Italie auxquels l'ouvrage est dédié. Un ouvrage, estimé dans ce genre, est l'*Oratio dominica* de Chamberlayne ; *Amstelodami*, 1715, *pet. in-4°*, de 256 pp., sans la préface qui est de 42 pp. J'en possède un exempl. Cette édition est bien préférable à celle de Londres, 1700, *petit in-4° de* 76 *pp.*

MARIETTE. Description des travaux pour la fonte en bronze d'un seul jet, de la statue équestre de Louis XV, dressée sur les mémoires de l'Empereur; par Mariette. *Paris, le Mercier,* 1768, *gr. in-fol., fig.*

On a tiré un petit nombre d'exemplaires, tous donnés en présens.

MARLBOROUG. Gemmarum antiquarum delectus, ex præstantioribus desumptus, quæ in dactyliothecis Ducis Marlburiensis conservantur : (cum explicationibus latinis et gallicis à Jac. Bryant et H. Dutens). *Londini*, 1780—91, 2 *vol. gr. in-fol.*

Magnifique ouvrage tiré à CINQUANTE exemplaires, aux frais du propriétaire, pour en faire des présens. Il est orné de 100 planches et de deux superbes frontispices gravés par Bartolozzi, d'après les dessins de Cipriani. Les anglais l'estiment 200 guinées (5000 l.) Le premier volume seul a été payé 80 livres sterlings à la vente de M. Paris.

MARSDEN. VIII. Marsden catalogue of dictionaries, vocabularies, grammars and alphabets. *London*, 1796, 1 *vol. in-4°.*

Cet ouvrage utile et savant n'a été tiré qu'à SOIXANTE exemplaires. C'est le plus complet dans ce genre, à ce que dit l'auteur des notes du *Voyage de Hornemann. Paris*, 1803, *page* 493. Cependant un autre auteur prétend qu'il est un peu défectueux. On y remarque, dit-on, des indications étendues sur la langue celtique. Nous n'avons point vu cet ouvrage ; mais nous doutons que dans un seul vol. *in-4°*, sur-tout tiré à si petit nombre, on puisse avoir fait un travail complet sur les dictionnaires, les vocabulaires, les grammaires et les alphabets ; depuis quelques années nous nous étions occupés d'une bibliographie des dictionnaires seulement, nous avions déjà six mille notices au moins, qui auraient formé plus d'un volume, et nous étions bien éloignés d'avoir épuisé la matière ; que serait-ce si nous y avions ajouté les grammaires. Il y a apparence que M. Marsden n'a travaillé que sur les dictionnaires qui regardent les langues.

MARULAZ. Notes historiques sur les campagnes du général Marulaz, en 1806 et 1807. *Vesoul, de l'imprimerie de Ferdinand Bobillier, 1809, in-8° de 30 pages.*

Cette Notice a été imprimée à VINGT exemplaires. On lit dans l'avant-propos : « Les notes historiques sur la « campagne du général Marulaz en Prusse et en Pologne ont été rédigées à la hâte par un militaire qui a servi sous ses ordres; et leur publication est un tribut payé par la reconnaissance »…. On lit encore dans ce même avant-« propos : la réputation du général Marulaz est faite depuis « longtems : vingt-deux chevaux tués sous lui, dix-sept bles-« sures attestent assez sa bravoure et son intrépidité ».

Le général Marulaz quoique couvert de blessures a fait la campagne de 1809, et s'y est couvert de gloire; Sa Majesté l'Empereur a reconnu ses services en le nommant général de division. On nous a communiqué un manuscrit relatif à cette dernière campagne, ayant pour titre : *Journal historique des opérations militaires de la cavalerie légère du 4e. corps de l'armée d'Allemagne, commandée par M. le général de division Marulaz, sous les ordres de S. E. M. le Maréchal Duc de Rivoli, pendant la campagne de 1809.* Nous y avons vu que le général Marulaz a encore eu trois chevaux tués sous lui, et deux blessures graves, l'une à la cuisse et l'autre à la jambe.

MAXIMES de piété. *Imprimé à Ville-Franche, in-12.*

Tiré à VINGT-QUATRE exemplaires.

MEIBOMIUS. Tractatus de usu flagrorum in re medica et venereâ. Auctore Johanne Henrico Meibomio D. M. *Lugduni-Batavorum, 1643, in-4°.*

Cet ouvrage a été tiré à très-petit nombre; c'est ce que l'on apprend par la lettre que Meibomius fils écri-

I

vait à Bartholin, lorsque celui-ci préparait la nouvelle
édition de ce traité, donnée à Francfort en 1670, *in-8°*.
Voici les propres expressions (trad. du latin) de Meibomius fils : « Cet ouvrage doit sa naissance à la gaîté
« d'une orgie, et il a été publié à l'insu de mon père,
« à Leyde, par les soins d'un personnage illustre auquel
« il est dédié.... Comme on n'en avait tiré qu'un *très-*
« *petit nombre d'exemplaires* pour être donnés à des amis,
« il devint rare, et l'objet des avides recherches des ama-
« teurs et des curieux, à cause de la singularité piquante
« de son titre. «

\—— De l'utilité de la flagellation dans la médecine et dans les plaisirs du mariage et des fonctions
des lombes et des reins ; ouvrage singulier, trad.
du latin de J. H. Meibomius et enrichi de notes historiques, critiques et littéraires, d'une introduction
et d'un index. *Londres, (Besançon), 1801, in-8°.
de 100 pages.*

> Ce volume est et sera extrêment rare, par le très-petit
> nombre d'exemplaires qui existent, l'ouvrage ayant été
> saisi et supprimé par la police, aussitôt qu'il a vu le
> jour. On en connaît à peine une DOUZAINE d'exemplaires.
> Les éditions latines de Meibomius sont celle de *Leyde*,
> 1643, *in-4°*, citée plus haut; celle de *Londres*, 1665, *in-64*,
> et celle de *Francfort*, 1670, *in-8°*. Les traductions fran-
> çaises sont celles de Mercier de Compiègne, avec le texte.
> *Paris*, 1792, *in-16*, et celle de (*Besançon*), 1801, *in-8°*,
> dont nous venons de parler.

MÉNAGE. Ægidii Menagii in Diogenem Laërtium
observationes et emendationes; ejusdem addenda et
mutanda : premittitur epistola Ægidii Menagii ad
Emericum Bigotium. *Parisiis, Martin, 1663, gros
in-8°.*

« Ouvrage excessivement rare tiré à douze exemplaires
« seulement, aux frais de Ménage, pour des amis qu'il
« jugeait dignes de lui fournir de judicieuses observations
« sur son commentaire de Diogènes Laerce, qu'il leur
« soumettait ». Tel est le titre et la note rapportés par
M. Fournier dans la dernière édition de son *Dictionnaire
bibliograph.* Mais je pense qu'il y a quelques erreurs
dans cette annonce. Il n'est point question de cet ouvrage
dans le catalogue très-détaillé de tout ce qu'a fait Ménage,
et qui se trouve en tête du *Menagiana.* Les seules éditions
qu'il a données de Diogènes Laerce, sont la première de
Londres, gr. lat., 1663, *in-fol.;* et la seconde d'Amsterdam, 1693, 2 *vol. in-4°.* Baillet dans ses *Jugemens
des savans,* cite ces deux éditions, mais ne dit rien de
l'ouvrage cité par M. Fournier. Ménage lui-même, qui
dans son *Menagiana,* tom. 1, p. 74-76, s'étend assez
sur son travail relatif à Diogènes, ne dit pas un mot du
volume *in-8°* en question. Enfin je le trouve rapporté
dans le catalogue chronologique des éditions de Diogènes
Laerce, qui précède la traduction qu'on en a donnée en
1796, 2 *vol. in-8°,* et en voici le titre sans doute abrégé :
*Ægidii Menagii notæ in Diogenis Laërtii de vitis philo-
sophorum libris* x. Parisiis, apud Edmundum Martinum,
1662, *in-8°.* Je ne doute pas que cet ouvrage ne soit le
même que celui indiqué par M. Fournier. Mais je doute
fort que Ménage dont la fortune était modique, eût fait
imprimer à ses frais un gros volume *in-8°* au nombre
de douze exemplaires. C'est sans doute le plan de son
grand travail sur Diogènes, qui ne devait pas être très-
volumineux, qu'il aura fait tirer à petit nombre pour quelques amis qu'il voulait consulter ; le passage du *Menagiana*
dont j'ai parlé plus haut, l'indique indirectement. Et je
conclus que ce projet ou ces notes et observations n'ont
point été imprimées en 1663, mais un an plutôt, et
qu'elles n'ont pas dû former un gros volume. C'est à ceux

qui possèdent un exemplaire de ce rare ouvrage, à éclaircir nos doutes à cet égard.

Merard de S. Just. Poésies de M. Merard de S. Just. *Parme*, 1770, *3 parties en 1 vol. gr. in-8°.*

Cet exemplaire est unique; il est en pap. de Hollande.

—— Maintenant on peut nous juger; par M. Merard de S. Just. *Paris*, 1779, 1 *vol. in-18, pap. de Hollande.*

Il n'a été tiré de cette dissertation que six exemplaires.

—— Lettre d'Artiomphile à Madame Merard de S. Just, 1781; Lettre du chevalier de Saint-Ange, relative aux œuvres poétiques de M. Merard de Saint Just. 1 *vol. in-12.*

Douze exemplaires seulement.

—— Catalogue des livres en très-petit nombre, qui composent la bibliothèque de M. Merard de S. Just, ancien maître-d'hôtel de Monsieur, frère du Roi, (avec les prix d'achat). *Paris, de l'imprimerie de Didot l'aîné*, 1783, 1 *vol. in-18.*

Ce volume, imprimé sur papier superfin de Mathieu Johannot d'Annonay, n'a été tiré qu'à vingt-cinq exempl.

—— Son Bouquet et vos étrennes, hommage offert à Madame Bailly, épouse du maire de ce nom; par MM. Debure et Merard de S. Just. *Paris, Didot l'aîné*, 1789, *in-18, pap. vél.*

Petit livre très-rare, ayant été tiré au nombre de douze exemplaires seulement.

—— Éloge historique de Sylvain Bailly, suivi d'une

épître au même et de différentes poésies ; par Merard de S. Just. *Paris, Didot aîné,* 1794, *in-18, pap. vél.*

Cette édition n'a été tirée qu'à VINGT-CINQ exempl. Un exemplaire sur papier a été vendu 20 l. chez Bozérian en 1798, et un sur VÉLIN a été vendu 52 l. chez M. Méon en 1803.

— Les folies de ma jeunesse, par Merard de S. Just. *Londres,* 1797, 3 *vol. in-*12.

Cet ouvrage n'a été tiré qu'à TRENTE exemplaires. On connaît encore un petit vol. fort rare du même auteur : *les Hautes Pyrennées en miniature, ou épître rimée en forme d'extrait du beau voyage à Barrege, de M. Dussaulx. Paris,* 1790, 1 *vol. in-*18. Il en existe UN exemplaire unique imprimé sur VÉLIN.

—— Imitation en vers français, des Odes d'Anacréon ; par Merard de S. Just. *L'an 6, in-*8°.

Cet ouvrage n'a été tiré qu'à TRENTE-SIX exemplaires, dont SEIZE sur papier vélin.

— Le petit Jehan de Saintré, et la dame des belles cousines, romance suivie de celle de Gerard de Nevers, et autres chansons par Merard de Saint Just. *In-*12.

Tiré à VINGT-SIX exemplaires, dont DOUZE sur papier vélin.

MERCIER. Extrait d'un manuscrit intitulé : le livre du très-chevaleureux comte d'Artois et de sa femme, fille du comte de Boulogne ; par M. l'abbé Mercier de Saint-Léger de Soissons. Tiré de la Bibliothèque des romans, janvier 1783, 1er vol. *Paris,* 1789, *in-*8°.

On n'a tiré que VINGT-CINQ exemplaires de cet extrait ;

et un seul sur VÉLIN. Ce dernier existait dans la bibliothèque de M. Crevenna à Amsterdam, et a été vendu 48 fr.

MONTAIGNE. Les essais de Michel Montaigne, revus et scrupuleusement collationnés sur un exemplaire corrigé de la main de l'auteur : (édition stéréotype). *Paris, an XI, 4 vol. in-12 ou in-8°.*

Je ne parlerais point de cette édition qui, quoique fort bonne, ne sort point de la classe des stéréotypes, du moins quant au nombre d'exemplaires, s'il n'en existait pas DEUX ou TROIS qui deviendront un jour infiniment rares. Je parle de tout exemplaire qui aura en tête une préface de 73 pages dans laquelle l'éditeur, M. Nai....., discute les sentimens religieux de Montaigne. L'impression de cette édition était terminée ; on allait brocher l'ouvrage quand le Concordat a paru : aussitôt on a supprimé la préface, et elle ne subsiste que dans un très-petit nombre d'exemplaires. C'est ce que m'a mandé feu M. Camus, l'archiviste. Les *Annales littéraires et morales*, 5ᵉ cahier de l'an XI, parlent très-au long de cette édition. Nous croyons qu'il n'en existe pas de meilleure. L'éditeur s'est occupé pendant quatre années à vérifier toutes les citations, travail négligé par ses prédécesseurs, même par Coste ; à collationner le texte avec la plus scrupuleuse exactitude sur dix-sept éditions les plus anciennes, et notamment sur les trois plus fameuses et qu'on peut regarder comme authentiques ; les deux premières ont été publiées par Montaigne lui-même, et la troisième a été imprimée trois ans après sa mort par les soins de mademoiselle de Gournay sa fille adoptive, sur l'édition de 1588, augmentée en marge d'un très-grand nombre d'additions de la main de Montaigne. Cet exemplaire que possédaient les Feuillans de Bordeaux, a été tiré de la bibliothèque centrale de la Gironde et confié à M. Naigeon. On a soupçonné mademoiselle de Gournay d'avoir retranché divers passages où

Montaigne s'était exprimé avec trop de liberté. Mais on voit d'après cet exemplaire, qu'elle n'a retranché qu'un passage où son père adoptif parlait d'elle avec trop d'éloge, et, comme elle l'avoue elle-même, c'est la seule liberté qu'elle se soit permise.

MONTESQUIEU. Le Temple de Gnide, suivi d'Arsace et Ismenie. *Paris, Didot l'aîné*, 1796, *gr. in-4°, pap. vélin, fig. en couleur.*

Tiré à CENT exemplaires qui valent 40 à 50 l. Vendu 60 l. en l'an VI.

.MONTESQUIOU FEZENSAC. (*Voyez* ÉMILIE).

MONTESSON. OEuvres, Anonymes, Théâtre, Mélanges; (par M^de de Montesson). *Paris, de l'imprimerie de François-Ambroise Didot l'aîné*, 1782—1785, 8 *vol. in-8°, gr. pap. fin d'Annonay.*

Cet ouvrage très-rare n'a été tiré qu'à un petit nombre d'exemplaires, qui ont tous été donnés en présens. L'un d'eux a été vendu 203 fr. chez M. Lefevre en l'an v, 259 fr. chez Méon, et 100 fr. chez M. Renouard.

MONTPENSIER. Recueil de (cent) portraits et éloges en vers et en prose, (par Mademoiselle Anne-Marie-Louise d'Orléans, Duchesse de Montpensier, et par d'autres personnes de sa Cour). *Paris*, 1659, *in-4°.*

Cet ouvrage est tellement rare que peu de personnes l'ont vu, et que même les bibliographes ne sont pas d'accord sur son format. Dans le catalogue de M. Falconet, N° 15616, on l'annonce simplement sous ce titre : *Recueil de portraits et éloges*, (par Mlle.) *Paris*, 1659, *in-8°.* Vendu 8 livres. M. Renouard, dans sa charmante édition de la *Relation de l'isle imaginaire et de l'histoire de la Princesse de Paphlagonie*, Paris, 1805, *in*-12, page x de l'avertissement, s'exprime ainsi : « On connaît « le *Recueil de portraits*, composés par Mademoiselle et « par plusieurs personnes de sa Cour, sur-tout des dames; « portraits dont la princesse de Tarente avait donné la « première idée par le sien propre, qu'elle écrivit en « 1656, et qu'elle fit voir à Mademoiselle. Ce volume « imprimé à Caën en 1659, in-4°, par les soins de Huet, « et tiré seulement à SOIXANTE exemplaires, est d'une « rareté extrême. Il n'a pas dû entrer dans mon plan « de réimprimer ce recueil, dont 16 portraits seulement « sur 59, sont de Mademoiselle ». M. Brunet fils annonce ainsi le recueil en question dans son très-bon *Manuel du Libraire et de l'Amateur*, to. 1, p. 359. » *Divers portraits* (*de personnes de la Cour de Louis* XIV, *par Mlle. de Montpensier et autres, publiés par de Segrais*), 1659, *in*-4°, édition originale, rare. Ces portraits sont réimprimés à la suite des *Mémoires de Mlle. de Montpensier*. Maintenant voyons ce que dit Segrais (qui n'était point étranger à la composition de ce recueil), sur le nombre des portraits composés par Mlle., et sur le nombre d'exemplaires qu'on en a tirés » : j'ai fait, (dit-il dans ses *Mémoires anecdotes*, page 124), imprimer avec M. (Huet), un ouvrage qui est un recueil de cent portraits de différentes personnes; « il y en a bien quarante de la « composition de Mademoiselle, et ce sont les plus beaux. « On n'en a tiré que TRENTE exemplaires; et afin qu'on « n'en tirât pas davantage, nous étions présens lorsqu'on « tirait chaque feuille, et à la trentième nous faisions « rompre la planche : de sorte qu'il n'a pas été possible « à l'imprimeur d'en tirer un plus grand nombre. Made- « moiselle s'était mise dans ce goût des portraits, à l'oc- « casion de Madame la Princesse de Tarente, laquelle « étant venue de Hollande à Paris, fut voir le sien qu'elle « avait fait. Mademoiselle fit aussi le sien. Dans ces

« pórtraits de sa façon, il y a une grande vivacité d'esprit,
« jointe à beaucoup de netteté et de facilité d'écrire ; né-
« anmoins comme il y a un art d'écrire qu'il est difficile
« que les Princes et les Princesses puissent avoir, il y
« avait beaucoup de répétitions, de *mais*, de *car*, et de
« *parce que :* je les ôtais en les copiant ou en les faisant
« imprimer ; mais je me gardais bien de lui en rien dire,
« parce qu'elle ne voulait pas être reprise, elle s'apercevait
« pourtant bien de mes corrections, mais elle ne m'en
« parlait pas ». On peut encore consulter sur le même
sujet le savant Évêque d'Avranche, Huet, qui en parle
dans son *Commentarius de rebus ad eum pertinentibus*,
Amstel., 1718, *in*-8°. Il est question de Mlle. de Montpensier, aux pages 191, 92, 93 et 94. Il dit positivement
en parlant du goût que l'on avait alors pour les portraits :
« in iis plurimùm se exercuit nobilissima virgo ; cumque
« multas et descripsisset ipsa, et descriptas ab aliis se
« legisset : operam dare me voluit ut ex typis clàm
« mandaretur, etc ». Tels sont les renseignemens que j'ai
pu me procurer sur cet ouvrage extrêmement rare. Dans
quel format est-il ? A quel nombre a-t-il été tiré réellement ?
C'est ce que je ne puis décider. Mais il est certain qu'il
existe.

—— Relation de l'isle imaginaire, et l'histoire de
la Princesse de Paphlagonie, (par Mademoiselle
Anne-Marie-Louise d'Orléans, Duchesse de Montpensier). *Imprimé (à Bourdeaux) en* 1659, *in*-8°, *p.p.*

Cet ouvrage existait dans la bibliothèque du Comte de
Hoym, voy. son *catalogue*, n° 2815. Il était relié en
maroquin rouge, avec la clef manuscrite, et a été vendu
12 l. 1 s. M. Barbier dans son *Dictionnaire des anonymes*,
n° 6189, en cite une édition *in*-16, faite sur l'*imprimé*
de 1659. Si l'on en croit Segrais, (voy. ses *Mémoires*
anecdotes, p. 124), c'est lui qui a fait imprimer à

Bourdeaux ce petit ouvrage, par les ordres de Mademoiselle
(de Montpensier), son auteur. « Il n'y en a eu, dit-il,
« qu'une CENTAINE d'exemplaires de tiréz, qu'elle a dis-
« tribuéz elle-même à ses amis et à ses amies ». On y
trouve beaucoup de choses satyriques contre les Dames
de la Cour de ce tems, désignées sous de faux noms.
Mademoiselle fit cet ouvrage à l'occasion de la Princesse
de Paphlagonie dont il est question dans le Roman de
Cyrus de Mademoiselle de Scudery. Lenglet Dufresnoy dit
dans sa *Bibliothèque des Romans*, p. 347, que « *la des-*
« *cription de l'isle imaginaire, avec l'histoire de la*
« *Princesse de Paphlagonie*, était autrefois très-rare, n'y
« en ayant eu d'abord que SOIXANTE exemplaires d'imprimés.
« Mais comme ce petit morceau est historique et regardait
« la Cour de feue Mademoiselle, on n'y trouve plus le
« même agrément qu'on y trouvait quand on connaissait
« tous les personnages ». Mademoiselle de Montpensier
était fille de Gaston de France, Duc d'Orléans ; l'ouvrage
en question a été réimprimé en 1734, *in-*12 ; et M.
Renouard en a donné une nouvelle édition dernièrement;
c'est celle dont nous avons parlé dans l'article précédent:
elle est donc d'une superbe exécution. On y a ajouté
la clef, c'est pourquoi nous ne la rapporterons pas ici.
A la suite de la clef, est le *portrait de Mademoiselle
fait par elle-même à Champigny, au mois de novembre*
1657. Il est tiré du *Recueil des cent portraits*, rapporté
ci-dessus. Un second portrait de la même Princesse, tiré
du *Ségraisiana* termine ce volume.

MONUMENTUM parmense in adventu Gustavi III;
Sueciæ Regis. *Parmæ, Bodoni*, 1784, *gr. in-fol.*,
fig.

Cet ouvrage singulier a été tiré à très-petit nombre. Il
est remarquable par la quantité de caractères différens
qu'il contient.

Moreau. Le Pot-pourri de ville d'Avrey, (ou recueil de chansons et pièces fugitives; par Moreau, historiographe). *Paris, impr. de Monsieur,* 1781, *in-*18.

> Cet ouvrage a été imprimé à très-petit nombre, aux frais de l'auteur, et pour ses amis seulement.

—— Variétés morales et philosophiques, (par feu Moreau, historiographe). *Paris, imprimerie de Monsieur, aux dépens de l'auteur, et pour ses seuls amis,* 1785, *2 vol., petit in-*12.

> Cet ouvrage a été imprimé à petit nombre. On y trouve le *Mémoire sur les Cacouacs.*

Morellet. Lettre de Brutus à Ciceron, (traduite par l'abbé Morellet). *Paris, Barbou,* 1783, *in-*32.

> Tiré à vingt-cinq exemplaires.

Morelli (Jacopo). Dissertazione intorno ad alcuni viaggiatori, eruditi, veneziani, poco noti, pubblicata nelle faustissime nozze del Conte Leonardo Manino, con la sig : Foscarina Giovanelli. *In Venezia, Zatta,* 1805, *gr. in-*4°.

> Tiré à très-petit nombre d'exemplaires, tous distribués en présens. V. le *Magasin encyclopédique,* novembre 1805 : on y trouve l'analyse de cet ouvrage, par le savant M. Chardon de la Rochette.

Morlini Novellæ, etc. (*Voyez* Caron).

Musée. Le avventure di Ero e di Leandro, trad. di Museo, in versi italiano, col testo greco. *Parmæ, Bodoni,* 1793, *in-*4°.

> Tiré à cent exempl. seulement.

MYSTÈRE du chevalier qui donna sa femme au dyable, etc. (*Voyez* CARON).

NAEOCELUS. Pauli Naeoceli de Officiis libri III in quibus sapientiæ christianæ, id est moralis philosophiæ, jurisprudentiæ, immo et theologiæ pleraque et præcipua, novâ hactenùs ratione atque methodo accuratè explicantur. *Cracoviæ*, 1659, *in-fol.*

> Première et très-belle édition, qui n'a été tirée qu'à VINGT exemplaires. Il y en a d'autres éditions moins rares, et qui cependant le sont encore; telle est celle de 1709, *in-8°*, que les Jésuites ont donnée à Padoue.

NAKIELSKI. Samuelis Nakielski Miechovia : sive promptuarium antiquitatum monasterii Miechovensis, etc. *Cracoviæ*, 1634, *in-fol.*

> Cet ouvrage est très-rare, n'ayant été imprimé qu'à un petit nombre d'exemplaires.

NAUDÉ. Considérations politiques sur les coups d'état; par Gabriel Naudé. *Rome*, (*Paris*), 1639, *in-4°*.

> « *Les Considérations politiques sur les coups d'état*,
> « furent imprimées à Rome en janvier 1639, *in-4°*, en
> « 28 feuillets, duquel livre ne furent tirés que DOUZE
> « *exemplaires*, l'impression n'en ayant été faite que pour
> « en faciliter la lecture au Cardinal Bagni, patron de Naudé,
> « et pour qui il l'avait composé. *Patiniana p.* 111 ». Colomies prétend que cette édition fut tirée à plus de CENT exempl. Ce qu'il y a de certain, c'est qu'ils sont très-rares, sans être fort chers. Vendu 30 f. chez M. Lefebvre.

— Jugement de tout ce qui a été imprimé contre le Card. Mazarin, depuis le 6me jour de janvier, jusqu'au 1er avril 1649; par Mascurat, (Gabriel

Naudé), seconde édition de 718 pages. *Sans in-dication de lieu, de date et d'imprimeur, in-4°, gr. pap.*

Je cite cet ouvrage rare, connu sous le nom de *Mascurat de Naudé*, parce que Mercier de S. Léger y a fait une table tirée seulement à DOUZE exemplaires. Et ceux où elle se trouve sont plus recherchés. Debure fait l'éloge de cet ouvrage, sous le n° 5304 de sa *Bibliographie*. Il dit que cette seconde édition de 718 pages (la première en a moins), est la meilleure. L'impression en a été faite, dit-on, aux frais de Mazarin, et il n'y en a qu'un petit nombre d'exemplaires de répandus; cet ouvrage est en forme de dialogue entre un libraire nommé *Saint-Ange*, et un imprimeur appelé *Mascurat*. On prétend que Naudé s'y est caché sous le nom de Saint-Ange, afin de parler avec plus de liberté, et de faire plus sûrement pour lui l'apologie d'un ministre qui était pour lors généralement détesté, et dont il était bibliothécaire. Ce livre est rempli de beaucoup d'érudition sur toutes sortes de sujets. L'*errata* est à la 718ᵉ page. Il y a des exemplaires en grand papier.

NECKER. Sur le bonheur des sots; (par Necker). *Paris, Fr.-Amb. Didot l'aîné, 1782, in-18.*

Cette petite édition sur papier d'Annonay est rare, ayant été tirée à très-petit nombre. L'ouvrage n'a que 32 pages. Un exemplaire a été vendu 31 l. 4 s. en 1798.

NEWCASTLE. Méthode et invention nouvelle de dresser et travailler les chevaux, traduite de l'anglais de Guillaume Cavendish, Duc, Marquis, et Comte de Newcastle, avec figures en taille-douce exécutées par les plus habiles graveurs. *Anvers, Van Meurs, 1658, gr. in-fol., fig.*

Cette édition est fort rare et recherchée, parce que la presque totalité de l'édition a été consumée dans un incendie qui a embrasé le magasin du libraire Van Meurs. De sorte qu'il ne reste que les exemplaires vendus avant l'incendie. D'autres bibliographes en attribuent la rareté au petit nombre d'exemplaires, qu'ils disent avoir été imprimés par les ordres de l'auteur. Il n'en existe que CINQUANTE exempl. selon eux. Ce livre est d'un grand prix. Il a été vendu 300 l. chez le comte d'Hoym, en 1738. Les 42 estampes qui le décorent sont très-belles, et en font le principal mérite. (Voyez DEBURE *bibl. inst.*, n° 2165). On en trouve un exemplaire dans la bibliothèque de M. l'avocat Guillaume, à Besançon.

NODIER. Dissertation sur l'usage des antennes dans les insectes, et sur l'organe de l'ouie dans les mêmes animaux; par F. M. J. Luczot et Ch. Nodier. *Besançon, Briot, an* VI, *in-4° de* 12 *pp.*

Imprimé à CINQUANTE exemplaires. Cet ouvrage, dans lequel on démontre que les *antennes* sont dans les insectes l'organe externe de l'*ouie*, a été favorablement accueilli par les savans. M. Nodier est encore auteur de la *Bibliographie entomologique. Paris, Moutardier*, *in*-12 *de* 64 *pp.* Il a annoncé une nouvelle édition de cet ouvrage, qui a été tiré à petit nombre; mais elle n'a point encore paru. Je crois que M. Nodier publie en ce moment un ouvrage important sur la *philosophie des langues.*

—— Apothéoses et Imprécations de Pythagore, (publiées par Charles Nodier). *A Crotone,* (*Besançon,* 1808), 1 *vol. in-4° de* 73 *pages, grand pap. vélin superfin.*

Ce beau volume a été tiré à DIX-SEPT exemplaires, DEUX sur papier rose. Il est imprimé en style lapidaire. Les *Prolégomènes de l'éditeur* sont en petites capitales, et le corps de l'ouvrage en grandes capitales. La sous-cription était de 24 f.

Commencement des *Prolégomènes* :

PITHAGORE
NE SE CONTENTA POINT
DE DONNER AUX HOMMES
DES LOIS SUBLIMES.
JUGE IMPARTIAL
DU GENRE HUMAIN,
IL MARQUA LE CRIME D'UN SCEAU INEFFAÇABLE.
IL DIVINISA LA VERTU.
etc., etc., etc.

Commencement des *Apothéoses* :

CROTONIATES,
GARDEZ LA MÉMOIRE
D'ACHELOUS,
MAGISTRAT SUPRÊME D'ÉTOLIE,
QUI LE PREMIER
MIT DE L'EAU DANS LE VIN.
etc., etc., etc.

Commencement des *Imprécations* :

CROTONIATES,
A L'ISSUE D'UN COMBAT,
N'IMITEZ POINT ACHILLE.
NE FAITES POINT TRAFIC
DE CADAVRES.
etc., etc., etc.

Les exemplaires de ce bel ouvrage ont été livrés aux souscripteurs, après avoir été cartonnés élégamment à dos de maroquin et papier maroquiné sur le plat, par M. Noël, dont le talent peut rivaliser avec les meilleurs relieurs français et anglais. Le nom de chaque souscripteur est imprimé sur un feuillet séparé, avec le n° de l'exemplaire. Je possède le VIIe.

NOTICE sur les batailles, combats et actions où le 8me régiment de Hussards s'est trouvé employé, en totalité ou en partie, depuis le 15 juillet 1793, jusqu'au 1er nivose an IX. *Vesoul*, 1809, *in-8°.*

> Cette notice qui n'a été tirée qu'à DIX exempl., a été rédigée par le conseil d'administration du 8me régiment de Hussards, le 13 pluviose an 9, ensuite d'ordres du Ministre de la guerre. Le Général Marulaz, si distingué par sa bravoure, a long-tems commandé ce brave régiment.

NOTITIA della verà libertà Fiorentina considerata ne' suoi giusti limiti, per l'ordine de secoli. Con la sincera disamina e confutazione delle scriture, e tesi che in vari tempi sono state publicate per negare ed impugnare i sovrani diritti degli augustissimi Imperadori e del sacro romano impero soprà là citta e lo stato di Firenze e il gran Ducato di Toscana. 1724-- 26, 3 *vol. in-fol.*

> Cet ouvrage, imprimé par ordre de l'Empereur Charles VI, et dont l'auteur est M. Philippe, Baron de Spannaghel, a été tiré à CINQUANTE exemplaires seulement, pour les Ministres de la Cour de Vienne. On prétend que l'imprimeur en a fait tirer quelques exemplaires furtivement. Malgré sa rareté il est peu recherché.

NOUVELLE moralité d'une pauvre fille, etc. (*Voyez* CARON).

NOVELLE otto rarissime, stampate a spese de i signori Giacomo, conte di Clambrassil, J. Stanley et W. Browne. *Londra*, 1790, *in-4°.*

> Livre très-rare dont on n'a tiré que VINGT-CINQ exemplaires; un a été vendu huit guinées et demie chez M. Paris, à Londres, en 1791. On en connaît des exempl. sur VÉLIN.

ORTIZ. Missale mixtum secundùm regulam Beati Isidori, dictum Mozarabes, cum præfatione Alphonsi Ortiz. *Toleti, Jussu Cad. Fran. Ximenes, imp. per Hagembach*, 1500, *in-fol.*

—— Breviarium mixtum secundùm Regulam Beati Isidori, dictum Mozarabes ; curis Alphonsi Ortiz. *Toleti, impress. per Hagembach*, 1502, *in-fol.*

> On assure qu'il n'y en a eu que TRENTE–CINQ exempl. d'imprimés. Jean Vogt parle d'un exempl. tiré sur VÉLIN, existant au Collège de Saint–Idelphonse ; ces deux volumes seraient hors de prix, puisque les exemplaires en papier se sont vendus jusqu'à 2481 l. (Voyez Debure *bibl. inst.*, n°s 210 211. —— Lavallière *catal.*, 1ere partie, n°s 271 et 272. —— Gaignat, n°s 179 et 182, 180 et 183. —— Caillau, *dict. typ.*, tom. 11, *p.* 318, *etc.* —— Brunet, *tom.* 11, *p.* 153, *etc.*)

OVIDE. Les héroïdes du galant Ovide, (traduites en vers français, par M. Boisgelin de Cicé, ancien Archevêque d'Aix). *Philadelphie, (Paris, Pierres)*, 1784, *in-8° de 368 pages, pap. vélin.*

> Cette édition, avec le texte latin, n'a été tirée qu'à DOUZE exemplaires. L'un d'eux a été vendu 46 f. Salle Sylvestre en 1805. Il y a une autre édition sans le texte, qui n'a aussi été tirée qu'à très–petit nombre.

PEIGNOT. Le portrait du sage. Extrait de Confucius, Platon, Zénon, Ciceron, Sénèque, Épictète, Marc-Aurèle, Plutarque, Montaigne, Bacon, Charron, Fé-nélon, la Bruyère, Sterne, J.-J. Rousseau, Weiss, etc. (Editeur G. Peignot). *Paris*, 1809, *in-12 de 48 pages, gr. pap. vélin fort.*

> Tiré à SOIXANTE–QUINZE exemplaires, tous numérotés, et DEUX sur papier rose. C'est un recueil des passages les

plus frappans des moralistes, pour engager l'homme à suivre le sentier de la vertu, et pour le convaincre qu'elle est la source du vrai bonheur.

—— La Muse de l'histoire, ou esquisse de tableaux poétiques choisis dans l'histoire sainte et dans l'histoire profâne; par Gabriel Peignot. *Ce 25 juillet, 1809, in-8° de 16 pages.*

> On a imprimé cet essai au nombre de DIX exempl. sur beau papier vélin, DEUX sur pap. jaune et DEUX sur papier bleu. Cette feuille est composée d'un *avertissement*, d'une *introduction* en vers, et des deux premiers tableaux de l'histoire sainte, savoir: 1° la CRÉATION et le DÉLUGE, 2° la TOUR DE BABEL.

PERCY. Eloge funèbre de Joseph-Adam Lorentz, médecin en chef de l'armée du Rhin, prononcé à ses obsèques, à Salsbourg, le 3 pluviose an IX, par M. Percy, Membre de l'Institut national de France, de la Société de médecine de Paris, et chirurgien en chef de la même armée. (*Besançon*), 1801, *in-8°.*

> Cet Éloge, dédié à M. Thomassin de Besançon, docteur en médecine, membre de la Légion d'honneur, a été imprimé à CENT exemplaires.

PERRON. Recueil de plusieurs Titres, Mémoires et Antiquités de la Chatellenie de Marcoussy, de la Prévôté de Mont-le-Hery, du Chapitre de Saint Merry de Linas, et des Fiefs et Seigneuries de Rouë, de Bellejambe, Guillerville, Beauregard et autres lieux; (par Perron de Langres). *Paris*, 1689, *in-8°.*

> L'auteur n'a fait tirer que VINGT-SEPT exemplaires de ce Recueil, pour les distribuer à ses amis. Le Long, dans sa

Bibliothèque de France, attribue cet ouvrage à Perron de Langres, et ajoute que l'*Anastase de Marcoussy*, ou *Recueil de plusieurs Titres*, *Mémoires et Antiquités de la Chatellenie dudit lieu*, etc., par le même S^r. Perron, *Paris*, Lacaille, 1694, *in-12*, n'est qu'une seconde édition de l'ouvrage précédent.

PETIT-RADEL. Fasti Neapolionei. — Les Fastes de Napoléon; (par M. Louis Petit-Radel de l'Institut). *Parisiis ex mandato Præfecti Sequanæ excudebat P. Didot natu major, anno* XIII-MDCCCIV, *in-4°, gr. pap. vélin ; in-8°, et iterim, in-4°, gr. pap. vélin.*

Cette dernière édition *in-4°*, plus ample que les deux précédentes, a été tirée à QUARANTE-HUIT exemplaires, et UN sur PEAU-VÉLIN. Ce bel ouvrage a été composé pour les fêtes données par la ville de Paris à l'occasion du couronnement. Il y en a eu trois éditions faites dans la même année, comme on le voit par le titre ci-dessus. La 1re *gr. in-4°*, tirée à 500 exempl., et la seconde *in-8°*, ne contient que 25 inscriptions assujetties à la formule des fastes capitolins. L'inscription latine occupe le *recto*, et la traduction françoise, également en style lapidaire, est en regard au *verso*. La troisième édition; *gr. in-4°*, contient 50 inscriptions. Ces fastes se composent des principaux faits de l'histoire militaire de Napoléon. Dans la 3me édition, on trouve détaillée la campagne d'Égypte, qni n'est qu'indiquée dans les deux précédentes. Les six dernières inscriptions offrent un résumé vraiment statistique de tous les résultats des exploits guerriers de l'Empereur, jusqu'à l'époque du couronnement. Le style de M. Petit-Radel convient parfaitement au sujet; cet auteur a employé la véritable forme des inscriptions antiques du meilleur goût; on y reconnaît leur laconisme, et cette éloquence qui laisse parler les faits. L'exécution typo-

graphique est très-belle; mais dans la 1re édition *in*–4°,
les caractères majuscules employés dans le texte latin,
sont d'un œil plus fort que dans la version française. Les
points qui séparent chaque mot, ne sont pas dans le
milieu de la hauteur des lettres, comme l'exige la pro-
jection des inscriptions antiques; et les dates sont privées
du filet nécessaire pour éviter les équivoques qui peuvent
résulter de l'intercallation des lettres numérales des Romains, au milieu des lettres du texte. Ces omissions ont
été réparées dans la troisième édition qu'on peut considérer
à tous les égards, comme un chef-d'œuvre de typographie.

PEZZANA. L'antichità del Mappamondo de' Pizigani
fatto nel MCCCLXVII vendicata dalle accuse del Padre
Pellegrini bibliothecario della Zeniana lettere due di
Angelo Pezzana conservatore della bibliotheca di
Parma. *Parma, dalla stamperia Carmignani*, 1807,
in-8° *de 53 pp.*

Cet ouvrage tiré à CENT VINGT exemplaires et TROIS
sur papier azuré, a été traduit en français par M. Brack
à Gênes. On y remarque une profonde érudition. Voici à
quelle occasion ces deux lettres ont été publiées. Le P.
Pellegrini annonça, dans le tome X du *Journal de la
littérature italienne* qui s'imprime à Padoue, que depuis
la table de Peutinger, le plus ancien morceau de géographie de ce genre, est le planisphère de Fr. Mauro
Camaldolese fait en 1459. Peu après M. Pezzana fit insérer
dans le même *Journal* tome XII, une lettre dans laquelle
il démontre l'authenticité d'une Mappemonde faite à Venise
par Pizigani en 1367. Laquelle Mappemonde se trouve dans
la bibliothèque de Parme. Le P. Pellegrini était donc
tombé dans l'erreur; mais loin d'en convenir, il publia
une seconde Dissertation dans laquelle il essaie de prouver
que la date de la Mappemonde de la bibliothèque de
Parme est fausse et que ce monument est postérieur à

celui de Camaldolese. M. Pezzana lui riposta par une seconde
lettre plus développée que la première et dans laquelle
il cherche à le convaincre ainsi que ceux qui pourraient
être de son avis, que la carte de Pizigani est certainement
antérieure à celle de Camaldolese et que sa date est bien
véritable et bien authentique. Tel est le sujet des deux
lettres de M. Pezzana, adressées *al egregio signor Niccolò
da Rio*, l'une datée de février 1806 qui renferme 11
pages, et l'autre d'avril 1807, en 39 pages.

—— Notizie bibliographiche intorno a due rarissime editioni del secolo xv, di Angelo Pezzana,
Bibliotecario di Parma. *Parma, Bodoni*, 1808, *in-8°*.

Cet ouvrage, tiré à petit nombre, a été aussi trad. par
M. Brack. Il renferme les notices de deux éditions du XVe
siècle, extrêmement rares. Le savant auteur a adressé
la 1ere notice au célèbre abbé Morelli, bibliothécaire à
Venise: elle a rapport à un monument typographique très-
précieux, puisqu'il sert à fixer l'époque de l'établissement
de l'imprimerie à Parme, et qu'il paraît certain que c'est
le premier livre imprimé dans cette ville. Trois opuscules
composent ce volume: 1° *Plutarchus de libris educandis.*
2° *Hieronymus de officiis liberorum ergà parentes.* 3° *Basilii
magni de legendis gentilium libris oratio.* Parmæ, Andreas
Portilia, 1472, *in-4°* de 40 feuillets à 26 lignes par page,
sans chiffres, signatures ni réclames. Le P. Irénée Affo,
bibliographe distingué, avait annoncé dans son *Saggio di
memorie su la tipographia parmense.* Parme, 1791, *in-4°*,
p. L, que le premier livre imprimé à Parme était le *Comento
di Fr. Filelfo ai trionfi di Francesco Petrarca.* Parma, A.
Portilia, 1473, *in-4°*; M. Pezzana a inséré à cet égard une
note très-intéressante dans ses *Notizie*, p. 1, 2, 3. Il y relève
quelques erreurs d'Affo. La seconde notice de M. Pezzana,
adressée au docte abbé Maur Boni, regarde une édition
excessivement rare des *Soneti, Cansone et Triomphi di*

Petrarca. Imprimée selon toute apparence à Venise, par les soins de Gaspard et Dominique Siliprand, en 1477, *in-4°* de 187 feuillets, y compris les huit de la table et du registre. M. de la Serna Santander dans son excellent *Dictionnaire des éditions du XVe siècle,* tom. III, p. 248, donne en tout 179 feuillets à ce vol. C'est une petite erreur qui provient de ce que les huit feuillets de la table ont été comptés en dedans des 179, au lieu de l'être en dehors. M. de la Serna avait annoncé dans son 1er vol. p. 188, qu'il ne nous restait de Siliprand, qu'une seule impression de 1477; mais au 3e vol. p. 487, il en reconnaît deux, d'après les renseignemens que lui a fournis M. Pezzana. La notice du précieux volume des *Soneti,* etc., est très-intéressante; nous regrettons que la forme de notre travail ne nous permette pas de la faire connaître plus en détail; elle est terminée par une table des différences qui existent dans le texte, entre l'édition de Siliprand et celle donnée par Comino en 1732. L'exécution typographique de l'ouvrage de M. Pezzana, très-soignée par le célèbre Bodoni, répond à l'érudition qui y est répandue.

PHÈDRE. Jul. Phædri fabularum liber novus ex mss. cod. Perottino reg. bibliothecæ nunc primum edit J. A. Cassitus. *Neapoli,* 1808.

Ces nouvelles fables imprimées à CINQUANTE exemplaires, sont au nombre de trente-deux. Le *Journal de littérature étrangère,* n° de septembre 1809, qui me fournit cet article, n'entre dans aucun autre détail.

PICCOLOMINI. Rime fatte nella primavera dell' età di Ascanio Piccolomini, salvo tutte le spirituali, e alcune poche lugubri, ed insieme le imprese. *Siena, Bonetti,* 1594, *in-4°.*

Ouvrage tiré à VINGT-CINQ exemplaires, si l'on en croit le catalogue de Caponi, et la bibliothèque italienne de Haym. La réimpression *in–8°* de 1598 est plus commune, et ne contient pas les *imprese*.

PLAT de Carnaval, ou les beignets apprêtés, etc. (*Voyez* CARON).

POÉSIES. Mélange de poésies, par Madame de M..... *Paris, Didot l'aîné, 1782, in–18, pap. vélin.*

Ce volume, tiré à petit nombre, ne s'est jamais vendu.

—— Poésies de Madame la Marquise d'Autremont. *Amsterdam, 1770, in–12 de 64 pages.*

Opuscule imprimé à petit nombre d'exemplaires, et pour les seuls amis de l'auteur. Feu M. Viot, son dernier époux, en préparait une édition nouvelle et plus ample.

POLYMACHIE. La Polymachie des marmitons, ou la gendarmerie du Pape. En laquelle est amplement descrite l'ordre que le Pape veut tenir en l'armée qu'il veut mettre sus pour l'esleuement de sa marmite avec le nombre des capitaines et soldats, qu'il veut armer pour mettre en campagne. *A Lyon, par Jean Saugrain, 1563, in–8°.*

Cette brochure, très-rare, composée d'une feuille d'impression, a été réimprimée en 1806, par un amateur de Besançon qui en a tiré seulement VINGT-CINQ exemplaires, dont DEUX sur VÉLIN, pour être distribués à des amis. Ce tirage n'en diminuera pas beaucoup la rareté. On a eu l'attention d'employer le même caractère et les mêmes abréviations. Le tirage sur VÉLIN n'a pas très-bien réussi; il faut apporter la plus grande attention pour imprimer sur cette matière. On ne l'humecte pas de la même manière que le papier; il suffit de placer le VÉLIN entre deux feuilles de papier humide seulement, peu trempé par conséquent.

Pons (de). Relation d'un voyage fait à Madrid en 1789 et 1790 ; par Mad^lle... (de Pons, alors âgée de 16 ans). *Paris, de l'imprimerie de Monsieur, 1791, in-16 de 68 pages.*

Cet ouvrage n'a été tiré qu'à douze exemplaires.

Prandi. Dissertazione intorno al sublime; (par P. D. G. Prandi). *Parma, Bodoni, 1793, in-4°.*

Cet ouvrage n'a été tiré qu'à cent vingt-cinq exempl.

Prisci Censorini Photistici (Joan. Vincentii Gravinæ) hydra mystica: sive de corruptâ morali doctrinâ dialogus. *Coloniæ, (Neapoli), 1691, in-4° de 17 pages.*

Cette première production du célèbre Jean Vincent Gravina n'a été imprimée qu'à cinquante exemplaires pour être distribuée à ses amis. Comme l'auteur y attaquait la morale relâchée des Jésuites, il n'a pas jugé à propos de mettre son nom, ni le lieu d'impression sur le frontispice de ce livre; on trouve cette petite pièce réimprimée dans la première édition d'un recueil allemand publié par M. Estor, à Giessen en 1736, 2 vol. *in-8°*, p. 297-333. Mais elle n'est pas dans la seconde édition de 1746.

Prose. Prose e versi di alcuni rinomati autori per onorare la memoria di Livia Doria Caraffa, principessa del S. A. Imp. e della Rocella. *Impresso nella real stamperia di Parma, l'anno 1784, gr. in-4°, fig.*

Cet ouvrage, tiré à peu d'exemplaires, et magnifiquement exécuté par Bodoni, n'a jamais été dans le commerce. Tous les exemplaires ont été donnés en présens, par l'auteur, ou pour mieux dire, par le Prince della Roccella, qui en a fait les frais d'impression. C'est une quantité de pièces en vers et en prose, faites par les amis de ce Prince, à l'occasion de la mort de Livia Doria Caraffa, son épouse. Les vers et les discours n'offrent aucun intérêt; mais la richesse de l'exécution, la quantité des grandes et petites gravures de Raphaël Morghen, qui ornent ce livre, et enfin sa rareté, en font rechercher les exemplaires. Vendu 60 l. chez M. Belin Junior, en 1797, 201 l. chez M. d'Hangard, en 1789, et 60 l. chez M. Lefevre, en l'an v.

PSALTERIUM Davidis, ex versione danicâ Christiani Petri, sumptibus Helenæ Marsuin cum summariis psalmorum juxtà versionem Lutheri in bibliis magnis danicis, cum præfatione Nicolai Michaëlis Pastoris. *Hafniæ, Tychonis Nicolai*, 1632, *in-fol..*

Cette traduction danoise a été tirée à TRENTE exemplaires, si l'on en croit cette note que le Long a tirée des *Nova litteraria maris Balthici*, ann. 1700, p. 217 : « *Helena Marsuin domina de Ellansborg, Ludovici Munckic uxor, propriis sumptibus in usum tàm privatum quàm publicum stylo grandiori et eleganti emisit psalterium Davidis danicum* etc. *Hujus editionis* TRIGINTA *saltem exemplaria typis sunt excusa* ». (Vid. Jac. le Long, *biblioth. sac.* tom. 1, p. 417).

QUESNARD. Aperçu d'un plan d'éducation publique; (par Quesnard). 1797, *in-24, pap. vélin.*

Imprimé par l'auteur, et tiré à DOUZE exempl.

RAYNAL (Guil. Thomas). Histoire philosophique et politique du commerce et des établissemens des Européens dans les deux Indes.

« L'abbé Raynal avant de faire imprimer son ouvrage à Genève, en fit faire, à Paris, chez Stoupe, une édition particulière, dont on ne tira que TROIS exemplaires; il en laissa un à l'imprimeur, garda le second, et envoya le troisième à Pellet pour lui servir de copie; par ce moyen il évita l'embarras que lui aurait occasionné la correction des épreuves, s'il eut envoyé à Genève une copie manuscrite, d'après laquelle les ouvriers auraient naturellement fait beaucoup plus de fautes qu'ils n'en devaient faire, en travaillant sur l'imprimé ».

Telle est l'anecdote rapportée dans une brochure intitulée : *Lettre de M. Panckoucke à MM. les Présidens et Électeurs de* 1791, page 16. Elle paraît présumable ; car Panckoucke était le libraire le plus au fait des anecdotes typographiques. Les deux meilleures éditions de l'ouvrage en question, sont celles de *Genève*, 1780, 5 *vol. in–4°*, ou 10 *vol. in–8°* et *Atlas*.

RECUEIL de fables diverses, etc. (*Voyez* CLAVIÈRES).

Recueil des portraits du Roi, de la Reine, des Princes, Dames illustres, 1660, *in–4°*.

Ouvrage très-rare, dont Bauer dit qu'il n'existe que CINQUANTE exemplaires.

Recueil de pièces choisies, rassemblées par les soins du Cosmopolite. *A Ancône, Uriel B....t, à l'enseigne de la liberté,* 1735, *in–4°*.

Cet ouvrage, excessivement rare, a été vendu 351 l. chez M. Belin Junior, en 1797. Voici la note relative à ce volume, qui se trouve dans le catalogue de vente des livres de ce libraire, sous le n° 1312. « Ce recueil a été formé par M. le duc d'Aiguillon, père du dernier mort, imprimé chez lui et par lui en sa terre de Vérets, en Tourraine, et tiré seulement au nombre de DOUZE exemplaires. L'épître à M^{de} Miramion, qui est à la tête de l'ouvrage, ainsi que la préface, sont de M. de Moncrif. On trouve à la fin du volume une traduction en vers français des Noëls bourguignons de M. de la Monnoye, qui n'existe que là. Ce recueil est sans contredit le plus complet et le plus rare

qu'il y ait. Il renferme beaucoup de pièces que l'on cher-
cherait vainement ailleurs. M. Belin a fait faire , par un
habile artiste , quatre dessins mis en couleur , pour joindre
à cet exemplaire. Cette note est prise , d'après celui de
la ci-devant Bibliothèque du Marquis de Paulmy , à
l'Arsenal ». Elle est donnée par M. Debure.

Ce recueil a été vendu 284 l. 1 s. chez M. Lefebvre ,
en 1797 , avec la note suivante : » Recueil très-rare , qui
n'a été tiré , dit-on , qu'au nombre de sept exemplaires.
La Princesse de Conti le fit imprimer dans une de ses
maisons de campagne , de concert avec le Comte d'Agénois
et quelques autres seigneurs , pour rivaliser Madame la
grande Duchesse (de Bouillon) et M^r. de Lassay , qui
avaient donné les *Mémoires du tems.* Les deux ouvrages
furent d'abord désignés , dans la société de ces dames , sous
le nom de PLÉIADE , qui indiquait en même tems et le
nombre des personnes qui avaient concouru à leur for-
mation , et celui des exemplaires imprimés. Le premier
Cosmopolite qui ait paru dans le commerce , avait été
cédé au Comte de Schomberg par le Duc de la Vallière.
Parmi les pièces rares qu'on trouve dans ce recueil , on
remarque les Sonnets et Doutes amoureux de l'Arétin , en
italien , le B....l céleste de P. Petit qui fut brûlé en place
de Grève pour l'avoir composé , et les Couplets ou Noëls
bourguignons , qui ne sont pas ceux de la Monnoye. «

Le même ouvrage a été vendu , en 1803 , chez M. Méon ,
300 l. On trouve dans le *Catalogue des livres précieux,*
singuliers et rares de sa Bibliothèque. Paris , Bleuet ,
xii—1803 ; on trouve , dis-je , la note suivante , sous le
n° 1882 : » Ce recueil de la plus grande rareté , fait par
le Duc d'Aiguillon d'alors , et imprimé chez lui et par lui ,
à Verret en Lorraine (lisez Vérets en Tourraine , près
Tours , dépt. d'Indre et Loire) , est une collection des
pièces les plus impies et les plus libres connues dans ce
tems. On y trouve entre autres le B....l céleste de Pierre

Petit qui fut brûlé pour avoir composé cette pièce, et les Noëls et Couplets bourguignons, qui ne sont pas ceux de la Monnoye. Cet ouvrage n'a été tiré qu'à SEPT cxemplaires. »

J'ai rapporté toutes ces notes pour mieux faire connaître la rareté de ce livre, et pour faire voir combien il serait dangereux qu'il fût plus répandu. Heureusement il est de la plus grande rareté, et son prix a toujours été considérable. Un bibliographe assure que deux exemplaires ont changé de mains moyennant 5o louis.

RECUEIL de pièces et de faits particuliers que le Père Griffet n'a pas cru devoir ni pouvoir insérer dans l'Histoire de Louis XIII, et les Fastes de Louis XIV. 1778, *in*-12.

Tiré à DOUZE exemplaires.

RECUEIL de plusieurs farces, etc. (*Voyez* CARON).

RÉFLEXIONS sur la liberté de la presse; avec cette épigraphe: Ce sont les écrits qui ont effrayé le despotisme, et donné aux peuples, qu'un long esclavage avait énervés, le courage d'en arrêter les attentats. *Sans nom de ville*, 1790, *in*-12.

Le même ouvrage, avec cette épigraphe : la presse libre est une sentinelle toujours sur pied pour réveiller un peuple qu'on veut enchaîner pendant son sommeil: c'est le plus grand frein des méchans et le premier châtiment des tyrans. Seconde édition, imprimée par l'auteur. *Sans nom de ville*, 1791, *in*-8°.

Chacune de ces éditions est imprimée à CINQUANTE exemplaires.

RÉGLEMENS de l'Académie de Lyon. *In*-8° *de* 5o pages.

Tiré à CINQUANTE exemplaires pour être distribués aux seuls Membres de l'Académie.

REWICZKI. Bibliotheca græca et latina complectens auctores ferè omnes Græciæ et Latii veteris, quorum opera vel fragmenta ætatem tulerunt, exceptis tantùm asceticis, et theologicis Patrum nuncupatorum scriptis; cum delectu editionum, tam primariarum et rarissimarum, quam etiam optimarum splendidissimarum atque nitidissimarum, quas usui meo paravi Periergus Deltophilus (Ch. de Revissinye, Comte de Rewiczki) cum suplemento. *Berolini, typis J. Frid Unger*, 1784, *in-8°*.

Ce Catalogue curieux, rempli de notes savantes, a été tiré à très-petit nombre d'exemplaires, aux frais du Comte de Rewiczki, qui en a fait des présens. Un exemplaire a été vendu 42 l. 19 s. chez Mirabeau, en 1792; et 30 l. chez M. Méon, en 1804. Ce dernier exemplaire, donné par l'auteur à l'abbé de S. Leger, était enrichi de notes supplémentaires de sa main. L'exemplaire vendu chez M. Renouard en 1804, pour la somme de 18 f. 10 c., renfermait la préface qui est très-curieuse et qui manque à presque tous les exemplaires, ainsi que deux supplémens qui ont été imprimés depuis 1784. Je possède un exemplaire aussi complet; j'ai même outre la préface et les deux supplémens, quelques articles écrits à la main. On a réimprimé ce catalogue à Berlin en 1794, *in-8°*. Mais cette édition nouvelle n'est point rare; elle vaut 5 à 6 l. On connaît une fort jolie édition de *Pétrone*, donnée à Berlin en 1785, *in-8°*, par les soins de M. le Comte de Rewiczki; elle a été imprimée chez M. Unger.

RICCOBONI. Lettere di Milady Catesby, a Milady Henri Campley, sua amica, etc. tradotte dal francese della signora Riccoboni, per la signora Presidenti di Gourgue. *Cosmopoli*, (*in Parigi nella stamperia* di L. F. Delatour), 1769, *in-8°.*

> Cette édition n'a été tirée qu'à DOUZE exemplaires et distribuée en présens par le Président de Lamoignon, frère de Madame la Présidente de Gourgue.

RIVAROL. Éloge de Minetto Ratoni, chat du Pape en son vivant, et premier soprano de ses petits concerts. (Par le Comte de Rivarol). *Felisonte*, 1795, *in-4° minori de* 25 *pag.*, *pap. vél. rose.*

> Tiré à QUINZE exemplaires seulement. C'est une plaisanterie ingénieuse du spirituel Rivarol. Elle a pour but de justifier l'attachement extraordinaire d'une Princesse Albertine W........iska, pour un chat ardoise, appelé Raton et supposé arrière-petit-neveu du favori du Pape, qu'on dit être Benoît XIV, pour que rien ne paraisse manquer à la vraisemblance.

RIVE. Diverses notices calligraphiques et typographiques, par M. l'abbé Rive, pour servir d'essai à la collection alphabétique des notices calligraphiques de manuscrits des différens siècles, et de notices typographiques de livres du 15me siècle, qu'il doit publier incessamment en 12 ou 15 vol. *in-8°.* (Première notice calligraphique). *Broch. in-8° de* 16 *pages.*

> Le Père Laire certifie que cette brochure n'a été tirée qu'à CENT exemplaires, et tous sur pap. vélin. Cette 1ere notice est la seule que Rive ait publiée sur cette matière.

—— Notices sur le traité manuscrit de Galeotto Martio, intitulé : *De excellentibus*; par l'abbé Rive. *Paris, veuve Valade,* 1785, *petite brochure in-8°.*

Ces notices ont été tirées à CENT exemplaires sur papier d'Hollande, plus UN sur VÉLIN, format *in-4°*. Le caractère est beau, on y trouve des types fondus exprès pour certaines abréviations.

—— Notice sur la vie et les poésies de Guillaume Machau, qui florissait après le milieu du 14e siècle ; par l'abbé Rive. *In-4°*.

Il n'existe que VINGT-QUATRE exempl. de cette notice, tirés sur pap. d'Hollande séparément. Le surplus a été imprimé à la suite du 3e vol. *in-4°* de l'*Histoire de la musique*, par Laborde. Il faut joindre à cette notice un feuillet d'errata, qui a été imprimé postérieurement.

—— Lettre sur l'ancienne formule des souverains appelés *par la grâce de Dieu* ; par l'abbé Rive. *Paris, Pierres,* 1779, *in-4°*.

Tirée à CINQUANTE exemplaires, tous sur papier d'Hollande. Le surplus est imprimé à la suite du 3e volume de Laborde, dont nous venons de parler.

—— Ode sur l'abolition de la servitude en France, avec des notes critiques ; par l'abbé Rive. *Bruxelles,* 1781, *in-8°*.

Cette Ode n'a été tirée qu'à VINGT exemplaires, tous sur pap. d'Hollande ; mais elle a été réimprimée en 1789, à Nîmes.

ROCHE (de la). Essai de traduction de quelques Odes et de l'art poétique d'Horace, en vers français ; (par l'abbé Lefèvre de la Roche). *Paris, Didot l'aîné,* 1788, *gr. in-8°, pap. vélin*.

Ouvrage imprimé à CINQUANTE exemplaires aux frais de l'auteur, et dont HUIT portent son nom. Il est dédié à

Madame Helvetius, et cette dédicace annonce qu'il n'a jamais été destiné à être mis dans le commerce.

Rochefort. Opuscules de divers genres; par Madame la Comtesse de Rochefort, depuis Duchesse de Nivernois. *Paris, Didot l'aîné,* 1784, *in*-18.

> Tiré à cinquante exemplaires. Vendu magnifiquement relié 115 l. chez M. Bailly en 1800; et seulement 10 f. chez M. de Villoison.

Rochefoucauld. Maximes et réflexions morales du Duc de la Rochefoucauld. *Paris, de l'imprimerie royale,* 1778, *in*-8° de xxxiv—154 *pag., et* xiv *pour la table.*

> Cette édition fort rare a été tirée à très-petit nombre, et donnée en présent. Il y a des exemplaires ornés d'un superbe portrait du Duc de la Rochefoucauld, gravé par Choffard. Vendu 18 l. chez M. le Duc d'Aumont en 1782. M. Renouard a publié une nouvelle édition des *Mémoires de la Rochefoucauld* en 1 vol. *in*-18 et *in*-12, avec les portraits de la Rochefoucauld, de Mazarin, du grand Condé, etc. Cette jolie édition est beaucoup plus complette que toutes celles qui l'ont précédée.

Rochefoucauld. (Le Vicomte de la). Ramassis. (Recueil de divers traités de littérature et de morale, par le Vicomte de la Rochefoucauld). *Sens, P. H. Tarbé*), 1783 et 1785, 3 *vol. in*-12.

> Ce recueil est composé de différentes pièces toutes imprimées séparément, et qui n'ont pas été tirées à plus de cinquante exemplaires. L'auteur ne les destinait qu'à ses parens et à ses amis; chacune de ces pièces a une pagination différente. La collection de ces petits traités doit être difficile à completter; M. Barbier en a donné la liste

dans son *Dictionnaire des anonymes*; nous allons la transcrire ici, afin que ceux qui possèdent ce recueil puissent
vérifier si leur exemplaire est complet : 1, *de l'éducation*,
traité en 27 chap. 1785, renfermant 212 pages. — 2, *Du
bon ton*, 17 pages. — 3, *De l'égoïsme*, 22 pages. — 4, *De
la discrétion*, 26 pages. — 5, *De l'amabilité*, 30 pages. —
6, *De l'éducation, par rapport à la probité*, 17 pages. —
7, *De l'ambition*, 15 pages. — 8, *De l'amitié*, 28 pages. —
9, *Sur le soleil, par quelqu'un qui n'est pas physicien,
à l'usage de ceux qui ne le sont pas*, 19 pages. — 10 ,
De l'amour, 23 pages. — 11 , *Sur la dispute*, 27 pages. —
12, *Sur l'humeur et la colère*, 47 pages. — 13, *De la
crapule*, 19 pages. — 14, *De la fatuité*, 19 pages. — 15,
Lettres d'un oncle à son neveu, 84 pages; ce recueil ne
contient que quelques lettres choisies, telles que la 1ere,
2e, 3e, 10e, 14e, 18e, 21e 25e, 36e et 43e. — 16, Lettres
51e et 52e, 40 pages; suite du recueil précédent, mais
imprimée séparément. — 17, *Lettre pour servir à l'éloge
de M. le Comte de Maurepas*, 1782, 22 *pages.* — Enfin
18, *A ma nièce qui copiait une Madame de Saint Mathieu*,
16 pages. M. le Vicomte de la Rochefoucauld est mort
en 1788.

Roederer. Opuscules mêlés de littérature et de
philosophie; (par M. Roederer). *Paris, vendémiaire
an XIII et années suivantes,* 3 *vol. in-8°.*

Tiré à cinquante exemplaires pour les seuls amis de
l'auteur. Ils se composent des morceaux qu'il fit insérer
au *Journal de Paris*, dans le tems qu'il avait part à sa
rédaction.

— Conseils d'une mère à ses filles, 1789; par
W. M.... épouse de J. R. (Roederer). *Paris de
l'imprimerie de Roederer,* etc, *rue J.-J. Rousseau,*
n° 14, *an IV, in-12.*

« Imprimé pour les seuls amis de l'auteur et de l'éditeur,
« et tiré à CINQUANTE exemplaires ». (Note qui se lit
au *verso* du titre de l'ouvrage).

RONCALLI. Epigrammi, (en italien et en français ;
par M. Roncalli). *Parmæ*, *Bodoni*, *in-8°*.

> Petit ouvrage tiré à peu d'exemplaires, fort rare, et
> imprimé aux frais de l'auteur. Vendu 5o l. chez Mirabeau
> en 1792.

RONCALLI. De aquis mineralibus Coldoni ad oppidum
Leuci in agro Mediolanensi dissertatio, auctore Fran-
cisco Roncallo, philosopho et medico Brixiano.
Brixiæ, 1724, *in-4°*.

> Très-rare, n'ayant été tiré qu'à CINQUANTE exempl.

ROO. Gerardi de Roo annales rerum belli domique
ab Austriacis Habspurgicæ gentis principibus à Ru-
dolpho I usque ad Carolum V gestarum. *Æniponti*,
1592, *in-fol.*

> Première édition très-rare parce qu'elle n'a été tirée,
> dit-on, qu'à CENT exemplaires. L'édition de 1709, *in-4°*,
> est rare, ainsi que la traduction allemande de 1621, *in-fol.*

ROPER. Guill. Roperi vita Thomæ Mori, equitis
aurati ; accedunt Mori epistola de scholasticis ; academiæ Oxoniensis epistolæ et orationes ; anonymi
chronicon Godstovianum et fenestrarum depictarum
ecclesiæ parochialis de Fairford in agro Glocestriensi
explicatio. *Londini*, 1716, *in-8°*.

> Cet ouvrage est rare, n'ayant été imprimé qu'au nombre
> de CENT QUARANTE-HUIT exemplaires.

ROTHELIN (d'Orléans de). Observations et détails

sur la collection des grands et des petits voyages ;
par l'abbé d'Orléans de Rothelin , 1742, 1 *vol. in-4°.*

Cet ouvrage n'a été tiré qu'à très-petit nombre, et destiné par l'auteur à être donné en présent, ce qui a rendu
cette édition très-rare. L'exemplaire de M. de la Vallière
a été vendu 50 l. en 1784. La Bibliothèque nationale
possède l'exemplaire de l'auteur, sur les marges duquel se
trouvent plusieurs additions et corrections ; un autre exemplaire avec des notes est entre les mains de M. Debure,
libraire à Paris. M. Camus, dans son curieux *Mémoire
sur la collection des grands et petits voyages*, dit : « en
1742, l'abbé de Rothelin, connu par son goût éclairé pour
les beaux livres, fit rédiger et imprimer un cahier de 42
pages *in-8°*, intitulé : *Observations et détails, etc.* »
Les différens catalogues que j'ai consultés, et entre autres
celui de l'abbé de Rothelin, annoncent cet ouvrage de
format *in-4°*. Il a été réimprimé avec des additions dans
la *Méthode pour étudier la géographie*, par Lenglet
Dufresnoy (édition de 1768, *To.* 1 , *pages* 324—361),

Rou. Tables chronologiques renfermant l'histoire
universelle en 16 planches ; par Jean Rou. *Paris*,
1672—1675 , *in-fol. , form. atl.*

Il n'y a que DOUZE exemplaires de ces tables. Les
planches ayant été brisées par arrêt du parlement, parce
qu'elles contenaient plusieurs passages concernant la religion protestante. Bayle les cite avec éloge; et Debure les
regarde comme un bon ouvrage de Bibliothèque, quoiqu'elles ne soient pas très-recherchées. Il en existait un
exemplaire dans la Bibliothèque de l'abbé Rive.

Rousseau J. J. OEuvres complettes de Jean-Jac-
ques Rousseau. *Paris, Bozérian, (de l'imprimerie
de Didot l'aîné)*, 1801, 25 *vol. in-12, pap. vélin.*

Édition tirée seulement à cent exemplaires, tous nume-
rotés. Elle est très-bien exécutée et très-soignée pour la
correction ; M. Naigeon l'a collationnée sur les manuscrits
de J. J. Rousseau, déposés à la bibliothèque impériale.
C'est la plus complette et la mieux ordonnée de toutes
celles qui existent. Chaque exemplaire se vend 400 liv.
L'édition, imprimée par Didot en 20 vol. *in-*8°, a été
faite en même tems que la précédente et avec le même
caractère. Elle a coûté 240 fr.

SAINT-PIERRE. Réflexions critiques sur les travaux
de l'Académie française ; par l'abbé de Saint-Pierre.
*In-*8°.

Cet ouvrage n'a été tiré, dit-on, qu'à quarante exemplaires ; il renferme des vues utiles.

—— Projet de paix perpétuelle ; par l'abbé de
Saint-Pierre. *In-fol.*

« Impression faite par l'auteur à vingt exempl., comme
mis au net de son manuscrit, et destinée à être distribuée
à quelques amis pour recevoir leurs avis et observations ».
(Cat. de L***. *Paris, Renouard,* 1807, *p.* 419.)

SAINT-RÉAL. Histoire de la conjuration des Espagnols contre la république de Venise ; par l'abbé
de Saint-Réal. — Histoire de la conjuration des Gracques ; par le même. (De l'imprimerie de Causse,
à Dijon). *Paris, chez A. A. Renouard,* 1795,
petit in-fol., papier vélin.

Superbe édition tirée à soixante-cinq exemplaires nu-
merotés. Il y a cinq exemplaires sur vélin. M. Renouard
est éditeur de ce bel ouvrage.

SAINT-SIMON. Nyctologues de Platon, (trad. par
le Marquis de Saint-Simon), 1784, *in-*4°.

Ouvrage tiré à petit nombre, et donné par l'auteur à ses amis.

SALLUSTE. La conjuracion de Catilina, y la guerra de Jugurta, por Cayo Salustio Crispo. *En Madrid, Ibarra*, 1772, *in-fol.*

Cette traduction a été faite par Son Altesse Royale l'Infant Don Gabriel; elle est très-rare parce qu'elle a été tirée à petit nombre, et que le Prince s'est réservé toute l'édition pour en faire des présens. Cet ouvrage est exécuté avec beaucoup de luxe; les vignettes, planches et culs-de-lampe, respirent le meilleur goût. Les notes sont savantes; le texte latin est sur deux colonnes au bas de chaque page, et le volume est terminé par une dissertation fort intéressante sur la langue phénicienne. Elle est appuyée d'une planche représentant toutes les lettres hébraïques et celles qui s'y rapportent dans le phénicien pur, le carthaginois, l'espagnol-phénicien, et les caractères de la fameuse inscription de Malte. Il n'est pas certain qu'elle soit vraie dans toutes ses parties, ni supérieure à celle de l'abbé Barthelemi, mais on ne la lira pas sans fruit. Un exemplaire a été vendu 271 l. 19 s. chez M. de Courtanvaux, en 1782; 491 l. chez M. de la Vallière, en 1784; 400 l. chez M.... à l'hôtel de Bullion, en 1785; et 550 l. à l'hôtel de Bullion, en 1786.

SANTÉ. L'Anti-siphilytique, ou la santé publique; (par le Comte de Milli). 1772, *in*-12.

Brochure tirée à TRENTE-SIX exemplaires. Le Magistrat de police n'en a permis l'impression que sous la condition que l'auteur n'en tirerait que ce nombre. Et la majeure partie des exemplaires a été envoyée, selon la parole de l'auteur, en pays étranger. Le manuscrit de cet opuscule portait pour titre : LE SERPENT D'AIRAIN, OU L'EAU DE SÉCURITÉ.

Sante-Bartoli. Recueil de peintures antiques, imitées fidèlement pour les couleurs et pour le trait, d'après les dessins coloriés faits par Pierre Sante – Bartoli, avec une description par Caylus et Mariette. *Paris, Hypp.-Louis Guerin et L.-F. Delatour,* 1757. — La Mosaïque de Palestrine, expliquée par l'abbé Barthelemy. *Paris,* 1760, *gr. in-folio.*

Tiré à trente exemplaires seulement, dont un a été vendu 2272 l. chez M. Gouttard en 1780; et 851 l. chez M. Méon en 1803. Il y a eu trois exempl. de cet ouvrage mis en couleur par l'auteur lui–même. On l'a réimprimé en 1783—1787, 3 $\widetilde{vol}$. gr. in–fol.; mais cette réimpression tirée à cent exempl. est augmentée des figures et d'une partie de l'explication du tombeau de Cestius, par l'abbé Rive; si elle est plus complette que la précédente, il faut avouer aussi qu'elle est moins belle. Il y a eu quinze exempl. de cette réimpression tirés sur beau vélin d'Italie. Un exempl. a été vendu chez M. Paris, à Londres, 4586 l., en 1791. Il est vrai que cet exempl. était enrichi d'un beau dessin de Perignon, représentant le tombeau de Cestius, et que les 3 vol. avaient coûté 450 l. de reliure.

Sartori. Catalogus bibliographicus librorum latinorum et germanicorum in Bibliotheca Cæsar. reg. et equestris Academiæ Theresianæ extantium, cum accessionibus originum typographicarum vindobonensium, et duobus supplementis necnon indice triplici systematico bibliographico et typographico, (auctore Josepho de Sartori). *Vindobonæ,* 1802—1805, 13 *vol. in-*4°.

Cet ouvrage n'a été tiré, m'a–t–on assuré, qu'à cent exemplaires. C'est M. Joseph de Sartori, successeur du célèbre Denis, qui en est le rédacteur; il paraît que cet auteur s'était plus adonné à la jurisprudence qu'à la bibliographie avant de parvenir à la place de bibliothécaire, car il commence ainsi sa préface: *Non polyhistorem aut bibliographum, sed jurisconsultum ut scripta mea demonstrant, me profiteor; adeoque cum seria agere non possum, his saltem quæ muneris mei nunc sunt, satisfacio, ne mortuus inter vivos ambulare videar, etc.* Cet aveu est d'autant plus modeste, que l'auteur fait preuve de connaissances profondes dans l'histoire de l'imprimerie et dans la bibliographie. On trouve en tête du second volume, un Mémoire rélatif à l'époque où il faut placer le commencement du premier siècle typographique; M. de Sartori pense avec Scoepflin, que c'est en 1436, Il est d'avis qu'on a commencé à imprimer avec des planches fixes, à Harlem, ainsi que le prétend Méerman dans ses *Origines typographicæ*; mais que c'est à Strasbourg qu'on a commencé à imprimer avec des caractères mobiles, et que cet art s'est ensuite perfectionné à Mayence. L'ouvrage le plus rare de la collection Thérésienne est indiqué dans le Catalogue sous le n° 144, et a pour titre : *Summa quæ vocatur Catholicon, edita à Johanne de Janua Ord. Frat. Prædic.* écrit en 1286. L'impression remonte au-delà de 1460, et l'auteur en donne la description suivante : *Charactere semigothico, charta Fustina, sine signo, custod. epigr. foliis* 360 *non sign., col.* 2, *lin.* 67, *folio majori.* Il m'a semblé que jusqu'alors on ne connaissait pour première édition du *Catholicon de Balbi* que celle portant, dans la suscription, la date de 1460. V. Maittaire, Zapf, Debure, Gaignat, Askew, Crevenna, Laire, etc.

Seid Moustapha. Diatribe de l'ingénieur Seid Moustapha sur l'état actuel de l'art militaire, du génie et des sciences. *A Constantinople, imprimée dans la nouvelle typographie de Scutari, fondée par Sultan Selim III,* 1803, *gr. in-8° de* 64 *pages. Texte encadré sans chiffres ni réclames.*

Opuscule tiré à petit nombre. C'est un monument très-curieux et très-rare en France d'un établissement qui ne subsiste plus. Ce qn'il y a de singulier c'est qu'il a été composé en français par un turc. On a donné dans le *Magasin encyclopédique* une dissertation intéressante sur cet ouvrage et sur son auteur : M. Langlès en vient de publier une nouvelle édition, avec des notes. Seid Moustapha a été victime de son admiration pour la science militaire des Français.

SERMENT d'un médecin, prononcé le jour de sa réception dans les écoles, en face d'une église et près d'un hôpital. (Pièce de poésie, par M. Cabanis). *6 pages, in-8°.*

Cet Opuscule a été tiré à petit nombre; il est digne d'orner le cabinet d'un curieux, tant par son mérite littéraire, sur lequel le nom de son auteur ne laisse aucun doute, que par son exécution typographique et par sa rareté.

SERVET. Michaelis Serveti christianismi restitutio. *2 vol. in-4°.*

Cet exemplaire est UNIQUE; mais il n'est pas entièrement imprimé. On trouve à la tête du 1er vol. deux feuillets manuscrits, contenant le titre et la table des chapitres; ensuite vient l'impression qui commence avec l'ouvrage, depuis la page 1ere jusqu'à la 252e. Les pages 253 à 1056 sont manuscrites: l'écriture en est belle. Ce livre est une réimpression (du fameux Traité de Servet), qui a été entreprise par le docteur Richard Mead, possesseur de l'exemplaire de l'édition originale que l'on a regardé long-tems comme unique; mais M. de Fortia, dans son *Voyage au nord de l'Europe*, dit qu'il a vu à la bibliothèque impériale de Vienne, parmi 7000 volumes imprimés avant 1500, « CHRISTIANISMI RESTITUTIO de Servet, 1553, gros in-8°; *le seul qui existe avec celui-là est à Paris, mais moins bien conservé* ». Il paraît que le docteur Mead a abandonné à la 252e page d'impression, le projet qu'il avait de faire réimprimer ce rare volume. Quoi qu'il en soit, cette réimpression imparfaite a été vendue 1700 l. chez le Duc de la Vallière en 1784, et l'édition originale 4120 l. (Voyez sur ces deux raretés, notre *Essai de curiosités bibliographiques*. Paris, 1804, p. 107—112).

SIMONEAU. Recueil d'estampes gravées en taille-douce, par Louis Simoneau, pour servir à l'histoire de l'art de l'imprimerie et de la gravure, en 1694, *in-fol.*

Autre Recueil d'estampes pour servir à l'histoire des arts et métiers, gravées en taille-douce, depuis 1694 jusqu'à 1710, *in-fol.*

Ces deux recueils ont été tirés à très-petit nombre, et destinés à faire des présens; ils doivent contenir 168 pièces exécutées par ordre de Louis XIV, sous la direction de Simoneau. Vendu 40 f. chez M. Chardin.

SMITH. Recherches sur la nature et les causes de la richesse des nations, trad. de l'anglais de Adam Smith, par M. Blavet. *Paris, Laran,* 1800, 4 *vol.* *in-8°.*

Cette traduction a d'abord paru dans le journal de l'agriculture, des arts et de commerce de M. Ameilhon, dont elle occupe la moitié depuis janvier 1779 jusques et compris décembre 1780. On en a tiré à part VINGT exempl. seulement.

SMITH. Catalogus librorum rarissimorum, ab artis typographicæ inventoribus, aliisque ejus artis principibus, ante annum millesimum quingentesimum excusorum, omnium optimè conservatorum. (Collectóre Josepho Smith anglo-venetiis de gente). *Sans nom de lieu et sans date.* (*Venise*, 1737), *in-8°.*

On n'a tiré de cet ouvrage, composé de 4 feuilles d'impression, que VINGT-CINQ exemplaires, très-bien exécutés. On lit à la fin de cette édition : *Pretiosissima hæc librorum collectio, cujusvis magni principis bibliotheca dignissima, constat voluminibus* CCXXVII. Il en existe une seconde édition augmentée de l'indication de 21 vol., qui est en 70 pages, à la fin de laquelle on lit : *Pretiosissima hæc librorum collectio, cujusvis magni principis bibliotheca dignissima, constat voluminibus* CCXLVIII. Le titre est le même, si ce n'est qu'au lieu du mot *ejus,* on a mis *ejusdem.* Elle est par ordre alphabétique comme la première. On y trouve plusieurs éditions inconnues à Maittaire (1). Cette collection appartenait à M. Joseph Smith, Consul de Sa Majesté britannique à Venise. Pasquali, libraire à Venise, en a publié un catalogue détaillé, qui a paru sous ce titre : *Bibliotheca Smithiana, seu catalogus librorum D. Josephi Smithii angli per cognomina authorum dispositus.* Venetiis, typis J. B. Pasquali, 1755, *in-4°* de 900 pages à-peu-près. Le volume est terminé par les préfaces et les épîtres mises en tête des éditions du XVe siècle, qui occupent 279 pages. Baker a publié à Londres, en 1773, un catalogue de la même bibliothèque, mais en 1 *vol. in-8°.*

SOTTIE à dix personnages, etc. (*Voyez* CARON). STONNE. Mélanges de poésies ; par M. le baron de Stonne. *Londres*, 1782, *in-12.*

---

(1) M. Brunet, parlant de ces deux éditions dans son excellent *Manuel du libraire et de l'amateur*, Paris, 1810, *3 vol. in-8°*, dit que la première a été publiée (*Patavii*) à Padoue, chez Comino, et qu'un exempl. a été vendu 9 fr. chez Pinelli; que la seconde a été imprimée à Venise chez J. B. Pasquali, et qu'un exempl. a été vendu 41 fr. chez de Cotte, et 27 fr. chez Detune.

Cet ouvrage, imprimé par l'auteur lui-même, n'a été tiré qu'à SOIXANTE exemplaires.

SUARD. Notice sur la personne et les écrits de la Bruyère ; (par Suard). *Paris, Didot jeune,* 1781, *in-*12 , *pap. de Hollande.*

Tiré à VINGT—CINQ exemplaires. Cette notice a été réimprimée dans l'édition stéréotype de la Bruyère.

—— Notice sur la personne et les écrits de la Rochefoucauld ; par Suard. *Paris, Didot jeune,* 1781, *in-*12, *pap. de Holl.*

Tiré à VINGT—CINQ exempl. Vendu chez Bozérian 14 l. en 1798. Cette Notice a été réimprimée à la fin de l'édition des *OEuvres morales de la Rochefoucauld, suivies d'observations et d'un supplément ; par Agricola de Fortia. Basle,* 1798, 1 *vol. in—*8°.

SUGER. Éloge de Suger, abbé de Saint-Denis, premier Ministre sous les règnes de Louis le gros et de Louis le jeune, et régent du royaume, avec cette épigraphe : *Nil appetere jactatione.* TACITE. (Par le Marquis de Menou Romance). *Amsterdam et Paris,* 1779, *in-*8°.

Cet ouvrage a été imprimé pour être donné en présens. Tous les exemplaires portent ces mots écrits de la main de l'auteur : *cet ouvrage ne se vend point.*

SWAMERDAM. Joannis Swamerdam specialia experimenta et artificia, circà insecta, iconibus expressa. *In-folio.*

M. Nodier dit, dans sa *Bibliographie entomologique,* p. 40, que ce livre est de la plus grande rareté, parce qu'on n'en a tiré que DEUX exemplaires, ce qui fait qu'il est peu connu.

TAVANNES. Mémoires de Gaspard de Saulx, Seigneur de Tavannes, avec ceux de Guillaume de Saulx, son fils, contenant beaucoup de particularités qui concernent les règnes de François I, Henry II, François II et Charles IX. *Lyon, (sans date), in-fol.*

> Cet ouvrage a été tiré à petit nombre, parce que l'imprimeur n'a jamais pu obtenir la permission de le publier; il l'imprima et le vendit secrettement. Ces Mémoires sont recherchés à cause des anecdotes particulières qu'ils renferment, et sur-tout des traits hardis relatifs à François I, Henri II et Catherine de Médicis.

TELLIER (le). Quelques pensées extraites de divers moralistes; (par le Tellier). *Paris, Baudoin, 1793, in-32, pap. vélin.*

> Cet ouvrage, tiré à très-petit nombre, est rare, n'ayant pas été imprimé pour être vendu. Un exemplaire a été porté dans une vente, en 1798, à 19 l. 1 s.

TESTAMENT (le nouveau) de N. S. J.-C., en latin et en français; (traduction de Saci). *Paris, Didot le jeune, 1791, 4 vol. in-4°, gr. pap. vélin, fig.*

> On n'a tiré que DIX-HUIT exemplaires de ce format; DOUZE seulement ont l'épître dédicatoire à l'assemblée nationale constituante; un exempl. avec cette épître, les fig. avant la lettre et les eaux-fortes, a été vendu 400 l. chez M. Lefebvre de Rouen.

THIÉBAUT. Observations sur le livre de J. Dusaulx, intitulé : *De mes rapports avec J. J. Rousseau;* par Arsenne Thiébaut de Berneaud. *Paris, an VI, (1797), in-8° de 72 pp.*

> Cet Opuscule, que l'auteur destinait aux amis du citoyen de Genève, a été tiré à CENT exemplaires; VINGT-

CINQ seulement avaient été distribués. L'auteur les a presque tous supprimés pour obliger le savant traducteur de
Juvénal qui fut affecté du rôle qu'il y jouait parmi les
détracteurs de Rousseau. Quatre–vingt–sept exemplaires
de cet Opuscule ont été livrés aux flammes. C'est un
sacrifice fait par l'auteur à l'amitié qui régnait entre lui
et M. Dusaulx.

—— Considération sur l'état actuel de l'agriculture
en Corse ; par Arsenne Thiébaut de Berneaud, secrétaire émérite de la classe de littérature, histoire
et antiquités de l'Académie italienne, membre de
plusieurs autres Sociétés savantes et littéraires. *Paris,*
1809, *in-8° de 24 pages.*

Cet Opuscule, extrait d'un long ouvrage sur la Corse,
encore manuscrit, a été tiré à CINQUANTE–DEUX exempl.
On y remarque, comme dans les autres ouvrages du même
auteur, le talent de l'observation et des connaissances
profondes en histoire naturelle, en économie rurale, en
antiquités et en littérature. L'érudition, sans affectation,
s'y montre à chaque page. On doit encore à M. Thiébaut
un savant *Voyage à l'île d'Elbe*, *in-8°* ; une *Notice sur
Zoega* son ami, *in-8°* ; un *Tableau des connaissances
humaines*, *in-8°*, etc.

THOMASSIN. Notice historique sur Joseph–Adam
Lorentz, médecin en chef de l'armée du Rhin, lu
le 11 germinal an IX par M. Thomassin. (*Besançon*),
1801, *in-8°.*

Cette Notice a été tirée à SOIXANTE exemplaires. Je crois
qu'elle a été imprimée par son auteur, qui se délasse de
ses utiles et nombreux travaux, soit en écrivant sur l'art
qu'il cultive avec tant de succès, soit en consacrant ses
rares instans de loisir à quelques amusemens typographiques.

Toland. Joannis Tolandi Pantheisticon, seu formula celebrandæ sodalitatis Socraticæ. *Cosmopoli*, (*Londini*), 1720, *in-8°.*

Cet ouvrage a été tiré à petit nombre, ainsi que l'*Adœisidœmon* du même auteur.

Tryphiodori Ilii excidium, edente Schaeffer. *Lipsiæ, typis Tauchnitz.* (1809), *in-folio.*

Ce chef-d'œuvre typographique n'a été tiré qu'à vingt exemplaires. Voici le compte qu'en a rendu le *Journal de l'Empire* du 22 mars 1809. « L'Allemagne rivalise aujourd'hui les belles presses de Didot et de Bodoni. M. Tauchnitz, imprimeur à Leipsick, a publié vers la fin de l'année dernière, une admirable édition du poëme grec de Tryphiodore sur la prise de Troye. C'est un volume *in-folio* de 32 pages de texte, et de 4 pages liminaires, dont le papier est magnifique, et les caractères de la plus rare beauté. Ce qui augmente le prix de ce chef-d'œuvre typographique, c'est que l'ouvrage n'a été tiré qu'à vingt exemplaires. M. Tauchnitz a choisi pour éditeur M. Schaeffer, à qui ses excellentes éditions de Longus, de Pline, de Denys d'Halicarnasse, des Ellipses de Bos, ont acquis la réputation la plus brillante, et que l'Allemagne nomme aujourd'hui parmi les meilleurs critiques. M. Schaeffer a fait au texte quelques corrections, dont il a rendu compte dans de courtes notes placées après le poëme, et qui n'occupent que deux pages. C'est bien assez pour une édition de ce genre, que les littérateurs ne connaîtront pas. Un plus grand appareil d'érudition eût été inutile et tout-à-fait perdu. Mais M. Schaeffer donnera bientôt une édition de Tryphiodore, plus simple, plus littéraire et avec des notes étendues ».

Turgot. Didon, Poëme en vers métriques héxamètres, divisé en trois chants; traduit du quatrième de l'Énéide de Virgile ; avec le commencement de l'Énéide, et les seconde, huitième et dixième Églogues du même auteur ; le tout accompagné du texte latin ; (par Turgot). 1778, *in-4° de 108 pages.*

Cet ouvrage a été imprimé au nombre de DOUZE exemplaires seulement. M. François de Neuf-chateau dit dans son *Conservateur*, que ces morceaux traduits en vers métriques, par Turgot, sont des essais uniques dans la langue française ; cependant dès le 16ᵉ siècle on avait fait de pareils essais ; Jean Mousset passe pour l'auteur de ces sortes de vers, et non pas Jodelle ou Baïf, comme quelques écrivains l'ont cru. Nicolas Nancel a fait un pauvre ouvrage à ce sujet, sous le titre de *Sticologia græca et latina informanda et reformanda*, in-8°. Vignere a traduit les Pseaumes de David en vers mesurés ; d'Urfé et Nicolas Rapin ont travaillé dans le même genre, etc., etc.; mais revenons à M. Turgot ; et donnons un échantillon de cet essai; voici les huit premiers vers de Virgile où commence son Poëme de *Didon*, et nous les ferons suivre de sa traduction métrique :

At Regina gravi jàm dudùm saucia curá,
Vulnus alit venis, et cæco carpitur igni.
Multa viri virtus animo, multusque recursat
Gentis honos : hærent infixi pectore vultus,
Verbaque : nec placidam membris dat cura quietem.
Postera Phœbea lustrabat lampade terras,
Humentemque aurora polo dimoverat umbram ;
Cum sic unanimem alloquitur male sana sororem :
Anna soror, etc., etc.

Déjà Didon, la superbe Didon brûle en secret. Son cœur
Nourrit le poison lent qui la consume et court de veine en veine.
L'indomptable valeur, l'origine illustre, la beauté,
L'air, le regard, la démarche, la voix du Héros qui l'a charmée
Sont empreints au fond de son ame en traits de feu. Ses yeux
Sont en vain pressés du sommeil, le sommeil fuit sa paupière.

Enfin lorsque l'aurore a de ses feux blanchit l'horison,
Lorsque du jour naissant les ciartés ont chassé les ombres;
Triste, abbatue, elle accourt à sa sœur, la réveille, et déposant
Dans son sein la douleur qui l'accable, en adoucit l'amertume,
Anne, ma sœur, etc., etc.

Quand on lit de pareils vers, on est de l'avis de Voltaire et de d'Olivet, qui pensent qu'il est impossible d'introduire le mètre prosodique dans notre poésie, et que cette sorte de vers ne convient nullement à notre langue. C'est de la prose brillante, et rien de plus.

UFFAGHEN. Parerga historica (chronologica) à J. Uffaghen. *Gedani*, 1782, *in-4° de 612 pages.*

Cet ouvrage a été tiré à petit nombre, et destiné aux amis de l'auteur. Il n'a point été dans le commerce. L'édition est belle.

VANDERBECH. Michaelis Schendi Vanderbech, philosophiæ et medicinæ doctoris, empirica illustris per septem nobilissima euporista familiaria remedia ad totidem gravissimos et frequentiores morbos profligandos. Addita est auctoris apologia adversus Maurocordati Sycophantias, (par le docteur Conrade du Schebben). Editio altera (ut quidem in titulo fingitur) prototypo Londinensi longè elegantior, ac emendatior. *Augustæ vindelicorum, apud Merz et Mayer, cum permissu superiorum,* 1723, *in-8°.*

Cet ouvrage n'a été tiré qu'à CINQUANTE exemplaires, si l'on en croit Schelhorn. (Voyez à ce sujet le *Catalogue* de Vogt, *page* 698, édition de 1753.

VANDER VINKT. Histoire des troubles des Pays-bas; (par Vander Vinkt). *Bruxelles,* 1765, *in-4° maj.*

Bauer qui fait mention de cet ouvrage dans son Cat. des livres les plus rares, *To.* VI *pag.* 368, ajoute: *liber rarissimus auctore Da. Vander Vinkt cujus* sex *tantùm exemplaria pro Augustiss. Imperatrice ac Regina* Maria Theresa; *curante illust. Dn.* Comite Cobenzel *typis excusâ sunt.* Il en a paru une traduction allemande à Zurich, en 1793, 3 *vol. in-8°.*

Vargas. Sulla Poesia pastorale, lettera al Signor D. Luigi Targioni di Ed. R. Conte di Vargas presidente dell' Academia italiana, Barone di Bedemar, Conte palatino, etc. *Pisa, dalla tipografia della Società letteraria,* 1802, *in-18.*

> Cette lettre datée de Naples 24 décembre 1801, n'a été tirée qu'à cinquante exemplaires, tous numérotés. On lit à la page 23 : *Di questa edizione non se ne sono impressi che cinquanta esemplari.*

Vases grecs. Description de trois peintures inédites de Vases grecs du Musée de Portici; (par M....) (*Paris, De l'I....I....*) *sans date, in-4° de* 10 *pages et* 3 *planches gravées au trait représentant des priapées.*

> Cet Opuscule a été tiré à vingt — cinq exemplaires, distribués aux amis de son savant auteur. Il peut faire suite au beau recueil intitulé : *Monumens antiques inédits et nouvellement expliqués,* 1803, 2 *vol. in-4°, avec* 92 *planches;* on y remarque une grande érudition sur ce qui faisait l'objet d'un culte secret et particulier chez les anciens. Autant que je le puis conjecturer, ces vases ont été vus à Portici l'an 2440.

Vauguyon (de la). Les doutes éclaircis, ou réponses aux objections de l'abbé de Mably, sur l'ordre naturel des sociétés politiques; (par le Duc de la Vauguyon, fils du gouverneur de Louis xvi). *Paris,* 1768, *in-12.*

Cet ouvrage a été tiré à très-petit nombre. Il est fort rare.

VERBAL et information faite par l'autorité de Charles IX de la ruine de l'église, cloitre, maisons du chapitre de Saint-Just, démolis par ceux de la religion prétendue réformée en 1562. *Lyon, Barbier,* 1662, *in-4°.*

Cet ouvrage, tiré à petit nombre, étant devenu extrêmement rare, M. de Noyel de Lyon l'a fait réimprimer à VINGT exemplaires. Cette seconde édition porte le même titre, la même année d'impression et le même nom d'imprimeur ; mais ce qui la distingue, c'est qu'on y a ajouté le procès-verbal des Comtes de Lyon, du 15 juillet 1563, constatant les désordres des calvinistes dans leur église.

VERNAZZA. Della moneta Secusina dissertazione del Barone Vernazza segretario di stato di sua maestà. *Torino,* MDCCXCIII, *per Giacomo Fea, in-4° de* 64 *pages, avec fig.*

Cette savante dissertation n'a été imprimée qu'au nombre de CINQUANTE-NEUF exemplaires, ainsi qu'il l'est attesté à la dernière page : *Le copie stampate di questa dissertazione sono* cinquantanove *sole.* Elle roule sur la monnaie la plus ancienne de la maison de Savoie ; laquelle monnaie (en argent) peut remonter jusqu'à la fin du XIe siècle ou au commencement du XIIe.

—— Romanorum litterata monumenta Albæ Pompeiæ civitatem et agrum illustrantia recensuit Josephus Vernazza. *Augustæ Taurinorum,* 1787, *typis regiis,* 1 *vol. in-8° de* 103 *pages.*

Cet ouvrage a été imprimé à CINQUANTE exemplaires, ainsi qu'on peut le voir dans les *Efemeridi litterarie di*

Roma, du 13 octobre 1787, n° xli, p. 123; dans *l'Esprit des journaux* de décembre 1787, p. 394; et à la dernière page de l'ouvrage où l'on trouve : *Exemplar unum è quinquaginta quæ sola de prelis integra prodiere dono datum.* Ce monument précieux d'une rare érudition a rapport aux inscriptions romaines de la ville d'Alba, patrie de l'auteur. Cet ouvrage est infiniment rare ; mais il va être réimprimé au nombre de 108 exemplaires.

—Di una scrittura attribuita a Cristoforo Colombo; (par M. Joseph Vernazza de Freney). (*Sans date ni lieu d'impression*), *in-8°.*

Tiré à vingt exemplaires séparément. Cette lettre sur le prétendu codicile de Christophe Colomb, est écrite à M. le Chevalier Jean-François Napion; le reste des exemplaires fait partie d'un ouvrage de M. Napion, imprimé à Pise.

— Observations sur la Bible possédée par les frères Reycend et Ce., libraires à Turin; par M. Vernazza de Freney, membre ordinaire de l'Académie des Sciences. *Turin, de l'imprimerie de Dominique Pan et compagnie, 1809, in-8° de 15 pages non chiffrées.*

Cet Opuscule, tiré à soixante exemplaires, a été traduit de l'italien de M. Vernazza en français, par M. L. C. Sauli d'Illian. L'auteur y fait preuve de connaissances profondes en bibliographie : la bible en question est fort rare, elle consiste en 4 tomes reliés en un vol. in-fol., en grand papier et avec grandes marges. Les feuillets y sont au nombre de 426; le caractère est rond, les pages ont deux colonnes de 56 lignes chacune. On ne connaît que cinq exemplaires de cette édition curieuse, que l'on croit avoir été imprimée vers 1473 : celui de MM. Reycend; celui de M. de Brienne dont Laire a donné la description dans

son *Index librorum ;* celui qui était dans la collection de
Panzer, et qui selon toute apparence est maintenant dans
la bibliothèque de Memmingen ; celui dont a fait mention
Denis, et enfin celui qui a été connu de M. l'abbé de
Nina.

*Osservazioni tipografiche sopra libri impressi in
Piemonte nel secolo* xv. Del Barone Vernazza. *Bas-
sano, tipografia Remondiniana,* 1807, *in-8° de
91 pages.*

Charmante édition tirée à petit nombre. Ce sont des
Notices très-intéressantes sur deux imprimeurs du Piémont,
Jean Glim et Christophe Beggiamo ; ils travaillaient dans
le XVe siècle ; comme ils sont peu connus, l'ouvrage de
M. Vernazza, qui traite en détail de leurs éditions, a été
parfaitement accueilli par les Bibliographes ; et il le mérite
sous tous les rapports. C'est à regret que je me vois
obligé de terminer ici l'indication des productions littéraires
et savantes de M. Vernazza ; mais le plan que j'ai adopté
ne me permet pas de m'étendre autant que je le desirerais
sur cette matière ; je renvoie donc le lecteur à une petite
brochure, intitulée : *Studii del Barone Vernazza dal
catalogo stampato dalla libreria Boccardi.* Torino, 31
décembre, 1794, per Giacomo Fea, *in-8°.* Il y verra la
liste des nombreux ouvrages du savant bibliothécaire de
Turin, qui pour la plupart ont été tirés à petit nombre,
et particulièrement *Reparazione della chiesa cattedrale
di Alba.* Torino, 1789, nella stamperia Reale, *in-8° de
90 pp.,* fig. —— *Inscriptiones in basi pyramidis extra
pomoerium via ripulina euntibus ab urbe dextrorsum.*
Aug. Taurinorum, 1808, *in-8°,* en lettres capitales. ——
Exercitatio in antiquitate romana, in-4°, etc., etc, etc.

VERNON. Poésies fugitives de M. Le Comte de Vernon.
Paris, Didot l'aîné, 1791, *in-18.*

Tiré à TRENTE exemplaires.

Vertot. Notice sur la vie et les ouvrages de Réné–
Aubert de Vertot. *Paris, Ant.–Augustin Renouard,*
1795, *in-8°.*

Cette Notice a été tirée séparément à TRENTE exempl.
seulement. M. Renouard, éditeur, l'a placée en tête des
révolutions romaines, imprimées par J. P. Moroge, à Dijon,
1796, 4 *vol. in-8°.*

Vespuce (*Americ*). Lettera di Amerigo Vespucci
delle isole nuouamente trouate in quattro suoi viaggi.
Très–petit in-4° de 22 feuillets.

Ouvrage excessivement rare, qui, m'a–t–on assuré, ne
se trouve point à la bibliothèque impériale de France.
Les bibliographes n'en font point mention; il n'a été tiré,
dit–on, qu'à DIX exemplaires, pour les dix souverains de
l'Europe. J'en ai vu un chez M. l'abbé de Billy, amateur
très–éclairé, qui possède un cabinet infiniment curieux à
Besançon; cet exemplaire, bien conservé, est supérieurement
relié en maroquin rouge par Bozérian; son possesseur le
croit UNIQUE. La dernière lettre de Vespuce est datée du
4 septembre 1504. La suivante qui termine ce livret,
est d'André Corsali, adressée à Jules de Médicis. Ce Corsali,
lieutenant d'Americ Vespuce, prit le commandement de la
flotte après le décès de celui–ci, à l'île Tercere, en
1514. Cette lettre est datée da 1515, et elle a été imprimée,
ainsi qu'il est dit à la fin, le 11 décembre de 1516, à
Florence, par Io. Stephano di Carlo da Pavia. L'ouvrage
tout entier paraît avoir été imprimé en même tems.

Victoires. Les victoires de l'Empereur de la Chine,
Kien–Long, représentées en 16 planches, gravées à
Paris de 1768 à 1774, sous la direction de Cochin,
par Lebas, d'après les dessins (du Frère Attiret et
autres Missionnaires), exécutés à Pekin par ordre

de l'Empereur. *Volume de deux pieds de large sur trois de haut.*

Ce recueil précieux n'a été tiré qu'à petit nombre d'exemplaires, parce que les planches ont été envoyées en Chine; ils ont été donnés en présens. Vendu 476 l., avec une explication manuscrite, *in–4°*, chez M. Hue de Miromenil en 1708. Il existe dans la Bibliothèque de M. le Comte Alexis de Golowkin, une copie de ces estampes réduites par Helman, élève de Lebas ; elle a pour titre : *Faits mémorables des Empereurs de la Chine représentés en 24 estampes, coloriées par Helman, d'après les dessins originaux de la Chine , tirés du cabinet de M. Bertin. Paris, in–fol.* Il y en a peu de ce format : cette édition faite en 1785, est *gr. in–4°*; le même Helman a encore publié dans le même tems: *Abrégé historique des principaux traits de la vie de Confucius en 24 estampes.* Ouvrage exécuté comme le précédent.

VIGNIER. La véritable origine des très-illustres maisons d'Alsace, de Lorraine, d'Austriche, de Bade et quantité d'autres; avec des tables généalogiques des descentes desdites maisons, et des branches qui en sont sorties depuis 600 jusques à présent. Le tout vérifié par tiltres, chartres, monumens et histoire authentiques. (Par Jérôme Vignier, prêtre de l'oratoire). *Paris, Gaspard Meturas,* 1649, *in–fol. de* 244 *pp.*

Dans le catalogue de la *Bibliotheca Rinckiana*, p. 388, cet ouvrage est rapporté avec une note annonçant qu'il n'en a été tiré que QUARANTE exemplaires. Struve a attribué ce livre à Théodore Godefroi; il est vraiment de J. Vignier, oratorien, mort en 1661. Le père le Long lui reproche bien des fautes de chronologie et quelques-unes sur les généalogies de la maison d'Autriche. Elles ont été relevées par M. D'hcrouval.

Virgile. Virgilii Maronis Bucolica, Georgica et Æneis, editio prorsùs typographico mendo, typographi saltèm judicio, expurgata. *Parisiis, Petrus Didot,* 1791, *petit in-fol., p. vélin.*

Édition tirée à cent exemplaires, dont le prix cependant est médiocre dans le commerce. Vendu 30 l. chez M. Mcrcier de Saint Leger en 1799, et 36 l. chez M. Merigot en 1800.

Voyage du Pape (Pie VI) à Vienne. *Rome, de l'imprimerie de la Chambre apostolique, pet. in-fol. de 54 pages, avec figures.*

Ce petit volume a été tiré à petit nombre, et n'a jamais passé dans le commerce. L'abbé de Saint Leger en a donné la description dans le *Journal de Paris* du 6 janvier 1783.

Wall. Porte-feuille d'un jeune homme de vingt-trois ans (le vicomte de Wall). *Paris, Didot aîné,* 1788, *in-8°.*

Très-rare, tiré à peu d'exemplaires.

Walpole. Essai sur l'art des jardins modernes, traduit du français (le texte anglais à côté); par le Duc de Nivernois. *Strawberry-Hill, Kirgate,* 1785, *in-4° mince.*

Cet ouvrage est rare parce qu'il a été tiré à très-peu d'exemplaires, tous destinés à être donnés en présens. On ne l'estime cependant que 8 à 9 l. quoiqu'il ait été vendu 36 l. chez Mirabeau en 1792.

—— Catalogue of engravers who ave born, or

resided in england, by H. Walpole. *Strawberry-Hill*, 1763, *in-4°*.

> Imprimée à petit nombre pour en faire des présens.

WATSON. Memoirs of the ancient Earls of Warren and Surrey, and theirs descendants to the present time, by John Watson. *Warington, Will. Eyres,* 1782, 2 *vol. in-4°, gr. pap.*

> Ce superbe ouvrage orné de portraits, vues, perspectives, armoiries et blasons en or et en couleurs, n'a été tiré qu'à QUINZE exemplaires, nombre égal aux chefs des familles des illustres compagnons de Guillaume-le-Conquérant. Cet ouvrage n'a jamais été vendu. (Note extraite du *Catalogue* de M. (Chardin), 1806, *in-8°*, n° 2089.

WOOD's (Rob.) Essay on the original genius and Writings of Homer. *London,* 1769, *in-4°*.

> Édition tirée à SEPT exemplaires, ainsi qu'il est annoncé dans les *Anecdotes of W. Bowyer,* que John Nichols a publiées à Londres, en 1782, *in-4°,* pag. 416. Il y en a une nouvelle édition augmentée, qui a vu le jour à Londres en 1775, gr. *in-4°.* Cet essai, sur le génie d'Homère, a été traduit en français par M. Démeunier. *Paris,* 1775, *in-8°.* Robert Wood a eu part à la publication du bel ouvrage, intitulé : *Les ruines de Balbec, autrement dite Héliopolis, dans la Cælosyrie.* Londres, 1757, gr. in-fol., et à celle des *Ruines de Palmyre, autrement dite Tedmor au désert.* Londres, 1753, gr. in-fol., fig. On trouve des exemplaires de ces deux vol. dont le texte est en anglais. M. Caillard en possédait un sur très-grand papier, auquel le texte anglais était joint. Ceux-ci sont fort rares. Les collaborateurs de Rob. Wood sont Botra, Bouverie et Dawkins. Ces deux vol. valent 160 à 200 francs.

WORSLEY (Rich.) Museum Worsleyanum, or, a

collection of antique basso-relievos, bustos, statues and gems; with views of places in the levant taken on the spot in the years, 1785—86 and 1787 (by Richard Worsley). *London*, (*printed by Bulmer*), 1794, *in-fol. max. fig.*, tom. Ier.

Ouvrage très-beau, tiré à CINQUANTE exemplaires. On le regarde comme le pendant des *pierres gravées* de Marlboroug, dont nous avons parlé plus haut. A la fin du vol. se trouve une lettre de remerciment adressée par l'Académie de Cambridge à l'auteur; elle est imprimée sur un feuillet de VÉLIN. Ce premier vol. a été vendu 400 fr. à Paris en 1805, on ignore si le second a été publié.

YORKE. Philippe Yorke's and Charles Yorke's athenian letters : or the epistolary correspondence, of an agent of the king of Persia, residing at athens during the Peloponesian war. *London*, 1741, *in-8°*.

Ces lettres furent composées en 1739 et 1740, par une société d'amis qui achevaient leurs études à l'université de Cambridge; en 1741 ils les firent imprimer *in-8°*, et n'en tirèrent que DOUZE exemplaires. Dans une seconde édition, faite à Londres en 1781, *gr. in-4°*, ils en tirèrent un nombre un peu plus considérable. Ces deux éditions n'ont jamais servi qu'à l'usage de leurs auteurs. Cette note est extraite du 3e *Mémoire* sur la vie de J. J. Barthelemy, qui possédait un exemplaire de 1781, vendu 89 l. à sa mort, en 1801; l'édition anglaise de Londres, Cadell, 1798, 2 *vol. in-4°*, est la première rendue publique. Elle est enrichie de cartes et portraits, et a été vendue 62 l. chez M. Bailly en 1800. Il en existe une traduction française en 4 *vol. in-12*, avec portraits.

F I N.

NOTICE BIBLIOGRAPHIQUE

DE

QUELQUES LIVRES

DONT ON A TIRÉ DES EXEMPLAIRES

SUR PAPIER DE COULEUR.

LA couleur la plus naturelle de la matière subjective de l'écriture chez les anciens et les modernes, c'est-à-dire, du parchemin, du papyrus et du papier, a toujours été le blanc, et celle des caractères ou lettres a été le noir ; parce que l'opposition de ces deux couleurs rendait et rend encore l'écriture plus saillante, et par conséquent plus facile à lire. Cependant il faut avouer que cette règle générale a souffert des exceptions, même dans les tems les plus reculés. Ces deux couleurs ont éprouvé des variations qui tenaient au luxe, à la coutume ou au goût du scribe. Hérodote et Diodore de Sicile font mention de peaux de mouton, de veau, de bouc qui étaient en pourpre, en jaune, et sur lesquelles on écrivait en lettres d'or et d'argent avec des roseaux. Les Romains avaient leurs tablettes en bois ou en ivoire, enduites de cire verte ; leurs tessères étaient dans le même genre. Ils se servaient aussi de cinabre pour les capitales et les titres des livres, ainsi que les Grecs; Ovide (1), Martial et Juvénal en ont parlé. Cette couleur a passé à d'autres peuples de l'Orient; on l'a

---

(1) Ovide se plaint dans une de ses élégies :

Nec titulus minio nec cedro charta notetur.

employée même en Égypte , comme l'attestent d'antiques monumens d'écriture égyptienne, où l'on voit des lettres de différentes couleurs. C'est dans la Grèce que l'écriture rouge brilla avec le plus d'éclat; et même sous les empereurs grecs, elle devint une prérogative de la famille royale. L'empereur Léon I, statua , par un rescrit donné en 470, que le décret impérial ne serait point estimé authentique , s'il n'était signé de la main de l'empereur avec l'encre pourpre, (*sacrum encaustrum*) (1). Cette coutume a duré jusqu'à la fin de l'empire ; mais dès le XIIe siècle, cette prérogative fut accordée aux grands officiers de l'empire. On voit à la bibliothèque impériale de Paris, un manuscrit, intitulé : les *Règles du couvent de la Vierge*, écrit par ordre de l'impératrice Irène, et qu'elle a signé elle-même en caractères rouges. V. *Catal. de la bibliot. du Roi* , *to.* II, *page* 53, n° 384.

Dans le siècle d'Auguste et même avant, les manuscrits étaient ornés de différentes manières avec le cinabre. On marquait de traits rouges les premières lettres des périodes et des paragraphes ; on fit même ces lettres entièrement rouges. Cela devint tellement nécessaire par la suite, qu'il se forma une classe particulière d'ouvriers attachés à la librairie , dans le moyen âge, et connus sous le nom de *rubricatores*, d'*illuminatores*, de *miniatores* et de *miniculatores*. Ils existaient encore dans le quinzième siècle, et au com-

---

(1) La marque de la signature des empereurs grecs, était une croix, faite avec cette encre sacrée , composée du sang de la pourpre, coquillage dont parle amplement Pline le naturaliste. On faisait cuire au feu ce coquillage; et avec ses écailles réduites en poudre, on composait cette encre. Elle était considérée comme sacrée ; puisqu'il était défendu sous peine de la vie d'en avoir chez soi, ou de tâcher d'en obtenir des officiers qui en avaient la garde. Agir autrement, c'était se rendre suspect d'aspirer à la tyrannie, s'exposer à la perte de tous ses biens, et même au dernier supplice.

NOTICE

BIBLIOGRAPHIQUE

DE QUELQUES LIVRES

DONT ON A TIRÉ DES EXEMPLAIRES

SUR PAPIER DE COULEUR.

Il y a quelques lettres d'argent, mais elles sont effacées et noircies. On croit ce manuscrit du huitième siècle.

Gerken parle d'un *Codex qualuor Evangel.*, écrit sur papier violet avec des lettres d'or, et vers la fin avec des lettres d'argent. Il est du IXe siècle, et se voit à la bibliothèque de Munich. (V. l'ouvrage de Gerken, intitulé : *Reisen durch schwaben*, *Bayern*, etc. Stendal, 1783-88, 4 *vol. in-8°*, le 1er to. p. 339).

Le *Livre d'or*, ou *Codex aureus* de la bibliothèque royale de Stockolm, renferme les *Évangiles*. Les feuilles sont pourpre, et les lettres en or ou en couleur blanche ; les capitales sont en noir.

Le manuscrit des *Évangiles* qui existe dans la bibliothèque Cottonienne, en Angleterre, est intitulé : *Harmonia evangelica.* Les deux premiers feuillets de Saint Mathieu sont teints en pourpre, et les deux ou trois premières pages de chaque évangile sont en lettres d'or capitales.

Il existe beaucoup de manuscrits, sur-tout de pontificaux du IXe siècle, qui ont seulement quelques feuillets pourprés, ou même des portions de pages. Cette décoration était réservée pour les canons de la messe, les frontispices des livres, les titres, les endroits les plus remarquables.

La bibliothèque électorale de Dresde possède une *Chronique turque*, écrite sur papier de différentes couleurs.

On voit dans la bibliothèque de Butner à Iena, un beau manuscrit de Saadi, *Rosarium*, sur papier couleur rose, et un ouvrage de *Poésie turque* sur papier de plusieurs couleurs, trouvés l'un et l'autre dans la tente du grand visir, lors de la levée du siège de Vienne, en 1683.

Nous ne citerons pas un plus grand nombre d'anciens manuscrits sur vélin ou papier de couleur, parce qu'ils ne sont pas l'objet principal de cette seconde partie ; ce que nous venons d'exposer, suffit pour prouver que ce genre de livres a été connu des anciens, et très-en usage dans le moyen âge. Ce petit détail' sert naturellement d'introduction à ce que nous avons à dire des ouvrages imprimés sur papier de couleur. Ceux-ci ne sont maintenant qu'un objet de curiosité et de rareté. Il est cependant certaines personnes qui prétendent que le papier très-blanc est éblouissant, sur-tout quand les caractères dont il est couvert sont fort noirs; et elles préféreraient un papier verd-tendre, bleu-de-ciel ou rose pâle. Le grand Frédéric dont la vue était affaiblie par l'âge, se trouvait dans ce cas. (Voyez l'art. VOLTAIRE). Mais en général on se servira toujours de papier blanc, tant parce qu'il est moins dispendieux, que parce qu'il fait mieux ressortir l'impression. Et les papiers de couleur seront toujours rares, soit à raison du petit nombre de livres à l'impression desquels ils sont employés, soit parce qu'ils sont beaucoup plus chers que ceux qui sont imprimés sur papier blanc. C'est ce qui nous a engagé à faire quelques recherches sur ces sortes d'ouvrages.

mencement du seizième. On a beaucoup de livres imprimés dans le premier siècle de l'imprimerie, où l'on voit les capitales et les premières lettres des périodes, faites à la main, et peintes en rouge ou en bleu, mais sur-tout en rouge. Delà est venue sans doute par la suite, la coutume d'imprimer les frontispices des livres en rouge et en noir, coutume qui a subsisté jusques vers 1780; et delà est venu aussi le mot *rubrique*, employé dans les livres de droit et dans les livres de lithurgie.

Passons à quelques ouvrages écrits sur parchemin de couleur.

Les manuscrits les plus précieux étaient sur parchemin pourpré, avec des lettres d'or et d'argent; et même dans les commencemens, il n'était permis d'employer ce luxe que pour les ouvrages tirés de l'écriture sainte. Il paraît que cet usage était déjà commun au IVe siècle, car Saint Jérôme dit à la fin de sa préface du livre de Job: *Habeant qui volunt veteres libros, vel in membranis purpureis auro argentoque descriptos, vel uncialibus (ut vulgò aiunt) litteris, onera magis exarata quam codices, etc* (1). On connaissait aussi des manuscrits sur parchemin violet. Nous en allons citer quelques-uns en pourpre et autres couleurs.

On conserve à la bibliothèque impériale de Vienne, un manuscrit grec, écrit sur parchemin pourpre, avec des lettres majuscules d'or et d'argent; il contient le *livre de Moïse*, et paraît être du troisième ou quatrième siècle.

Bjoernstahl a vu, dans la bibliothèque de la cathédrale de Vérone, un manuscrit des *Quatre Évangélistes*, en latin, snr papier (papyrus) violet, entièrement écrit en caractères

---

(1) Cette magnificence a été connue en Espagne dans le VIIe siècle: Isidore de Séville dit formellement dans ses *Origines*, en parlant des livres: *Inficiuntur colore purpureo in quibus aurum et argentum liquescens patescat in litteras.*

d'argent, qui ressemblent aux évangiles gothiques d'Ulphilas et qu'on croit être du quatrième ou cinquième siècle.

L'auteur des *Remarques d'un voyageur* (en allemand), *Altenb.*, 1775, *in-8°*, p. 48, parle d'un *Pseautier* qui se trouvait à Saint-Germain , écrit en lettres d'or sur vélin pourpre, dont on prétend que Saint Germain s'est servi lui-même au cinquième siècle.

Le *Codex argenteus* d'Ulphilas , conservé dans la bibliothèque d'Upsal, renferme les *Quatre Évangiles*, en lettres d'or et d'argent sur vélin pourpre. Il a en tout 187 feuillets, mais il est incomplet au commencement et à la fin. Nous avons parlé ailleurs de ce monument précieux de l'antiquité.

La bibliothèque de Bâle possède un *Pseautier* grec, écrit sur parchemin pourpre, avec des majuscules d'argent et les rubriques en lettres d'or. Vid. *Gerberti iter allemanicum, italicum et gallicum*, p. 44. Le même auteur parle d'un pareil manuscrit, qui est du VIIIe ou IXe siècle, et qui se trouve dans la bibliothèque de Zurich.

Les Bénédictins de Florence ont dans leurs archives un *Pseautier* latin, écrit en lettres d'or sur parchemin pourpre, il appartenait à Engelberge, femme de l'empereur Louis II, dans le neuvième siècle.

On garde encore à Aix-la-Chapelle un *Livre d'Évangiles*, écrit en lettres d'or sur vélin pourpre, qui fut trouvé dans le tombeau de Charlemagne, lorsque l'empereur Othon III le fit ouvrir au onzième siècle.

Le manuscrit connu sous la dénomination d'*Heures de Charlemagne*, a été conservé pendant plus de dix siècles dans la sacristie du chapître de Saint-Sernin à Toulouse. Ce sont les quatre *Évangiles* disposés pour les différentes fêtes de l'année. Ils composent un petit *in-folio* de 126 feuillets sur vélin, fond pourpre. Les lettres sont en or.

également à M. Crevenna. (Voyez son *Catalogue*, même volume, *page* 252).

—— Della istoria viniziana di Pietro Bembo, da lui volgarizzata, libri dodici, secondo l'originale pubblicati da Jac. Morelli. *Venezia*, *Zatta*, 1790, 2 *vol. in-4°.*

On a tiré des exemplaires de cet ouvrage sur PAPIER BLEU, et quelques-uns en grand papier. Cette édition est très-bonne et très-estimée, ainsi que toutes les savantes productions qui sortent de la plume du célèbre M. Morelli. On sait quel rang distingué il tient dans la république des lettres, sur-tout parmi les Bibliographes.

BERQUIN. OEuvres complettes de Berquin, nouvelle édition, la seule complette et rangée dans un meilleur ordre; par A. A. Renouard. *Paris*, *chez l'éditeur*, *an* x——1803, 17 *vol. in-12*, *pap. vél.*, *avec* 205 *grav.*

Jolie édition dont l'éditeur a fait tirer TROIS exemplaires sur PAPIER ROSE. L'édition en papier fin ordinaire est en 20 vol. *in-18*, ornée ou de 18 gravures au prix de 30 l., ou de 212 au prix de 60 l. Les 17 vol. *in-12* grand pap. vélin, figures, premières épreuves, coûtent 120 l.

BERTRAND-QUINQUET. Traité de l'imprimerie, (par Bertrand-Quinquet, imprimeur). *Paris*, *chez l'auteur*, *an* VII, *in-4°*, *planches.*

On a tiré DEUX exemplaires de cet ouvrage sur PAPIER VÉLIN ROSE, dont le prix a été annoncé à 120 f., chaque exemplaire.

BETZI, ou l'amour comme il est. *Paris*, *Ant. Aug. Renouard*, 1803, *in-18.*

M. Renouard en a fait tirer QUATRE exemplaires sur

PAPIER ROSE, et UN exempl. sur VÉLIN, enrichi d'un dessin original de le Barbier.

BIBLIA sacra Hebraïca : sine punctis. *Antverpiæ*, *Plantin*, *in-8°*.

> Cette Bible, tirée sur PAPIER JAUNE, s'est vendue 19 l. à la vente de M. Renouard, en 1804.

BLONDEL. Degli uomini quali sono, e quali debbono essere (par Blondel), opera critica tradotta ed illustrata da orazio degli Arrighi Landini. *Venezia*, 1770, *gr. in-8°*.

> Un exemplaire, imprimé sur PAPIER BLEU, se trouve dans la Bibliothèque publique de Parme.

BOCACE. Il Decamerone di M. Giovanni Boccacio. *Londra*, (*Livorno*), 1789-90, 4 *vol. in-8°*, *portrait*.

> Bonne édition due aux soins de M. Gaétano Poggiali, qui en a fait tirer UN exemplaire sur PAPIER BLEU et UN sur VÉLIN.

—— L'Urbano di Gio. Boccacio, revisto da Nicolao Granucci. *Lucca, Vincenzio Busdrago*, 1562, *in-8°*.

> Il en existe un exemplaire, imprimé sur PAPIER BLEU, dans la Bibliothèque de Parme. L'édition la plus connue et la plus recherchée de ce roman est celle *des Juntes*, *Florence*, 1598, *in-8°*; il a été traduit en français sous ce titre : *Urbain le Mescognu, fils de l'Empereur Frédéric Barberousse, qui, par la finesse de certains Florentins, surprit la fille du Souldan, histoire de Jean Boccace non moins adventureuse que délectable, translatée nouvellement d'italien en français.* Lyon, *in-4°* de 56 pp. non chiffrées.

BOSSUET. Discours sur l'histoire universelle. *Paris*, *Crapelet*, 1796, 4 *vol. in-18*.

APULEII Metamorphoseon libri undecim ex optimis exemplaribus emendati. *Parisiis, typis Caroli Crapelet, apud Ant.-August. Renouard, 1796, 3 vol. in-18.*

On a tiré UN exemplaire sur PAPIER-ROSE; UN sur VÉLIN; et le reste de l'édition est en papier vélin, à l'exception de quelques exemplaires sur papier fin d'Hollande.

Psyches et Cupidinis amores, etc. *Parisiis, Renouard, 1796, 1 vol. in-18.*

SIX exemplaires sur PAPIER ROSE. (Voyez la *page* 8 du présent vol.)

BANDELLO. Le novelle del Matt. Bandello. *Londra, (Livorno), 1791, 9 vol. in-8°.*

Édition entière et correcte d'un ancien ouvrage très-rare. Elle a été donnée par M. G. Poggialli. On a tiré UN exempl. sur PAPIER BLEU, et UN sur VÉLIN. Je donnerai dans le cours de cette Bibliographie l'annonce de plusieurs ouvrages du même genre et sortis des mêmes presses; on en forme une collection composée de 26 vol. *in-8°*, qui se vend 78 à 84 fr. Mais je ne suis pas sûr qu'on ait tiré, de tous ces ouvrages, des exemplaires en PAPIER BLEU et sur VÉLIN, je n'ai de certitude que pour ceux que je cite. Quoi qu'il en soit, cette collection a pour titre : *Novelliero italiano;* et les réimpressions des anciens auteurs de nouvelles qu'elle contient sont celles de *Bandello,* 9 vol. — De *Boccacio,* 4 vol. — De *Sacchetti,* 3 vol. — De *Lasca,* 2 vol. — De *Giovani,* 2 vol. — Des *Autori Senesi,* 1 vol. — De *Erizzo,* 1 vol. — De *Parabosco,* 1 vol. — Des *Autori Fiorentini,* 1 vol. — De

Ascanio del Mori, 1 vol. On a tiré quelques exemplaires sur grand papier.

BANDINI. Dell' Obelisco di Cesare Augusto scavato dalle rovine del Campo Marzo, con dissert. ; (par Auge-Marie Bandini). *In Roma*, 1750, *in-fol. con quattro fig.*

On voit à la Bibliothèque impériale de France UN exemplaire de cet ouvrage sur PAPIER BLEU.

BELL. Traité théorique et pratique des ulcères, trad. de l'anglais de Benjam. Bell, par M. Bosquillon. *Paris*, 1803, *in-8°*.

On a tiré UN exemplaire sur PAPIER ROSE-PALE.

BEMBO. Delle Rime di M. Pietro Bembo terza impressione ; (edizione fatta da Annibal Caro). *Roma, Valerio Dorico et Luigi fratelli, nel mese d'ottobre*, 1548, *ad instantia di M. Carlo Gualteruzzi*, *in-4°.*

Cet exemplaire est tiré sur PAPIER BLEU ; il se trouvait dans la Bibliothèque de M. Crevenna à Amsterdam. (Voyez son *Catalogue* de 1776, *in-4°*, *Tome* IV, *page* 67), vendu 26 liv.

—— Rime, *Vinegia, Gabr. Giblin*, 1548, *in-*12.

Cet exemplaire en PAPIER BLEU se trouve dans la Bibliothèque publique de Parme.

—— De Guido Ubaldo Feretrio deque Elisabeta Gonzagia Urbini Ducibus. *Romæ, apud Valerium Doricum et Ludovicum, fratres Brixienses*, 1548, *in-4°*.

Cet exemplaire est tiré sur PAPIER BLEU et appartenait

Imprimé sur PAPIER BLEU (passé). Il existait dans la Bibliothèque du Duc de la Vallière.

CORPUS juris civilis. *Amstelodami , sumptibus societatis.* 1681 , *2 vol. in-8°.*

Il en existait un exemplaire en PAPIER VERT dans la bibliothèque de M. Crevenna.

DAVILA. Oratio in funere Philippi II. Hispaniæ Regis, auctore Ferdinando Davila. *Neapoli,* 1599, *in-4°.*

Un exempl. sur PAPIER BLEU, existe dans la bibliothèque de Parme.

DEMOUSTIER. Lettres à Émilie sur la mythologie, par Demoustier ; nouvelle édition, corrigée , et la seule complette. *Paris , chez Ant. Aug. Renouard,* 1801 , *6 vol. in-8°. , 37 fig.*

On a tiré SIX exemplaires de ce format sur PAPIER ROSE. Cette édition est fort belle et fort correcte. Elle a paru *in-18* et *in-8°* ; mais celle de 1809 lui est supérieure par les nouvelles gravures, d'après les dessins de Moreau jeune, qui la décorent, et qui sont fort belles.

—— OEuvres de Demoustier, contenant le théâtre, le Cours de morale, les consolations et poésies. *Paris, A. A. Renouard, an XII—*1804, *5 vol. in-12 et in-18.*

On en a tiré du format *in-12* DEUX exemplaires sur PAP. ROSE et UN sur VÉLIN.

DIONIGI *da Fano.* Vita e Martirio di S. Theodoro, tradotta dal latino da Bartolomeo Dionigi da Fano. *Venetiæ, Nicolò Moretti,* 1607, *in-4°.*

Cet exemplaire, qui existait dans la Bibliothèque de M. Crevenna à Amsterdam, est imprimé sur PAPIER BLEU.

Dolce. Le trasformationi di M. Lodovico Dolce. *In Venetia , Gabriel Gioloto de Ferrari ,* 1553, *in-4°.*

> Cet exemplaire, tiré sur papier bleu, a été vendu 36 l. chez M. de la Vallière, en 1784.

Duchoul. De variâ quercus historiâ. Accessit Pilati montis descriptio. Auctore Joanne Duchoul. *Lugduni, Rovillius ,* 1555 , *in-8°.*

> Petit traité singulier et assez rare, dont M. Renouard, libraire à Paris, possède un exempl. imprimé sur papier jaune.

Egnatius. De exemplis illustrium virorum Venetiæ civitatis atque aliarum gentium, auctore J. B. Egnatio. *Venetiis ,* 1554 , *in-4°.*

> Il en existe un exemplaire sur papier bleu à la bibliothèque publique de Parme.

Enfer de la mère Cardine. (Attribué à Flaminio de Birague). 1597, *in-8°.*

> La réimpression de 1793 a été tirée à petit nombre. Il y en a des exempl. sur papier bleu, et d'autres sur vélin.

Erizzo. Les sei Giornate di Sebast. Erizzo, mandate in luce da Lod. Dolce. *In Venetia,* 1567, *in-4°.*

> M. G. Poggiali a fait réimprimer ces nouvelles il y a quelques années, et en a fait tirer un exempl. sur papier bleu et un sur vélin.

Euclidis Elementorum libri xv , cum scholiis antiquiss. in latinum conversi à Frederico Commandino. *Pisauri, Chriegher,* 1572, *in-fol.*

Exemplaire sur PAPIER VÉLIN BLEU ; Il existait dans le Cabinet de M. Duziés, de Salins, qui possédait une Bibliothèque curieuse et bien choisie, sur-tout remarquable par la collection presque complette de tous les livres relatifs à l'histoire de la Franche-Comté. Cet estimable bibliophile est mort à la fin de 1808.

— Discours sur l'histoire universelle, par Bossuet, depuis le commencement du monde jusqu'à l'Empire de Charlemagne. *Paris, chez Ant. Aug. Renouard, an* XI—1803, *4 vol. in-*18 *ou in-*12.

M. Renouard, éditeur, a fait tirer, en PAPIER ROSE, UN exemplaire de chacun de ces formats.

BOUFFLERS. OEuvres du Chevalier de Boufflers. *Londres, (Paris), 1786, in-*12.

Cet exemplaire, imprimé sur différens essais de PAPIER EN COULEUR, a été vendu 50 l. chez M. Mirabeau, en 1792. Il existait dans la Bibliothèque de M. B.... vendue en l'an VII, un exempl. des *OEuvres de M. de Boufflers.* Londres, 1786, 2 *vol. in-*18, imprimés sur PAPIER ROSE.

CAMUS. Histoire et procédés du politypage et de la stéréotypie ; par A. G. Camus, membre de l'Institut national, garde des archives de la république. *Paris, Baudouin, impr. de l'Institut, etc., brumaire an* X, *in-*8°., *pl.*

Tiré à QUATRE exemplaires sur PAPIER ROSE.

CASALIUS. De sacrificio missæ, etc., auctore Gasp. Casalio. *Venetiis, Zileti,* 1563, *in-*4°.

Il en existe un exemplaire en PAPIER BLEU, dans la Bibliothèque publique de Parme.

CASTALDI. Poesie volgari e latine di Cornelio Castaldi da Feltre, (che fiori al principio del secolo XVI). *Londra, (Parigi), 1757, in-8°.*

> Cet exemplaire, qui existait dans la Bibliothèque de M. Crevenna à Amsterdam, est tiré sur PAPIER BLEU.

CHARLY. OEuvres de Louise Charly, lyonnoise, dite l'*abbé*, et surnommée *la belle Cordière. Lyon, Duplain, 1672, in-8°.*

> Cette édition a été tirée à 500 exemplaires, plus VINGT-CINQ en grand papier fin d'Hollande, dont DOUZE eurent les figures et vignettes en BLEU, et TREIZE en ROSE. La bibliothèque de Lyon en possède un exemplaire de chaque couleur.

CHARPENTIER. Le voyage du vallon tranquille, nouvelle historique, par Charpentier; nouvelle édition, avec une préface et des notes servant de clef. *Paris, 1796, in-12, pap. vélin.*

> Imprimé sur PAPIER BLEU; il y en a DEUX exemplaires tirés sur VÉLIN, format *in-8°.*

CONCILIUM Tr. Canones et decreta sacro-sancti œcumenici et generalis Concilii Tridentini sub Paulo III, Julio III, Pio IV, Pontificibus maximis. *Romœ, apud Paulum Manutium Aldi F., 1564, cum privilegio Pii IV, P. M., in-fol.*

> Schelhorn, dans ses *Amœnit. litt.*, Tom. 3, p. 154, dit que Raymond de Krafft avait un exemplaire de cette édition (qui est la première de cet ouvrage), imprimé sur GRAND PAPIER BLEU, *in charta cœrulei coloris et formœ augustœ.*

CONSTANT. Les Abeilles et leur état royal; par Pierre Constant. *Paris, Dupré, 1600, in-8°.*

Cet ouvrage se trouve imprimé sur PAPIER BLEU dans la bibliothèque publique de Parme.

FÉNÉLON. Les Aventures de Télémaque, fils d'Ulysse; par François de Salignac de la Mothe-Fénélon. Nouvelle édition enrichie de variantes, de notes critiques, de plusieurs fragmens extraits de la copie originale et de l'histoire des diverses éditions de ce livre, (par M. Bosquillon, Professeur au collège de France). *Paris*, (*impr. par Crapelet*) *Théoph. Barrois et Sallior*, an VII, (1799), 2 *vol. in*–18.

On a tiré de cet ouvrage CINQ exemplaires sur VÉLIN-ROSE-SATINÉ, et autant sur VÉLIN-BLEU-GRAND-RAISIN. Le surplus de l'édition consiste en 490 exempl., dont 200 sur papier ordinaire, autant sur papier vélin de la garde, et 80 sur papier grand-raisin pâte de vélin. L'histoire des diverses éditions de cet immortel ouvrage par M. Bosquillon, est fort intéressante; mais il est bon d'y ajouter la remarque de M. Barbier. Voyez le *Dictionnaire des anonymes*, to. I, page 54.

FÉNÉLON. Télémaque, suivi d'Aristonoüs. *Paris, A. Aug. Renouard*, 1802, 2 *vol. in*–18 *et in*–12, *fig.*

L'éditeur, M. Renouard, en a fait tirer TROIS exempl. sur PAPIER ROSE, et DEUX sur VÉLIN, dont l'un est enrichi des dessins originaux, et l'autre des figures tirées sur papier de la Chine.

FONTENELLE. Relation de l'île de Bornéo, (par Fontenelle, avec des additions et la clef). *En Europe*, (*Paris, de l'imprimerie de D.... l'aîné*), 1807, *in*–12, *pap. vélin.*

DEUX exemplaires sur PAPIER ROSE, DEUX sur PAPIER BLEU. Pour le surplus, voyez la page 57ᵉ du présent vol.

FRANCO. Epistole volgari di M. Nicolò Franco. *Vinegia, Antonio Gardane*, 1539, *in-fol.*

> Il en existe UN exemplaire sur PAPIER BLEU dans la bibliothèque de Parme.

FRANÇOIS (DE NEUFCHATEAU). L'institution des enfans, ou conseils d'un père à son fils, imités des vers latins de Muret, par N. François (de Neufchateau). On y a joint les traductions en vers italiens, espagnols et allemands. *Paris, de l'imprimerie de P. Didot l'aîné*, 1808, *in-12 de 50 pages.*

> M. Renouard, éditeur de cet ouvrage, en a fait tirer des exemplaires sur PAPIER JAUNE fort mince. C'est une espèce de papier végétal.

FRANKLIN. Observations sur les sauvages du nord de l'Amérique, par Franklin. *In-8°.*

> Tiré sur PAPIER VÉLIN ROSE, à très-petit nombre; cet exemplaire existait dans le cabinet de M. Duziés de Salins.

GIOVANNI. Il Pecorone nel quale si contengono cinquanta novelle antiche di Giovanni Fiorentino, con le note di A. M. Salvini. *Lond.* (*Livorno*), 1793, 2 *vol. in-8°.*

> Nouvelle édition donnée par M. G. Poggiali, et revue sur celle de Milan 1558. UN exemplaire sur PAPIER BLEU et UN sur VÉLIN.

GIRALDI. Dell' Hercole di M. Giovan-Battista Giraldi Cinthio. Canti ventisei. *In Modena, Gadaldini*, 1557, *in-4°.*

> Imprimé sur PAPIER BLEU. Vendu 45 l. chez le Duc de la Vallière. Cet ouvrage, peu commun en papier ordinaire, vaut 25 à 30 l.

GRAMMAIRE turque. *Constantinople*, 1730, *in-4°.*

Huit feuillets, contenant les pièces préliminaires, 194 pag. pour le corps de l'ouvrage et 4 feuill. pour la table et l'*errata*. Cette grammaire est dédiée au Cardinal de Fleury; c'est le premier ouvrage qui ait été imprimé à Constantinople; et quand l'auteur ne le dirait pas dans sa préface, on s'apercevrait facilement à la forme des lettres, à la mauvaise disposition des lignes et des mots, que c'est l'essai de personnes qui n'avaient presqu'aucune connaissance des procédés les plus simples de la typographie. Laissons parler l'auteur lui-même : « Pour ce qui regarde l'impression, on espère qu'on voudra bien excuser quelques fautes qui s'y sont glissées et qu'on aurait pu quelquefois éviter. Car ayant été obligé de faire les matrices des caractères et la fonde (*sic*) pour la première fois, et de se servir pour cela des (*sic*) personnes qui ne savent pas le français, malgré les soins que l'on se soit (*sic*) donné (*sic*) pour veiller à tout; on n'a pas (*sic*) pu mettre cet ouvrage dans toute la perfection qu'on aurait souhaité (*sic*) ». Cette grammaire est fort rare. M. Renouard, libraire à Paris, en possède un exemplaire, dont chaque feuille est sur un papier lissé de COULEURS DIFFÉRENTES.

GRAZZINI. La prima e la seconda Cena, novelle di Ant. Franc. Grazzini. *Lond.*, (*Livorno*), 1793, 2 *vol. in-8°.*

Nouvelle édition, avec des augmentations faites sur celle de *Londres*, (*Paris*), 1756, *in-8°.* Il en existe UN exempl. SUR PAPIER BLEU et UN sur VÉLIN.

GUAZZO. Historia di tutte le cose degne di memoria quai dell' anno 1524 sino al presente (1540) sono occorse in tutte le parti del mondo, cosi per terra come per mare. (Scritta da Marco Guazzo). *Venetia,*

Nicolo d'Aristotile detto il Zoppino, 1540, *adi
VIII di Aprile*, *in-4°.*

    Un exemplaire, imprimé sur PAPIER BLEU, se trouvait
dans la Bibliothèque de M. Crevenna, à Amsterdam.

HÉSIODI opera omnia, græcè, latinis versibus expressa, atque illustrata à Bernardo Zamagna. *Parmæ,
Bodoni,* 1785, *gr. in-4°.*

    Il y en a des exemplaires en PAPIER AZURÉ, qui sont
moins beaux et de moindre valeur que ceux en pap. blanc.

HISTOIRE universelle depuis le commencement du
monde jusqu'à présent, composée en anglais par une
société de gens de lettres; nouvellement traduite en
français par une société de gens de lettres. *Paris,
Moutard,* 1779—1791, 126 *vol. in-8°.*

    Il y a quelques exemplaires de ce volumineux ouvrage,
imprimés sur PAPIER AZURÉ et d'une qualité supérieure à
celui qui a servi à l'impression de l'ouvrage; ces sortes
d'exemplaires valent 6 à 800 l., et les autres 3 à 400 l.
Cette édition est moins bonne que celle de Hollande. Amsterdam, 1742—1792, 45 *vol. in-4°,* qui cependant ne
vaut que 2 à 300 l., et que M. Delalain donne à 192 l., y
compris le 46ᵉ volume qui renferme la table des dix-huit
derniers volumes, et qui a été rédigée par M. Defontenay.
Ces 46 volumes sont ornés de 170 planches.

LAIR (Pierre-Aimé). Discours sur l'exposition publique des productions des arts du département du
Calvados, an 1806; par Pierre-Aimé Lair, secrétaire
de la société d'agriculture et de commerce, etc. *A
Caen, de l'imprimerie de F. Poisson,* 1806, *in-8°
de* 15 *pages.*

    On a tiré quelques exempl. de cet ouvrage sur PAPIER

DE PAILLE, dont la fabrication (toute récente alors) est due à M. Gabr. Desétables , fabriquant de papier aux Vaux–de–Vire , département du Calvados.

LEGOUVÉ. Les Poésies de Legouvé. *Paris , A. A. Renouard , 1804, 1 vol. in-12.*

Il existe de cette édition DEUX exemplaires sur PAPIER ROSE et UN sur VÉLIN.

LE SAGE. Histoire de Gilblas de Santillane. *Paris, Fournier frères , 5 vol. in-36.*

UN exemplaire sur PAPIER ROSE.

LESSING. Du Laocoon , ou des limites respectives de la poésie et de la peinture , pour ce qui concerne les descriptions et images : traduit de Lessing , par Vanderbourg. *Paris , chez Ant. Aug. Renouard , in-8°, avec le Grouppe du Laocoon , gravé par S. Aubin.*

Belle édition dont l'éditeur, M. Renouard, a fait tirer UN exemplaire sur PAPIER ROSE , et QUATRE sur grand papier vélin.

LIBURNIUS. Le Occorrenze humane per Nicolo Liburnio composte. *In Vinegia , nell' anno , 1546 , in casa de' Figlivoli di Aldo , in-8°.*

Ouvrage devenu rare ; ce bel exemplaire sur grand PAPIER BLEU est dans la Bibliothèque de l'Empereur d'Autriche , à Vienne.

LONGUS. De amoribus Daphnidis Chloen libri IV, græcè , cum proloquio de libris eroticis antiquorum. *Parmæ , ex regio typographeio , 1786 , in-4°.*

Il y a des exemplaires sur PAPIER AZURÉ.

Longus. Les amours de Daphnis et Chloé, traduits par Amyot, avec le supplément d'Annibal Caro et un discours préliminaire. *Paris, chez Ant. Aug. Renouard, 1803, 1 vol. in-18 et in-12, fig. de Prudhon.*

> L'éditeur, M. Renouard, a fait tirer trois exemplaires sur papier rose, format *in-12*, et un sur vélin également *in-12*. Le reste de l'édition est en papier fin et en papier vélin, soit du format *in-18*, soit du format *in-12*. M. Renouard a publié en 1800 une très-jolie traduction italienne de ce roman faite par Annibal Caro; il en existe deux exempl. sur vélin, dont un est à la Bibliothèque nationale.

Mably. Entretiens de Phocion sur le rapport de la morale avec la politique; par Mably. *Paris, A. A. Renouard, an XII—1804, portraits de Mably et de Phocion, in-18 et in-12.*

> Jolie édition dont on a tiré un exemplaire sur papier rose et un sur vélin, format *in-12*.

Maintenon. L'esprit de l'institut de filles de Saint Louis, par Madame de Maintenon. *Paris, A. A. Renouard, 1808, in-12 de 66 pages.*

> Il en existe des exemplaires sur papier jaune, très-mince, et qui me paraît être une espèce de papier végétal.

Marc Aurele. Pensées de Marc Aurele, trad. du grec et remises dans un nouvel ordre avec toutes les notes; par Joly. *Paris, Ant.-Aug. Renouard, 1803, 1 vol. in-18 et in-12.*

> L'éditeur, M. Renouard, en a fait tirer quatre exemplaires sur papier rose et un sur vélin.

Mariscalco. Assetta, commedia rusticale di Barttolomeo Mariscalco. *In Marocco, 1756, in-8°.*

Cet ouvrage est imprimé sur PAPIER AZURÉ; il existait dans la Bibliothèque de M. Pâris, à Londres.

MARMITTA. Rime di Giacomo Marmitta Parmegiano. *Parma, appresso di viotto, 1564, in-4°.*

Belle et rare édition, dont un exemplaire sur PAPIER BLEU se trouve dans la bibliot. de Parme.

MENGS. Opere di Antonio Raffaello Mengs. *Parmæ, Bodoni, 1780, 2 vol. in-4°.*

Ce livre a été tiré sur PAPIER AZURÉ commun. Il y en a aussi des exemplaires sur papier blanc fin.

MILTON. Del Paradiso perduto poema inglese di Giovanni Milton; libri sei, parte prima, tradotti de Paolo Rolli. *Londra, 1729, in-fol.*

Un exemplaire sur PAPIER BLEU existe dans la bibliothèque publique de Parme.

MONTAIGNE. Essais de Michel de Montaigne. *Paris, Langlois, 1796, 4 vol. in-8°, gr. pap.*

Cet exemplaire est sur PAPIER BLEU.

MONTECATINI. Lectura de mente humanâ, ab Antonio Montecatini. *Ferrar., Rubei hæredes, 1576, in-fol.*

Ouvrage dont il existe un exemplaire en PAPIER BLEU dans la bibliothèque publique de Parme.

MORELLI (Jacopo). Dissertazione storica della libreria pubblica di S. Marco di Venezia. *Venezia, 1774, in-8°.*

Il en existait UN exempl. sur PAPIER BLEU dans la bibliothèque de M. Pinelli. Il a été vendu à Londres 25 f. Cet ouvrage est digne de la réputation de son savant auteur.

Mori. Novelle, di Mori. *Londra*, (*Livorno*), *in-8°, con ritratto*.

> Édition publiée par M. G. Poggiali, qui en a fait tirer un exemplaire sur PAPIER BLEU et un sur VÉLIN.

Muratori. Novus thesaurus veterum inscriptionum; auctore Lud. Ant. Muratori. *Mediolani*, 1739—42, 4 *vol. in-fol.*

> On a tiré quelques exempl. sur PAPIER BLEU.

Musso. Prediche di Monsignor Cornelio Musso Vescovo di Bitonto, fatte in diversi tempi, et in diversi Luoghi. *Vinegia, presso Gab. Giolito de Ferrari e Fratelli*, 1554—1562—1563, 3 *vol. in-4°.*

> Cet exemplaire est imprimé sur PAPIER BLEU le plus beau et le plus fin qu'on puisse voir, dit M. Crevenna, dans la Bibliothèque duquel il se trouvait. Il provenait de la Bibliothèque des Volpi, qui, dans leur Catalogue, regardent ces trois volumes comme *livres vraiment singuliers et de cabinet.*

Novelle d'alcuni autori Fiorentini. *Londra*, (*Livorno*), *in-8°, con ritratto*.

> Un exemplaire sur PAPIER BLEU et un sur VÉLIN.

Novelle d'alcuni autori senesi. *Londra*, (*Livorno*), 2 *vol. in-8°.*

> Un exemplaire sur PAPIER BLEU et un sur VÉLIN. Ces deux ouvrages pourraient bien être dûs aux soins de M. Poggiali. Le dernier est enrichi de portraits.

Officium. Beatæ Mariæ Virginis et alia. *Venetiis, apud Juntas*, 1584, *in-8°.*

> Cet exemplaire, sur PAPIER BLEU, a passé de la riche

collection de M. Pinelli de Venise, chez M. Robson à Londres.

PARABOSCO. I diporti, owero novelle di Girol. Parabosco. *Londra, (Livorno), in–8°, con ritratto.*

> Édition donnée par M. Gaetano Poggiali; on en a fait tirer UN exempl. sur PAPIER BLEU et UN sur VÉLIN.

PASCAL. Pensées de Pascal. *Paris, Ant. Aug. Renouard,* 1803, *2 vol. in–18 ou in–12.*

> M. Renouard, éditeur, a fait tirer UN seul exemplaire sur PAPIER ROSE, de format *in–12*, et UN sur VÉLIN.

— Les Provinciales; par B. Pascal. *Paris, A. A. Renouard,* 2 *vol. in–18 et in–12.*

> Le même éditeur a fait tirer DEUX exemplaires sur PAPIER ROSE, dont l'un *in–18* et l'autre *in–12*; et UN exemplaire sur VÉLIN.

PEIGNOT. Dictionnaire critique, littéraire et bibliographique des principaux livres condamnés au feu, supprimés ou censurés : précédé d'un discours sur ces sortes d'ouvrages; par Gabriel Peignot. *Paris, A. A. Renouard, libraire, rue Saint André des Arts,* 1806, *2 vol. in–8°.*

> On a tiré de cet ouvrage DEUX exemplaires sur PAPIER ROSE, DEUX sur PAPIER BLEU et DIX sur PAPIER VÉLIN.

— Petit Dictionnaire des Locutions vicieuses corrigé d'après l'Académie et les meilleurs grammairiens, précédé d'un abrégé des principes de l'art épistolaire, extrait des auteurs qui ont le mieux écrit sur cette partie; et des conseils d'un père à ses enfans sur la religion, la morale et l'éducation; ouvrage utile à la jeunesse. *Paris , Renouard , Michel et Allais ,* 1807, *in*-12.

> Il existe DEUX exemplaires sur PAPIER ROSE et DEUX sur PAPIER BLEU.

—— Principes élémentaires de morale ou traité des devoirs de l'homme dans la société, suivi du Bonhomme Richard et du Sifflet, opuscules moraux de B. Franklin, le tout recueilli et publié par Gab. Peignot. *Paris*, 1809, 1 *vol. in*-12.

> DEUX exemplaires sur PAPIER ROSE et DIX sur PAPIER VÉLIN.

—— Le Portrait du sage, (cité précédemment). *Paris*, 1809, 1 *vol in*-12, *gr. pap. vélin.*

> DEUX exemplaires sur PAPIER ROSE, et SOIXANTE—QUINZE sur PAPIER VÉLIN; ce qui forme la totalité de l'édition.

——La Muse de l'histoire, 1809, *in*-8° *de* 16 *pages.*

> DEUX exemplaires sur PAP. JAUNE, UN sur PAP. BLEU et DIX sur PAP. VÉLIN.

PETIT NEVEU (le) de Bocace, ou contes nouveaux en vers, nouvelle édition revue, corrigée et augmentée de deux volumes, par M. Pl. D. *Amsterdam,* 1787, 3 *parties in*-8°.

> On a tiré plusieurs exemplaires sur PAPIER ROSE.

PETIT—RADEL. Erotopsie, ou coup d'œil sur la poésie critique, et les poëtes grecs et latins qui se sont distingués en ce genre; par Petit—Radel. *Paris*, 1802, *in*-8°.

> On a tiré TROIS exemplaires sur PAPIER JAUNE. L'un

d'eux relié en maroq. verd, a été vendu 36 f. 5 c. chez M. Lamy en 1809.

—— Fasti Napolionei. —— Les Fastes Napoléoniens, par M. Petit-Radel. (*Voyez l'annonce de ce bel ouvrage, page* 105 *du présent vol.*)

Exemplaire UNIQUE, tiré sur PAPIER BLEU VÉLIN, et imprimé en LETTRES D'OR. Ce volume, qui vient de sortir des presses de M. Didot, contient uniquement les cinquante inscriptions latines avec la traduction française en style lapidaire; c'est-à-dire que l'on a supprimé le rapport qui se trouve à la tête des autres éditions, et les notes qui terminent ordinairement le volume. Ce morceau est d'autant plus précieux qu'il est le premier essai de cette nature. Les lettres sont pleines et imprimées en or, mais elles ne sont pas sorties parfaitement nettes; ce défaut provient sans doute de ce que l'or n'offre pas assez de liant avec les matières nécessaires pour le préparer et le réduire en encre d'imprimerie. Au reste les premiers essais n'offrent jamais une grande perfection, mais ils l'acquièrent promptement entre les mains d'un typographe aussi distingué que M. Didot.

PETRARQUE. Il Petrarca novissimamente revisto e corretto da Lod. Dolce, con le avertimenti di Giulio Camillo. *Vinegia*, 1554, *in-8°*.

Il en existait UN exemplaire sur PAPIER BLEU dans la bibliothèque du Duc de la Vallière.

PEZZANA. L'antichità del Mappamondo de Pizigani fatto nel 1367 vindicata, etc., di Angelo Pezzana, conservatore della bibliotheca di Parma. *Parma, Carmignani*, 1807, *in-8°*.

TROIS exemplaires sur PAPIER AZURÉ et CENT VINGT sur

papier blanc. Cet ouvrage a été trad. en français par M. Brack, à Gênes.

PIBRAC. Les Quatrains de Pibrac. *Lyon , de Tournes ,* 1574, *in-8°.*

> UN exemplaire, imprimé sur PAPIER BLEU, existait dans la bibliothèque du Duc de la Vallière.

PLINIUS. Caii Plinii Cœcilii secundi panegyricus Trajano Augusto dictus. *Parisiis , typis C. Crapelet , apud A. A. Renouard ,* 1796, 1 *vol. in-*18.

> Jolie édition, dont l'éditeur, M. Renouard, a tiré SIX exemplaires sur PAPIER ROSE et UN sur VÉLIN.

PLUTARQUE. Vite de gli huomini illustri greci et romani, tradotte per Lodov. Domenichi ed altri, confrontate co'testi greci per Lion. Ghini. 1560, 2 *vol. in-*4°.

> Exemplaire tiré sur PAP. BLEU, qui a été vendu 20 f. chez M. Crevenna.

POEMETTI diversi : Ero e Leandro, Tirteo, Teti e Peleo, etc. *Paris, Ant. Aug. Renouard ,* 1801, 1 *vol. in-*12*, fig.*

> M. Renouard, éditeur, en a fait tirer TROIS exemplaires sur PAPIER ROSE, et QUATRE exempl. sur VÉLIN, dont l'un est enrichi du dessin original de la jolie gravure, représentant Héro et Léandre.

POLITIEN. La favola di Orfeo composta da M. Angelo Poliziano. *Padova, Giuseppe Comino,* 1749, *in-8°.*

> Cet exemplaire, qui existait dans le cabinet de M. Crevenna à Amsterdam, est tiré sur PAPIER BLEU.

POSTEL. De Magistratibus Atheniensium liber, Gulielmo Postello authore. *Venetiis, Jo. Ant. et Pet. de Nicolinis de Sabio*, 1541, *in-8°, gr. pap.*

> Cet exemplaire, imprimé sur PAPIER BLEU, existait dans la Bibliothèque de M. Crevenna, à Amsterdam.

QUINTILIEN. Marci Fabii Quintiliani de institutione oratoria libri XII. *Venetiis, Aldus*, 1514, *in-8°.*

> Cet exempl. en grand papier est imprimé sur PAPIER BLEU. (V. le *Catalogue* de Deboze, n° 466.)

—— M. F. Quintiliani institutionum oratoriarum libri XII, cum Dialogo de oratoribus, stud. Vulpiorum fratrum. *Patavii, Cominus*, 1736, *2 vol. in-8°.*

> Quelques exemplaires en PAPIER BLEU.

RINALDO CORSO. Delle private rappacificationi trattato di Rinaldo Corso. *Correggio*, 1555, *in-8°.*

> Cet exemplaire, imprimé sur PAPIER BLEU, se trouvait dans la Bibliothèque de M. Crevenna, à Amsterdam. C'est une réimpression de l'édition originale qui est introuvable. Cette contrefaction est elle-même fort rare, parce qu'elle a été faite exprès pour un grand Seigneur, et qu'il n'en a été tiré qu'un très-petit nombre d'exemplaires.

RIVAROL. Éloge de Minetto Ratoni, chat du Pape en son vivant et premier soprano de ses petits concerts. (par le Comte de Rivarol). *Félisonte*, 1795, *petit in-4° de 26 pages.*

> Exempl. tiré à QUINZE exempl. seulement sur PAPIER ROSE. (Voyez page 116 du présent vol.)

ROCHEFOUCAULD. Mémoires du Duc de la Rochefoucauld (imprimés pour la première fois sur un manuscrit complet et corrigé de sa main). *Paris,*

A. A. Renouard, 1804, 1 *vol. in-18 et in-12*, *portraits.*

> On a tiré de cette édition DEUX exemplaires sur PAPIER ROSE, du format *in-12*, et UN sur VÉLIN. Cette édition est très-correcte et très-belle, on y a ajouté sept portraits.

SACCHETTI. Novelle di Fr. Sacchetti. *Londra*, (*Livorno*), 1795, 3 *vol. in-8°, con ritratto.*

> UN exempl. sur PAPIER BLEU et UN sur VÉLIN. L'édition de Florence, 1724, est estimée.

SAINT-RÉAL. Histoire de la conjuration des Espagnols contre la république de Venise, par l'abbé de Saint-Réal. —— Histoire de la conjuration des Gracques, par le même. *Paris, chez A. A. Renouard*, 1803, 1 *vol. in-18* et *in-12.*

> M. Renouard, éditeur, a tiré TROIS exempl. sur PAPIER ROSE, et UN exempl. sur VÉLIN.

SANNAZARO. L'arcadia del Sannazaro. *In Vinegia, nelle case di Aldo Romano*, 1514, *in-8°, gr. pap.*

> Exemplaire imprimé sur PAPIER BLEU, avec des cadres peints en or autour des pages et des lettres grises enluminées. Vendu 43 l. 19 s. chez M. Gaignat.

SARGONINI Chronicum Venetum, edente Zanettio. *Venetiis*, 1765, *in-8°.*

> Exemplaire sur PAPIER BLEU, qui se trouvait dans la riche collection de M. Pinelli à Venise.

STERNE. The sentimental Journey, with the life of Sterne the episods of Maria, Lefever, Yorick's death, and the letters to Elisa Drapper. *Paris, Ant. Aug. Renouard*, 1802, *in-18 et in-12.*

Il en existe TROIS exemplaires sur PAPIER ROSE, et UN seul sur VÉLIN.

TESTAMENT. Novum Testamentum græcum. (*Sans indication d'imprimeur ni de ville*), 1587, in-16.

Ce Nouveau Testament, imprimé sur PAPIER CITRON, existait dans la bibliothèque de M. le Comte de Maccarthy.

—— Novum Testamentum armenicè. 2 *vol. in-*12.

Ces deux volumes, imprimés sur PAPIER BLEU, se trouvaient dans la bibliothèque de M. Maccarthy.

THEOPHRASTI capita duo, hactenus anecdota, Gr. Lat. *Parmæ, Bodoni,* 1786, in-4°.

Il y a eu plusieurs exemplaires de cet ouvrage, tirés sur PAPIER AZURÉ.

VARENNES. Les loisirs des bords du Loing, ou Recueil de pièces fugitives; (par M. de Varennes), 1784, *in-*12.

M. Leorier de l'Isle est éditeur de ce Recueil, qui est divisé en deux parties : la 1ere, de LX pag., contient des lettres historiques sur la ville de Montargis et le Gatinois; la 2e de 139 pag., renferme les poésies de M. de Varennes et de quelques-uns de ses amis; on doit trouver ensuite une 3e partie, intitulée : Supplément aux loisirs des bords du Loing. Essai de papiers fabriqués avec de l'herbe, de la soie et du tilleul, à Langlée près Montargis, 1784. Cette partie est composée de 13 feuillets; un de papier d'herbe, le second de soie, et le 3e de tilleul; les dix autres sont de papier de chiffon, mais de deux couleurs différentes et teints en matière; toute l'édition de cet ouvrage a été tirée sur PAPIER ROSE; UN exempl. a été vendu 12 f. 5 c., à la vente de M. Renouard, en 1804; un autre a été payé 18 f.; mais il est supérieurement relié par M. Noël de Besançon, dont nous avons déjà eu l'occasion de parler avec éloge.

Villette. Œuvres du Marquis de Villette. *Londres,* 1786, *in-*16.

Ce petit volume est curieux en ce qu'il est imprimé sur des papiers de couleurs fabriqués avec différens végétaux. L'épître dédicatoire à M. Ducrest a été composée par M. Leorier de l'Isle, fabricant de papier, qui annonce qu'il a soumis à la fabrication du papier, toutes les plantes, les écorces et les végétaux les plus communs; il a joint à ce volume des échantillons qui sont les extraits de ses expériences. Il a cherché à prouver qu'on pouvait substituer aux matières ordinaires du papier, qui deviennent chaque jour plus rares, d'autres matières les plus inutiles. Les Œuvres de Villette, en 156 pages, sont imprimées sur papier de guimauve; ensuite on trouve vingt feuillets composés chacun d'une substance différente; savoir: papier d'ortie, papier de houblon, papier de mousse, papier de roseaux, papier de conferva 1ere espèce, papier d'écorce d'osier, papier d'écorce de marsaut, papier d'écorce de saule, papier d'écorce de peuplier, papier d'écorce de chêne, papier de conferva 2e espèce, papier de conferva 3e espèce, papier de racines de chiendent, papier de bois de fusain, papier de bois de coudrier, papier d'écorce d'orme, papier d'écorce de tilleul, papier de feuilles de bardanne et de pas–d'âne, papier de feuilles de chardons. On est surpris de ne point trouver de papier de paille dans ce recueil, l'auteur ayant soumis tant d'autres substances à ses procédés. Un exemplaire de cette édition, imprimé sur papier rose, a été vendu 9 l. 15 s. en l'an vi.

Vinçard. L'art du Typographe, contenant par chapitres et sommaires les détails de chacune des deux parties de cet art, la désignation et les modèles des caractères des langues vivantes , les portions et l'alignement des vers , un vocabulaire typographique, une table des homonymes , une méthode simplifiée pour la correction des épreuves , un traité sur les objets dont on tire une substance propre à faire le papier, des échantillons; les avantages du mécanisme de la presse ; les lois et décrets relatifs à la propriété et à l'impression des ouvrages, etc., par B. Vinçard, Typographiste. *Paris, Vinçard,* 1806, 1 *vol. in-8°, fig.*

> Nous citons ce volume , parce qu'on y trouve des échantillons de papier de couleur et d'encres de couleur. Les papiers de couleur sont en CITRON CARMÉLITE, CHAIR, BLEU , avec une vignette en or; BLANC-VERD, JAUNE FONCÉ, TERRE-D'ÉGYPTE, et ROSE. Les encres de couleur sont ROUGES, couleur CITRON, VERTE, TERRE-D'ÉGYPTE et BLEUE.

VITRUVE. Philandri annotationes in libros M. Vitruvii Pollionis de architectura, *Romæ,* 1544, *in-8°.*

> Ouvrage imprimé sur PAPIER BLEU; il existait dans la collection de M. Pinelli de Venise.

VOLGARIZZAMENTO Libero del quarto libro dell' Eneide di Virgilio. *Venezia,* 1768, *in-8°.*

> Exempl. imprimé sur PAPIER BLEU, qui se trouve à la bibliothèque de Parme.

VOLTAIRE. Œuvres complettes de François-Marie Arouet de Voltaire (édition de Beaumarchais). *Kehl, société littéraire typographique,* 1785 , 70 *vol. in-8°.*

> On a tiré de cette édition VINGT-CINQ exempl. sur PAPIER BLEU. Il en existe UN à Besançon, dans le cabinet de M. Thomassin. Le grand Frédéric, dont la vue était affaiblie, avait demandé qu'on en tirât QUATRE à CINQ exemplaires

sur PAPIER BLEU pour son usage. Effectivement ce papier, quand il n'est pas trop foncé, fatigue moins la vue que le papier blanc. Les éditeurs croyant que plusieurs personnes se trouvant dans le même cas que le Roi de Prusse, seraient bien aises d'avoir du papier bleu, en firent tirer VINGT-CINQ exemplaires, mais ils ont été trompés dans leur spéculation ; le papier bleu leur est resté, et on a vendu les exemplaires à bas prix au commencement de la révolution. J'avais annoncé dans la première édition, que le nombre des exemplaires sur papier bleu était de soixante ; mais M. Colas, imprimeur à Paris, et qui était en 1785, prote principal de la société typographique de Kehl, assure qu'on n'en a tiré que vingt-cinq.

VULPIUS. Josephi Rocchi Vulpii epistola tiburtina ad P. Benedictum Camposampiero. *Patavii, apud Josephum Cominum*, 1741, *in-8°*.

Cette brochure est imprimée sur PAPIER BLEU, et appartenait à M. Crevenna, à Amsterdam.

~~~~~~~~~~~~~~~~~

ARTICLES OMIS.

Nota. Monsieur le Baron d'Arétin, résidant à Munich, a la bonté de m'indiquer trois ouvrages tirés sur papier de couleur ; ces trois ouvrages sont 1° *Biblia*, Norimb., 1629, sur PAPIER JAUNE ; 2° *Tacitus Lipsii*, sur PAPIER JAUNE ; et 3° *Ciceronis somnium Scipionis*, sur PAPIER NOIR, avec des LETTRES D'OR. Le commencement de la présente feuille étant déjà composé par l'imprimeur, je n'ai pas le tems de faire des recherches pour donner des détails sur ces trois objets. Je m'en occuperai par la suite. En attendant, j'ai cru devoir annoncer qu'ils existent.

BOZE. Le Livre jaune, contenant quelques conversations sur les Logomachies, etc. ; attribué à M. Gros de Boze. *Basle*, (*Paris*), 1748, *in-8°*.

Nous avons déjà parlé de cet ouvrage à la page 25 du présent vol. L'édition entière que M. Brunet porte à cinquante exempl. a été tirée sur papier jaune. Quelques Bibliographes, dit M. Barbier, attribuent cet ouvrage à M. Bazin.

Caraccioli. Le Livre à la mode, ou le Livre vert, (par M. de Caraccioli). *A Verte-feuille, de l'imprimerie du printemps, au perroquet, l'année nouvelle,* 1759, *petit in-8°.*

Ce livre est imprimé en vert.

—— Le Livre à la mode, (par M. de Caraccioli), nouvelle édition. *En Europe,* 1760, *petit in-8°.*

Ce Livre est imprimé en rouge. Il est différent du précédent.

—— Le Livre des quatre couleurs, (par M. de Caraccioli). *Aux quatre élémens, de l'imprimerie des quatre saisons,* 4444, *in-12.*

Cet ouvrage est imprimé en jaune, en bleu, en puce et en rose.

Chénier. Épître à Voltaire, par M. de Chénier, de l'Institut national, troisième édition. *Paris, Didot jeune,* 1806, *in-8°.*

On a tiré quelques exemplaires de cet opuscule sur pap. vélin rose.

Petit-Radel. Longi Sophistæ Pastoralia Lesbiaca, sive de amoribus Daphnidis et Chloes, poema erotico-poimenicon è textu græco in latinum numeris heroicis deductum ; cui accedit metaphrasis cujus verba genuinis auctoris verbis consonant. Operam utrique operi navavit P. Petit-Radel, doctor regens in priori, professor clinices in recentiori saluberrimâque facultate medicâ Parisiensi. *Parisiis*, *Agasse*, 1809, 1 *vol. in-8°*.

On a tiré de cet ouvrage estimé, trois exemplaires sur PAPIER BLEU.

—— Les Hymnes de Callimaque le Cyrénéen, traduits du grec en vers latins de même mesure que ceux de l'original, avec la version française, le texte et des notes; (par M. Petit-Radel). *Paris*, *Agasse*, 1808, 1 *vol. in-8°*.

On a tiré de cet ouvrage trois exemplaires sur PAPIER BLEU.

—— De Amoribus Pancharitis et Zoroæ; poema erotico-didacticon seu umbratica lucubratio de cultu Veneris mileti olim peracto; ut Amathunteo Sacello mysta subduxit et variis de generatione cum vegetantium tum animantium exemplis auctum vulgavit Athenis. Secunda editio planè reformata et tabulis æneis illustrata; cui accedit vita auctoris. *Parisiis*, *excudebat Didot junior*, *anno Reipub. IX*, 1 *vol. in-8°*.

L'éditeur et auteur de cet ouvrage en a fait tirer cent exemplaires en papier vélin, quatre sur PAPIER ROSE, trois sur PAPIER BLEU et six sur papier très-fin. Il en a publié la traduction sous le titre suivant :

—— Les Amours de Zoroas et de Pancharis, poëme érotique et didactique, ou veillée d'un homme de loisir sur le culte de Cythérée pratiqué autrefois à Milet, et telles qu'un initié du temple d'Amathonte les a soustraites et publiées à Athènes, ornées de plusieurs morceaux relatifs à la génération, la germination et autres fonctions intéressantes, tant chez les animaux que chez les végétaux. Ouvrage traduit sur la seconde édition de l'original latin, et enrichi de notes critiques, historiques et philosophiques. *Paris, de l'imprimerie de Patris, 1802, 3 vol. in-8°.*

> On a tiré de cet ouvrage, cinquante exempl. en papier vélin, quatre sur PAPIER ROSE, deux sur PAPIER BLEU, un sur PAPIER JAUNE SERIN, et un sur PAPIER VIOLET. Nous avons parlé précédemment de l'ÉROTOPSIE du même auteur. Cet ouvrage peut faire suite *aux amours de Zoroas et Pancharis.* On en a tiré trois exempl. sur PAPIER ROSE, et quatre sur PAPIER JAUNE. Nous n'en avions annoncé que trois sur papier jaune.

TACITE. Opere di Cornel. Tacito, trad. da Bern. Davanzati, nuovamente corrette, col testo latino. *Padova, Comino, 1755, 2 vol. in-4°.*

> On en a tiré sur PAPIER BLEU.

THIÉBAUT DE BERNEAUD. Mémoire sur le genêt, considéré sous le rapport de ses différentes espèces, ses propriétés et les avantages qu'il offre à l'agriculture et à l'économie domestique; par Arsenne Thiébaut de Berneaud. *Paris, Colas, 1809, in-8°.*

> Ce bon ouvrage, le meilleur qui existe sur cette partie, a été imprimé à quatre exempl. sur PAPIER BLEU. Le savant auteur l'a terminé par une bonne Bibliographie des écrivains qui ont traité du genêt, et par une synonymie très-étendue.

—— Mémoire sur le cirier ou arbre à cire; par M. Thiébaut de Berneaud. *Paris, Colas, 1810, in-8° de 20 pages.*

> Trois exemplaires sur PAPIER ROSE VÉLIN, et vingt-deux sur papier blanc vélin.

F I N.

NOTICE

BIBLIOGRAPHIQUE

DE LIVRES

DONT LE TEXTE EST GRAVÉ.

NOTICE BIBLIOGRAPHIQUE

DE LIVRES

DONT LE TEXTE EST GRAVÉ.

L<small>E</small> nombre des livres dont le texte est gravé sur cuivre, n'étant pas fort considérable, on peut les regarder, ainsi que ceux dont nous avons parlé dans les deux premières parties de notre ouvrage, comme objets de rareté et même de curiosité; car ils renferment quelquefois des singularités étrangères aux livres imprimés selon les procédés typographiques. Peu de bibliographes se sont occupés de cette partie; M. Jansen en a dit un mot dans son savant *Essai sur l'origine de la gravure en bois et en taille-douce*, Paris, 1808, 2 *vol. in-8º*, Chap. DE LA CALLIGRAPHIE, tom. II, p. 177; mais il ne cite que six à sept ouvrages gravés sur cuivre. Il est vrai qu'il s'étend davantage sur les premiers livres gravés en bois qui ont paru dans le XVe siècle. Regardant cette dernière espèce de livres comme étrangère à notre sujet, nous nous contenterons d'en citer ici quelques-uns des principaux; nous en avons déjà parlé dans notre *Dictionnaire bibliologique*; et d'ailleurs si nous voulions nous étendre sur cette matière, nous ne pourrions guère que répéter, comme tant d'autres, ce qu'en a dit le Baron de Heinecken, dans son bon ouvrage, intitulé : *Idée générale d'une collection complette d'estampes, avec une dissertation sur l'origine de la gravure, et sur les premiers livres d'images.* Leipsic et Vienne, chez Jean Paul Kraus, 1771, 1 *vol. in-8º de 568 pages, avec fig.* J'y renvoie donc le lecteur; il trouvera depuis la page 252e jusqu'à la 482e, ce qu'il peut désirer à ce sujet, et même les calques des principales figures répandues dans ces sortes de livres (1). J. B. Michel Papillon, graveur en bois, en avait précédemment parlé

---

(1) Voici la liste des principaux livres d'images, cités par le Baron de Heinecken :

1° *Historia veteris et novi Testamenti.* (Histoire du vieux et du nouveau Testament, qu'on appelle ordinairement en Allemagne LA BIBLE DES PAUVRES). *In-folio de 40 planches*, qui, imprimées d'un seul côté et collées dos à dos, formeraient vingt feuillets. M. de Heinecken a connu quatre éditions différentes de cet ouvrage, et une cinquième en 50 planches.

2° *Historia Sancti Joannis Evangelistæ, ejusque visiones apocalipticæ.* (Histoire de Saint Jean et de l'Apocalipse). *In-folio de 48 planches.* M. de Heinecken en a connu six éditions ; celles qu'il appelle la troisième et la cinquième ont 50 planches.

3° *Historia seu providentia Virginis Mariæ ex cantico canticorum.* (Images du cantique des cantiques) ; c'est une suite de seize planches.

4° *Historia Beatæ Mariæ Virginis ex Evangelistis et Patribus excerpta et per figuras demonstrata.* (L'histoire de la Bienheureuse Vierge Marie, tirée des Evangélistes et des Saints Pères, démontrée par images). *Petit in-folio de 16 planches.*

Nota. Ces quatre précédens ouvrages sont sans texte ; mais on y trouve par-ci par-là des mots, des dictons, des rouleaux gravés dans le corps de l'estampe. Les livres d'images dont nous allons parler, sont avec le texte :

1° *Le Livre de l'Ante-Christ*, (en allemand). *Petit in-folio de 39 planches* ; il y en a plusieurs éditions.

2° *Ars memorandi notabilis per figuras Evangelistarum* : appelé aussi *Memoriale quatuor Evangelistarum.* (L'art d'apprendre par cœur les Évangiles). *In-folio de 30 planches.* M. de Heinecken en a connu deux éditions.

3° *Ars moriendi*, ou *De tentationibus morientium*, nommé encore *Tentationes Dæmonis.* (L'art de mourir, ou les Tentations des moribonds, ou les Tentations du Démon). *In-folio de 12 feuillets*, à savoir : onze planches de figures et onze planches de texte. Il en existe plusieurs éditions ; M. de Heinecken en compte sept.

4° *Sujets tirés de l'Écriture Sainte* ; *in-4°* de 32 feuillets.

5° *Speculum humanæ Salvationis*, nommé aussi *Speculum figuratum.* (Le Miroir du salut humain, ou le Miroir figuré). *Petit in-folio de 32 feuilles et demie*, ou *63 feuillets.* Il en existe plusieurs éditions en latin, en flamand et en allemand.

6° *La Chiromantie du docteur Harthieb.* Petit *in-folio* de 24 feuillets, imprimés des deux côtés, (en allemand).

dans le *Chapit.* VIII de la première partie de son *Traité
historique et pratique de la gravure en bois.* Paris , 1766 ,
3 *vol. in-8º*; mais il ne mérite aucune confiance ; il confond
des livres en caractères mobiles avec ceux qui sont gravés ;
il est d'ailleurs très-ignorant , très-crédule. Son ouvrage
n'est utile que pour ce qui regarde la partie mécanique
de son art, qui s'est bien perfectionné depuis ce tems.

Lorsque l'on compare le tems qu'il faut , et les difficultés
qu'il y a à surmonter pour graver nn volume en taille-
douce , à la célérité et à la facilité des procédés typographiques pour imprimer un semblable volume , on se demande quels sont les motifs qui ont pu déterminer les
éditeurs à préférer la taille sur cuivre à la composition
typographique ? Il nous semble qu'on pourrait les réduire
à trois :

1º Quand dans un ouvrage le texte était peu considérable et que les dessins en grand nombre en faisaient le
principal mérite , il était sans doute naturel de graver le
texte ainsi que les figures ; et alors rien de surprenant
dans la préférence accordée à la gravure.

2º Si l'ouvrage présentait dans son exécution des difficultés

---

Il existait sans doute encore beaucoup d'autres livres gravés sur bois, et même
sans figures ; on en peut juger par les trois planches sculptées du *Donat* dont
parle le Baron de Heinecken , pp. 56 et 57. Deux de ces planches bien con-
servées ont été vendues, en 1784, chez le Duc de la Vallière, 229 l. 19 s.
Voyez son *catalogue*, nº 2179 : on a joint à ce nº le calque de ces deux planches ;
M. de Heinecken n'avait donné que le calque des cinq premières lignes de la
planche signaturée d'un C. La troisième planche existait chez M. Meerman ,
mais elle était cassée, et comme vermoulue par l'ancienneté.

N'oublions pas de citer encore l'EXERCITIUM SUPER PATER NOSTER, qui
consiste en 10 planches gravées en bois, et imprimées d'un seul côté, avec
un texte , ou courte explication placée au-dessus de chaque planche. M. de la
Serna a donné une ample description de ce précieux ouvrage xilographique ,
dans son excellent *Dictionnaire des éditions du* XVe *siècle* , tome II, pag.
402--407.

typographiques, soit à raison de l'intercalation du texte parmi les figures, soit à raison de la disposition de ce texte en lignes courbes, obliques, spirales, ou enfin à raison de caractères étrangers dont il n'existe pas de fonte; il a bien fallu recourir également à la gravure.

3º Quelque nette, quelque propre que fût l'impression, les caractères ne pouvaient jamais acquérir cette grace, ni le papier ce poli qu'on obtient du burin et de la presse en taille-douce. Aussi quand on voulut faire exécuter quelques ouvrages de prix, tels que *Virgile*, *Horace*, *la Fontaine*, etc., d'une manière qui flattât l'œil plus que ne le faisait l'impression ordinaire, on les soumit au burin. Mais depuis que l'on possède les beaux caractères des Baskerville, des Didot; depuis l'invention du papier vélin et la découverte du satinage du papier, il faut avouer que la typographie rivalise pour la grace avec la gravure en caractères, et même qu'elle a eu une espèce de triomphe sur cette rivale, comme on peut le voir ci-après à l'art. LA FONTAINE. C'est sans doute la raison pour laquelle on ne voit plus guères paraître de livres gravés, du moins de ceux qui sont entièrement du ressort de l'art typographique. Cet art est porté maintenant à un tel degré de perfection, que les ouvrages qui paraissent d'une exécution presqu'impossible, sont imprimés d'une manière aussi élégante que correcte. De ce nombre est le bel *Atlas historique* de M. le Sage (M. de las Casas). Je pourrais encore citer plusieurs autres ouvrages en tableaux, qui font le plus grand honneur aux presses françaises.

La typographie ne s'est pas contentée d'expulser de ses domaines la chalcographie; elle a essayé de s'emparer de deux parties où le burin règnait presqu'exclusivement, je veux dire la musique et les cartes géographiques, je pourrais même y ajouter la calligraphie. Maintenant on voit des morceaux de musique instrumentale et vocale, imprimés en caractères mobiles, avec une netteté aussi élégante que celle de la meilleure gravure. M. Haas a publié des cartes géographiques, également en caractères mobiles; j'en ai une sous les yeux, et j'y admire une grande difficulté vaincue; mais je doute que ce nouveau genre puisse jamais atteindre la perfection et la facilité du burin pour exprimer les contours multipliés, et les accidens de toutes espèces qui se rencontrent dans les cartes géographiques. M. Firmin Didot nous avait donné un charmant échantillon d'écriture dite anglaise, dans la dédicace de sa traduction des *Bucoliques de Virgile*, il en avait lui-même gravé le caractère; rien de plus beau et de plus approchant de la gravure, et même de l'écriture manuscrite. Ce savant et habile artiste vient d'étendre sa découverte à plusieurs autres espèces d'écriture, dont il a publié de belles épreuves; il efface tout ce qui a paru dans ce genre jusqu'à ce jour.

Depuis à-peu-près trente ans, comme nous l'avons dit, on ne grave plus d'ouvrages importans. Le burin ne s'exerce guères que sur quelques livres élémentaires d'architecture, pour les ordres sur-tout, ou de géométrie pour l'arpentage; sur des solfèges, des étrennes-mignones et des principes d'écriture. Nous n'avons pas cru devoir faire mention de ces différens ouvrages qui, multipliés à l'infini, n'offrent rien de curieux. Nous nous sommes contenté de parler des livres de littérature ou d'histoire, dont la plupart sont regardés comme assez rares, et par conséquent recherchés des amateurs. Nous aurions également pu faire mention des grands ouvrages connus sous le nom de *Galeries*, et dont le texte est gravé au bas de chaque estampe, comme dans la *Galerie du Palais royal*; mais ces sortes de livres sont

presqu'entièrement du ressort de la chalcographie, et trou-
veraient mieux leur place dans un catalogue de livres
d'estampes, que dans une bibliographie destinée aux livres
dont le texte est gravé.

Nous nous sommes aussi abstenu de parler des feuilles
de Chronologie, de Géographie, de Mythologie, etc.,
gravées séparément en tableaux synoptiques. Le nombre
en est assez considérable, mais elles présentent ordinairement si peu d'intérêt, soit parce qu'elles sont mal gravées,
soit parce qu'elles fourmillent de fautes, qu'il nous a paru
inutile d'en surcharger notre volume. Nous en avons cependant cité deux ou trois qui sont assez estimées.

ANACRÉON. Anacreontis symposiaca semiiamba,
græcè, tabulis æneis incisa et iconibus ornata, edente
Josepho Spaletti, Vaticanæ biblioth. libror. græc.
scriptore. *Romæ*, 1781, *in-folio maximo*.

Ce volume, dédié à l'Infant Don Gabriel, n'est composé que de seize pages ; M. Spaletti l'a fait graver très-
fidèlement d'après un ancien manuscrit, qui, de la Bibliothèque Palatine, avait passé dans celle du Vatican,
et qui maintenant se trouve à Paris. Ce manuscrit paraît
être du Xe siècle. M. Spaletti a parfaitement dessiné le
caractère de ce manuscrit, et l'a fait fondre par un habile
graveur dont nous ignorons le nom ; puis il a fait imprimer
l'ouvrage sur trois colonnes ; la première renferme le texte
en caractères imitant le manuscrit ; la seconde le texte
d'après l'édition que Josué Barnès en avait déjà donnée
en 1705, à Cambrige, *in*-12 ; et la troisième contient la
version latine. L'impression de cet ouvrage est très-belle.
L'Anacréon gravé s'est vendu 20 l. 19 s. chez M. Mel
de Saint-Céran, en 1791, et 12 l. chez M. Bonnier, en
1800. (Voyez sur cet ouvrage le *Catalogue* du Comte
de Rewiczki, intitulé : *Bibliotheca græca et latina*, Berol.,
1784, *in*-8°, *pp.* 15—16).

AUGUSTES (les) représentations de tous les Rois
de France, depuis Pharamond jusqu'à Louis XV,
à présent règnant, avec un abrégé historique sous
chacun, contenant leurs naissances, inclinations et
actions plus remarquables pendant leurs règnes, en
65 portraits. *Paris*, 1714, *gr. in*-4°.

Cet ouvrage est assez mal gravé ; chaque portrait forme
un grand médaillon. Le caractère des notices imite l'écriture.

BARON (Martin). Icones et miracula sanctorum Poloniæ , auctore Martino Baron Polono. *Coloniæ,* 1605 , *in-fol.*

C'est un recueil de onze tableaux qui représentent des saints et saintes de Pologne , dont Janotzchi a indiqué les noms, dans son travail sur la Bibliothèque de Zalusky. *Dresde*, 1747 , *in-8°, p.* 42.

BERQUIN. Pigmalion , scène lyrique de M. J. J. Rousseau , mise en vers par M. Berquin. *Le texte gravé par Drouet. Paris*, 1775 , 1 *vol. in-8°, gr. format.*

Ce petit volume renferme 18 pages et six jolies gravures dessinées par Moreau jeune et gravées par De Launay et Ponce; elles sont en vignettes au haut des pages. On ajoute à ce volume l'Idyle l'*Espérance*, de Berquin , également gravée avec une belle vignette, dessinée par Mariller , et gravée par Gaucher; le tout est terminé par un superbe cul-de-lampe du même burin.

BLOEMAERT. Sylva anachorética Ægypti et Palestinæ figuris æneis et brevibus vitarum elogiis expressa. Abrahamo Bloemaert inventore , Boetio à Bolswert sculptore. *Antverpiæ*, 1619 , *in-4°.*

Cet exemplaire existait dans la Bibliothèque de M. de la Serna , à Bruxelles. On doit encore à Bloemaert des *Principes et Études de Dessin*, *gravés par B. Picart.* Amsterd., 1740 , *in-fol.*

BREBIETTE. Opera diversa nunc primùm à P. Brebiette inventa , tabulis æneis delineata. *Parisiis*, 1638, *in-8° obl.*

Cet exempl. existait dans la Bibliothèque de M. Sandras.

BRISEUX. Traité complet d'Architecture , divisé par

leçons d'après les cinq ordres, tirées des meilleurs architectes, avec 138 planches en taille-douce, contenant les plus beaux monumens de l'Europe ; par Briseux, auteur de l'art de bâtir les maisons de campagne. *Paris, chez Ferdinand Bastien, rue de la Harpe, an V de la répub., 2 parties, grand in-4°.*

Cet ouvrage, déjà ancien et entièrement gravé en taille-douce, ne doit pas porter au frontispice le titre que nous venons d'annoncer. Celui-ci, imprimé en caractères typographiques, est non-seulement renouvellé, mais entièrement changé ; car le véritable titre de ce recueil doit être : *Traité du beau essentiel dans les arts, appliqué particulièrement à l'architecture, par Briseux*, Paris, 1752, ainsi que le porte le privilège qui est à la fin de la seconde partie de l'exemplaire que j'ai sous les yeux. M. Brunet annonce cet ouvrage comme étant *in-folio ;* mon exemplaire est *grand in-4°.*

CHEVILLARD. Le Nobiliaire de Normandie, contenant les blasons et armoiries des nobles de cette province. Par Jacq. Louis Chevillard. *In-fol. magn.*

L'exemplaire de cet ouvrage, qui existait chez M. Girardot de Préfond, a été vendu 14 l., mais il vaut au moins 36 l.; un autre exempl. a été vendu 56 l. chez M. Lallemand de Betz, en 1774. Les exemplaires sur VÉLIN sont rares et précieux ; vendu avec les armoiries coloriées 400 l. chez le Duc de la Vallière, en 1784. *Le grand armorial* de Chevillard en 79 tableaux *in-fol. max.* a été vendu 50 l. au Collège de Clermont, en 1764. Le *Recueil des Blasons, etc.* de Jean Chevillard, depuis l'an 1268 jusqu'en 1729, *in-4°*, vaut 8 à 10 l., et le *Tableau de l'honneur* ou *Abrégé de la science du Blason*, par le même Jean Chevillard, *gr. in-fol.*, a été vendu 48 l.

chez M. Perrot, en 1776. Mais il était enrichi de tables manuscrites.

Coccius. Thermæ Diocletianæ, ad rivum à fundo usque descriptæ per Sebastianum ab Oya architectum regium ; delineatæ et in æs incisæ ab Hieronymo Coccio pictore et calcographo ; et in lucem eductæ sumptibus Antonii Perrenoti Episcopi Attrebatensis et Imperatoris Caroli V in Belgio sigillorum custodis. *Antverpiæ*, 1558, *Rouleau.*

> Cet ouvrage est annoncé dans le catalogue de M. de Boze, avec la notice suivante : « Les estampes dont ce livre rare est composé, sont collées sur toile dans l'ordre qu'elles doivent avoir et forment un rouleau qui, étant déplié, a 42 pieds et demi de long sur un pied cinq pouces de haut ; et ce rouleau est renfermé dans une espèce de cassette faite exprès et couverte en maroquin rouge ». Le catalogue de M. de Boze porte que cet onvrage a été vendu 150 l.

Defer. Introduction à la géographie, avec une description historique sur toutes les parties de la terre, par N. Defer, géographe de Sa Majesté catholique. *Paris*, 1717, *seconde édition, in-8° de 206 pages, avec cartes.*

> Ce volume est assez bien gravé. Le caractère imite l'écriture.

Delfini. Compendio della storia universale ecclesiastica e profana, da Carlo Delfini. *In Roma, Franceschini,* 1725, *in-8°.*

> Cet ouvrage se trouvait dans la Bibliothèque de M. de la Serna, à Bruxelles.

Des Marez. Mutus liber in quo tamen tota philosophia hermetica, figuris hieroglyphicis depingitur ter optimo maximo Deo misericordi consecratus, solisque filiis artis dedicatus, auctore cujus nomen est Altus. *Rupellæ*, 1677, *in-fol.*

> Cet ouvrage consiste en 15 feuilles gravées ; ce sont des espèces d'hiéroglyphes qui ont rapport à l'alchimie ou haute chimie d'Hermès. L'éditeur est, dit-on, J. Saulat sieur des Marez, comme on le voit par le privilège du Roi. M. Barbier l'attribue à Tollé, médecin et chimiste.

Diepembeke. Vita Seraphicæ Virginis S. Mariæ Magdalenæ de Pazzis, iconibus expressa ab A. Diepembeke. *In-fol.*

> Cet ouvrage est composé de 49 planches.

Emblêmes d'amour en quatre langues, *sans date*, 1 *vol. in-*12.

> Cet ouvrage a le texte gravé et une estampe à chaque page.

Fabritius. Systema historico-chronologicum universale, duabus partibus, quarum hîc prior exhibetur, ex Scaligero, Gothofredo, Cluvero, Petavio, Alstedio, etc. inusitata ac vulgo inaudita methodo ita adornatum ut intra paucas hebdomadas universa historia et chronologia ab orbe condito ad nostra usque tempora summa cum facilitate etiam ab idiota et sexenni puero edisci possit ; editum à Johan-Ludovico Fabritio. *In-*4° *oblong.*

> Cet ouvrage est entièrement gravé, mais on y désirerait quelques explications, il n'y a point de texte, ni indication de ville, d'imprimeur, ni de date. On connaît encore

deux ouvrages exécutés dans le même genre. (*Voyez* Schoonebeek.)

Faerne. Fables choisies de Faerne, en 51 figures, *formant un vol. grand in-4°, papier vélin.*

> Le texte français est au bas de chaque gravure. Le prix auquel est porté ce volume annonce qu'on ne doit pas s'attendre à un chef-d'œuvre de style et de burin. Je crois qu'on a gravé les *Fables d'Ésope* dans le même genre.

Figures. Les figures de la mort. (*Sans date*), *in-*12 *goth.*

> C'est un recueil de gravures, au bas de chacune desquelles se trouvent des vers qui en expliquent le sujet.

Godturuchtige almanach of lof – gedachtenis der heyligen op yder dag van t'jaar. *In-*4°.

> Ce livre est composé de 366 planches en taille-douce.

Haultin. Figures des monnoyes de France, publiées par Jean-Baptiste Haultin. *Imprim. (à Paris), en* 1619*, in-*4°.

> Ce volume très-rare renferme en cent vingt-six planches ou feuillets les empreintes de toutes les monnaies de diverses espèces et de différent alloi, frappées en France depuis le commencement de la monarchie jusqu'au règne de Henri II. Les feuillets ne sont imprimés qu'au *recto*, et sans explication ; cependant on trouve quelquefois des exemplaires avec des remarques manuscrites. Les monnaies sont gravées très-proprement en bois. Ce volume s'est vendu 450 l. chez M. Méon. Le feuillet xi est coté xiii. (Voyez Debure, *Bibliographie instructive*, tom. vi, page 182.)

—— J. B. Altini numismata, non anteà antiquariis edita. (*Parisiis*), *anno* 1640*, in-fol.*

Ouvrage excessivement rare et que nous aurions pu ranger au nombre des livres tirés à petit nombre., puisque les *Essais de littérature pour la connaissance des livres*, journal qui a paru de 1702 à 1704, rapporte qu'il n'en existe que deux exemplaires. Mais comme cette anecdote n'est pas avérée, nous en parlons ici en passant. Quoi qu'il en soit, ce volume est composé de 583 figures de médailles gravées., puis imprimées sur de petites bandes de papier séparées et collées sur 141 feuillets. A la suite sont douze feuillets sur lesquels sont collées 16 figures d'antiquités ; ces douze feuillets sont cotés depuis 146 à 157 ; de sorte que les 142e, 143e, 144e et 145e semblent manquer. (Voyez Debure, *Bibl. instructive*, tom. VI, pp. 133—139).

—— Histoire des empereurs romains depuis J. César jusqu'à Posthumus, avec toutes les médailles d'argent qu'ils ont fait battre de leur tems ; (attribué à J. B. Haultin. *Paris*, 1645, *in-fol.*

Ce volume consiste en 241 planches, précédées d'un frontispice. Il est fort rare et a été vendu 200 liv. chez M. d'Ennery. Peut-être n'aurions-nous pas dû parler de ces trois ouvrages puisqu'ils n'ont pas de texte gravé ; mais ils sont si rares et si recherchés, que nous avons cru devoir en faire mention.

HÉROS. Les Héros de la Ligue, ou la procession monachale, conduite par Louis XIV, pour la conversion des protestans de France. *Paris*, (*Hollande*), 1691, *in-4°*.

Cet ouvrage rare est entièrement gravé en manière noire. Chaque estampe est accompagnée d'une explication en style satyrique. Les figures sont grotesques et représentent divers personnages qualifiés qui prirent une part active dans les troubles de religion qui agitèrent le royaume sous Louis XIV. Un exemplaire a été vendu 88 liv. chez le duc de la Vallière.

HEURES présentées à Madame la Dauphine, par Théodore de Hansy, libraire à Paris, sur le pont au change à Saint Nicolas. (*Sans date*), un *vol. in-8° de 260 pages, avec fig. et vignettes.*

Les heures sont entièrement gravées, le caractère imite l'écriture bâtarde ; les pages sont encadrées ; la gravure est assez belle.

—— Nouvelles heures, gravées au burin, dédiées au Roi ; (gravées par J. Mariette, et écrites par le calligraphe N. Duval, secrétaire ordinaire de la Chambre du Roi). (*Sans date*), *in-12.*

On doute que cet ouvrage ait été écrit par N. Duval, maître écrivain, qui publia le *livre d'écriture et d'ortho-graphe à présent en usage*, qu'il fit graver pour la seconde fois en 1670, 12 feuillets *in-4°*, bien exécutés. L'écriture du livre de prières dont nous parlons, n'est pas aussi belle que celle de ces modèles ; c'est ce qui fait penser qu'il pourrait bien être l'ouvrage du fils de N. Duval.

HORACE. Quinti Horatii Flacci opera. *Londini, œneis tabulis incidit Johannes Pine*, 1733—1737, 2 *vol. in-8° majori.*

Cette édition entièrement exécutée avec des planches gravées en taille-douce est très-belle et très-recherchée ; cependant il faut avouer qu'elle plairait davantage à l'œil si l'on n'eût pas pris pour modèle le caractère serré hollandais ; il en existait de plus beaux auxquels on aurait dû donner la préférence. Il y a beaucoup de choix à faire dans les épreuves ; mais il existe une marque dis-tinctive pour reconnaître les exemplaires de premières épreuves. La médaille de César, qui est à la page 108 du second volume, porte *Post. est.* Ces mots fautifs ont été corrigés après le tirage d'un certain nombre d'exemplaires. La faute indique donc le premier tirage. L'exemplaire de M. de la Vallière portant, sous le n° 2473 de son catalogue, la note *première édition*, a été vendu 107 l. 1 s.

KRAUSSEN. Historischer Bilder Bibel von Joh. Ulrick Kraussen. *Augspurg*, 1705, *in-fol.*

Ouvrage curieux et recherché. Il n'est composé que de figures gravées en taille-douce, avec des courtes explications en allemand sur la même planche. (Voyez la description de cet ouvrage qui est souvent incomplet, dans Debure, *Bibl. instr.*, n° 97, et sur-tout dans Crevenna, *catalog.* de 1776, in-4°, tom. Ier, page 29. Crevenna a relevé Debure). On ajoute à la *Bible* ci-dessus le livre suivant :

—— Heilige Aügen und gemüths lüst, c'est-à-dire, Épîtres et Évangiles de toute l'année, représentés en belles fig. en taille-douce; par le même Ulric Kraussen. *Ausbourg*, 1706, *in-fol.*

Il est exécuté comme le précédent. Six feuillets séparés renferment un faux titre, avec son frontispice et sa fig. suivis d'un discours en langue allemande, le tout gravé en taille-douce : vient ensuite la partie des figures qui y sont au nombre de 120, au bas de chacune desquelles se trouve une courte explication gravée avec la même planche.

LA FONTAINE. Fables choisies mises en vers par Jean de la Fontaine, nouvelle édition gravée en taille-douce : les figures par le sieur Fessard ; le texte par le sieur Montulay. *Paris, chez l'auteur,* 1765 à 1775, 6 *vol. in-8°.*

Cet ouvrage est assez recherché quand les épreuves sont belles et de premier tirage; il perd beaucoup de son prix lorsque les exemplaires ne sont pas de choix. Estimé 5o à 6o liv.

En 1787, on commença une nouvelle édition des *Fables de la Fontaine*, gravées; le format est *in*–18, et le texte est en très-beau caractère italique; les figures ont été gravées par MM. Simon et Coigny; mais cet ouvrage n'a point été terminé, il n'existe que le premier vol. qui contient vingt fables. La raison qui a empêché de le continuer, est que M. Didot l'aîné fit alors connaître son beau petit caractère par les éditions en petit format du *Télémaque*, des *OEuvres de Racine*, des *OEuvres de Florian*; ce caractère parut si beau que la gravure céda la place à la typographie, et on en resta au Ier vol. du la Fontaine, pour le texte; mais la collection des gravures de MM. Simon et Coigny a été continuée et terminée.

Depuis plusieurs années on a commencé à graver les *Fables de la Fontaine en caractères sténographiques*, *ornées du portrait de l'auteur et de vignettes représentant les attributs de la célérité*. Paris, chez T. P. Bertin, éditeur, *petit format*. L'ouvrage n'est point encore terminé. La souscription était ouverte à 24 fr.

LAGNIET. Recueil des plus illustres proverbes, divisés en trois livres. Le premier contient les proverbes moraux; le second les proverbes joyeux et plaisans; le troisième représente la vie des gueux, en proverbes, mis en lumière par Jacques Lagniet. *In*–4°, *fig*.

Ce livre est singulier et rempli de figures grotesques; il n'y a de discours que celui qui est gravé sur chaque estampe; il a été vendu 83 l. 19 s. chez M. de la Vallière, en 1784. (V. le *catalog*. de la Vallière, *supplément aux Belles–Lettres*, page 67).

LÉGENDE. La Légende joyeuse, ou les cent une leçons de Lampsaque, avec cette épigraphe : Hominem pagina, nostra sapit. *Londres, chez Pine* (1), 1749, 1 *vol. in-24, fig.* — Suite de la Légende joyeuse. *Londres, chez Pine,* 1750, *in-24, avec une seule fig.*

Ce Recueil d'épigrammes toutes tirées d'auteurs très-connus, est entièrement gravé ; il est composé de 105 pages d'un petit caractère italique assez bien exécuté sur cuivre ; malgré sa petitesse, il est lisible. On en connaît une réimpression très-mauvaise et très-usée (ce sont les mêmes planches), avec 101 gravures, c'est-à-dire, une à chaque épigramme ; elle a paru sous le titre de : *Bijou de société* ou *l'Amusement des Graces à Paphos. L'an des plaisirs.* Je n'aurais point parlé de cette bagatelle, si elle n'eût pas offert la singularité du texte gravé. Il existe une grande quantité d'ouvrages de ce genre, je ne crois pas devoir en faire mention. On m'a assuré que la Bibliothèque de l'Arsenal à Paris en renferme beaucoup.

LE HAY. Recueil de cent estampes représentant différentes nations du levant, gravées sur les tableaux peints d'après nature en 1707 et 1708, par les ordres de M. de Ferriol, ambassadeur du Roi, à la Porte, et mis au jour en 1712 et 1713, par les soins de M. Le Hay, avec des explications historiques. *Paris, chez Basan, graveur,* 1714, *in-fol.*

Ce Recueil est recherché sur-tout lorsque les figures sont bien enluminées ; il doit commencer par dix feuillets contenant l'intitulé, une préface, les anecdotes de l'ambassade de M. de Ferriol, l'explication des figures et une

---

(1) Jean Pine est celui qui a gravé l'*Horace* de Londres, 1733--1737, 2 *vol. in-8°, grand format;* il y a apparence qu'on a voulu emprunter son nom pour cette mauvaise *Légende,* qui, sans doute, a été gravée à Paris.

pièce de musique turque. Souvent ces dix feuillets, ou une partie de ces dix feuillets manquent; alors cela diminue la valeur des exemplaires. Celui que nous citons, et qui était parfaitement enluminé et bien complet, existait dans la Bibliothèque de M. Crevenna à Amsterdam, et a été vendu en 1790, la somme de 184 l.; un exemplaire a été vendu 151 l. chez le Duc de la Vallière. Nous croyons que M. Brunet a commis une petite erreur dans son *Manuel du libraire et de l'amateur*, tom. 1, p. 506, en annonçant cet ouvrage sous le nom de *la Haye*, au lieu de *le Hay*. Les 100 fig. ont paru en 1714 sans le texte. En 1715 on y a ajouté l'explication imprimée et trois planches dont l'une représente les *derviches dans leurs temples*, l'autre un *enterrement turc*, et la troisième, la pièce de musique dont nous avons parlé; ensuite le texte imprimé ayant été épuisé, on y a substitué un texte gravé.

LESCLACHE. Abrégé de la philosophie en tables, par Louis de Lesclache, avec privilège du Roi. *Sans date*, 1651, *in-4°*.

Cet ouvrage, gravé par Richer, est bien exécuté; il renferme un assez grand nombre de tables. Le caractère imite l'écriture bâtarde. Le frontispice est dessiné par Chauveau. Un exemplaire, imprimé sur vélin, a été vendu 120 l., en 1798.

LISTER. Martini Lister historiæ conchyliorum libri IV, cum appendicibus. *Londini*, 1685—1693, 5 parties en 1 *vol. in-fol.*, *fig.*

Ouvrage entièrement gravé, soit pour le texte, soit pour les figures; il contient 1057 planches dans lesquelles sont comprises celles qui représentent les *intitulés*, les *dédicaces*, les *avis aux lecteurs* et les distributions générales et particulières des différentes classes de coquilles.

Vendu chez Mirabeau 1091 l. 19 s., en 1792. (Voyez la description de cet ouvrage dans la *Bibliograph. instruct.*, n° 1743).

Loyola. Vita B. P. Ignatii Loyolæ, Soc. Jesu fundatoris. *Romæ*, 1609, *in-4°.*

Ce volume consiste en 79 planches, très-bien gravées en taille-douce, avec une explication latine au-dessous de chaque estampe. Il en existait un exemplaire dans la Bibliothèque de M. de la Serna, à Bruxelles.

—— Vita B. Patris Ignatii Loyolæ ad vivum expressa ex ea, quam Ribadeneira olim scripsit, deindè Matriti pingi, posteà in æs incidi, et nunc demùm excudi curavit. *Antverpiæ*, 1610, *in-fol.*

Les planches ont été gravées par Corneille et Théodore Gallé. Cet exemplaire appartenait également à M. de la Serna.

Messe. La Sainte Messe où sont représentés, par les actions du prêtre, les mystères de la passion de Notre Seigneur J. C. *Paris*, *Jouenne*, *in-12.*

Petit livre entièrement gravé et composé de 35 planches; il existait dans la Bibliothèque de M. de la Serna.

Mirys. Figures de l'histoire de la République Romaine, accompagnées d'un précis historique; ouvrage exécuté par ordre du Gouvernement pour servir à l'instruction publique, d'après les dessins de S. D. Mirys. *Paris*, *an VIII*, 1 *vol. in-4°*, *papier vélin.*

Ce volume renferme 181 figures; le texte est gravé au bas de chaque trait d'histoire, et occupe la moitié de la page. L'introduction en 11 pages est imprimée, et accompagnée d'une belle gravure de toute la hauteur de la page ; cette gravure représente Anchise montrant à Énée son fils , dans les champs Élysées, les héros de son sang qui doivent illustrer l'Empire Romain. La première gravure représente la naissance de Romulus, l'an du monde 3201 --- av. l'ère vulgaire 752 ; et la dernière, la 180ᵉ , représente la mort de Cléopâtre, l'an de Rome 722. M. Mirys travaille à l'histoire de l'Empire Romain, pour faire suite à celle de la République. Cet ouvrage est fort beau.

Montesquieu. Le Temple de Gnide , (par Montesquieu). *Paris , chez le Mire , graveur ,* 1772 , *in-4°, fig.*

    Ce volume est entièrement gravé. On le recherche volontiers. Les figures sont gravées par N. le Mire, d'après les dessins de Ch. Eisen. Le texte a été gravé par Drouet. L'exemplaire que nous citons a été vendu 19 l. 7 s. chez M. Crevenna, à Amsterdam, en 1790.

Officium. Beatæ Mariæ Virginis officium. *Venetiis, apud Jo. Bap. Pasquali ,* 1740 , *in-12 , fig.*

    Le texte est entièrement gravé, et l'ouvrage enrichi de jolies fig. Cet exemplaire se trouvait, à Amsterdam, chez M. Crevenna.

Pasquier. Plan topographique et raisonné de Paris, gravé par Pasquier et Denis. *Paris ,* 1758 , *in-8°, fig.*

    Le texte est entièrement gravé, en 149 pages. Il y a beaucoup d'ouvrages du même genre ; nous nous dispensons de les citer, parce qu'ils ont peu de valeur.

Petiver. Jacobi Petiver catalogus herbarii britannici Joannis Raii. *Londini , (absque anni nota) , in-fol. , fig.*

Il y a peu de texte dans cet ouvrage : (4 feuillets au commencement, imprimés d'un seul côté, et 4 feuillets à la fin); le reste est entièrement gravé. Les planches de gravure qui représentent les plantes y sont au nombre de 50. (Voyez la *Bibliographie* de Debure, n° 1585).

PONCE. La Guerre d'Amérique en 16 figures avec des notices, par MM. Ponce et Godefroi, 1 *vol. in-4°.*

Cet ouvrage est supérieurement gravé; il a rapport à quelques évènemens de la guerre qui a procuré la liberté aux États-unis. On connaît encore les *illustres français* dont les portraits, gravés par M. Ponce, sont encadrés au milieu du tableau des principaux traits de leur vie, avec l'historique au bas de la même estampe. Cet ouvrage n'est pas encore terminé. M. Godefroi en a gravé un à-peu-près sur le même plan, et qui a pour objet les principales époques de l'histoire depuis la renaissance des Lettres. Chaque période est de 25 ans. Il n'est pas non plus terminé. Au reste ces ouvrages appartiennent plutôt à la Chalcographie qu'à la Littérature ou à l'Histoire proprement dites.

PRIÈRES. The Book of common Prayers and administration of the Sacraments and other rites and ceremonies of the church of england. *London, engraven and Printed by John Baskert,* 1717, *in-4°.*

Cet ouvrage, entièrement gravé, est orné de très-jolies figures; on l'a vendu 181 l. à l'hôtel de Bullion, en 1786.

PROCESSIONALE. Processionale ordinis Carmelitarum reverendissimi Patris Magistri Ludovici Benzoni Prioris Generalis jussu de novo correctum, annotatum et sculptum opera et studio Fr. Casimiri Vire Balneolensis Provinciæ Narbonæ alumni. *Lugduni,* 1739, *Clarus Jacquemin sculpsit, in-4°.*

Ce *Processionale* renferme cent dix feuillets, et est entièrement gravé, tant pour le texte que pour le Plain-chant.

RENVERSEMENT. Renversement de la morale chré-tienne par les désordres du monachisme, enrichi de figures. (Français et hollandais), 2 *parties en* 1 *vol. in–4°.*

Cet ouvrage est un recueil de 50 figures qui font le principal sujet du livre; on y trouve les explications de ces figures.

SADELER. Solitudo, sive vitæ Patrum Eremicolarum, per Divum Hieronimum olim conscripta, jam verò primum æneis laminis sculpta à fratribus Joanne et Raphaele Sadeler. *In–4°, plano fig. elegantiss.*

—— Silvæ sacræ, monumenta sanctioris philosophiæ, quam severa anachoretarum disciplina vitæ et religio docuit. Sculpserunt Joan. et Raphael Sadeleri mo-nachi, 1594, *in–4°, plano fig. elegant.*

—— Trophæum vitæ solitariæ Joann. et Raphael Sadeleri sculpserunt. *Venetiis,* 1598, *in–4°, plano fig. elegant.*

—— Oraculum anachoreticum Joann. et Raphael Sadeleri sculpserunt. *Venetiis,* 1600, *in–4°, plano fig. elegant.*

—— Solitudo, sive vitæ fæminarum anachoreticarum, ab Adriano Collardo collectæ atque expressæ. *In–4°, plano fig. elegantiss.*

Ces cinq articles forment la collection des P.P. du désert, gravés par les frères Sadeler et A. Collard. Cette collection qui se trouvait dans la Bibliothèque de M. de la Serna à Bruxelles, est rare et difficile à rassembler.

SCHEUFELIN. Doctrina, vita et Passio Jesu-Christi, juxtà novi testamenti fidem et ordinem, artificiosis-simè effigiata. *Francofurti, Christianus Egenolphus,* 1542, *in-4°.*

> Cet ouvrage n'est composé que de figures très-bien gravées par Jean Scheufelin ou Schaueuffelein.

SCHOONEBECK. Rationalis reminiscentia in figuris per Adrianum Schoonebeck delineatis, *in-4° oblong.*

> Cet ouvrage n'est composé que de planches en taille-douce, sans aucune explication, ni discours; il est sans date ni indication de lieu et d'imprimeur.

—— Rationalis reminiscentia, per hebraica rerum signa (quæ vulgò vocabula dicuntur) depicta, linguæ sanctæ accommodata, artisque notoriæ jucunda faci-litas, humanæ cujusque indoli et genio consentanea. *In-4°, oblong.*

> Cet ouvrage est exécuté dans le même genre que le précédent, et également sans date, ni indication de lieu et d'imprimeur. On connaît encore un autre livre pareille-ment exécuté, intitulé : *Systema historico - chronologi-cum, etc.;* par Fabritius. (*Voyez* FABRITIUS.). Ces trois ouvrages se trouvaient dans la Bibliothèque de M. Cre-venna, à Amsterdam. Ils ne sont pas communs.

SENTIMENS, Sentimens d'une ame pénitente sur le Pseaume *Miserere;* par Madame D***, traduit en vers. *Munich, sans date, in-4°.*

> Cet ouvrage a été écrit et gravé sur 99 planches par F.-Xavier Jungwierth, en beau caractère italique de chan-cellerie. Son auteur est Marie-Antoinette, électrice de Saxe, connue parmi les bergers d'Arcadie à Rome, sous le nom d'Ermelinda Thalea.

TAVOLETTE. Tavolette chronologiche , contenente la Serie de Papi , Imperatori e Re , que anno regnato della nascita di Christo sino al presente , divise in due parti, etc. *Romæ , Venanzio Monaldini*, 1779, 1 *vol. in-8°.*

> Ce volume consiste en 64 pages gravées par Girolamo Serangoli; c'est le libraire Venanzio Monaldini qui a fait cette entreprise. Le caractère en est fort petit, péniblement exécuté, il n'est cependant pas désagréable à l'œil ni difficile à lire.

THERESIA. Vita S. Virginis Theresiæ à Jesu, tabulis æneis expressa. *Antverpiæ, apud Joannem Galleum,* 1650 , *in-4°.*

> Cet ouvrage, entièrement gravé et imprimé sur parchemin, se trouvait dans la Bibliothèque de M. de la Serna, à Bruxelles.

VÆNIUS. Vita D. Thomæ Aquinatis , Othonis Vænii ingenio et manu delineata. *Antverpiæ,* 1610 , *in-fol.*

> Cet ouvrage est composé de 30 planches.

VIRGILE. P. Virgilii Maronis opera , ex antiquis monumentis illustrata , curâ , studio et sumptibus Henrici Justice Armigeri Rufforthii Toparchæ. *La Haye,* (1753—1767) , 5 *vol. in-8°.*

> Ce livre entièrement gravé est, dit Crevenna, le produit du talent des meilleurs artistes d'Angleterre et de Hollande. M. Jansen le fait sortir du burin de Marc Pitteri, graveur en taille-douce, de Venise; il est orné d'une infinité de figures tirées des monumens anciens et analogues à chaque sujet des poésies de Virgile. Il consiste en 767 planches : les volumes ne portent aucune date, mais l'Épître dédicatoire de M. Justice, qui se trouve

à la tête du 5ᵉ volume, est datée de la Haye le 4 juillet
1765. Ce 5ᵉ vol. renferme un index raisonné de toutes
les figures répandues dans tout l'ouvrage; il a été composé
par Chr. Saxius. Le coup d'œil du caractère n'est pas
aussi agréable que celui de l'Horace de Pine. Les premières épreuves ont été tirées sur format petit *in-4°*.
M. de Crevenna en possédait un exemplaire de ce dernier
format, qui n'a été vendu que 90 l. 6 s., en 1789. On
prétend que les exemplaires de ce format sont très-rares
en France, parce que l'Impératrice de Russie, Catherine
II, les a fait acheter presque tous. M. Fournier dit, dans
son *Dictionn. portatif de Bibliographie*, 1809, *in-8°*,
p. 548, qu'il en existe des exemplaires, dont le texte n'a
été tiré que d'un seul côté de la page, et qu'ils sont
très-rares.

—— Pub. Virgilii Maronis Bucolica et Georgica
tabulis æneis olim à Joh. Pine illustrata, opus pa-
ternum in lucem profert Robertus Edge Pine. *Londini*, 1774, 2 *Tomes, gr. in-8°*.

Je crois qu'on avait commencé la gravure de cet ouvrage
dès 1755. L'*Énéide* n'a point paru. Un exemplaire, qui
existait dans la Bibliothèque de M. Crevenna, a été vendu,
en 1789, 21 l. 10 s.

WEIGEL. Passio Domini Nostri Jesu-Christi, neo-
cælatis iconibus expressa. *Viennæ*, 1693, *in-4°*.

Cet ouvrage est enrichi, ou, pour mieux dire, composé
de 100 planches très-joliment gravées en taille-douce par
Christ. Weigel sur les dessins du célèbre Sandrart. Il existait
dans la Bibliothèque de M. de la Serna, à Bruxelles.

—— Historiæ celebriores veteris testamenti, iconibus
æneis representatæ, à Christophoro Weigelio. *Nori-
bergæ*, 1708, 2 *vol. in-fol*.

Cet ouvrage assez bien exécuté, ne renferme que des figures, au bas desquelles on trouve seulement une courte et simple explication. Jacques Weigel a publié à Francfort une *Bible* à-peu-près dans le même genre, 1697, 7 *vol.* *in-8°.* (Debure, *Bibl. instr.*, n°s 95 et 96).

WIERX. Passio Domini Nostri Jesu-Christi. *Hieronymus Wierx invenit, incidit, excudit. In-4°.*

Petit ouvrage composé de 19 jolies gravures. Un exemplaire, premières épreuves, se trouvait dans la Bibliothèque de M. de la Serna.

F I N.

NOTICE

BIBLIOGRAPHIQUE

DES OUVRAGES

PUBLIÉS SOUS LE NOM D'ANA.

NOTICE BIBLIOGRAPHIQUE

DES OUVRAGES

PUBLIÉS SOUS LE NOM D'ANA.

Quoique depuis long-tems on porte sur les Livres en ANA, un jugement peu favorable, il n'est pas moins vrai qu'ils plaisent à beaucoup de personnes, par la variété des objets qu'ils offrent à la curiosité du lecteur, et par les anecdotes peu connues qu'on y trouve. Ce sont des sources d'érudition et de bons matériaux d'histoire littéraire pour celui qui sait choisir avec discernement et prendre ce qu'ils renferment de meilleur. D'ailleurs on est charmé d'y voir les grands hommes en négligé, s'il est permis de se servir de ce terme, et de juger de leur sentiment particulier sur toutes sortes de matières. Il semble que nous vivions avec eux, et que la liberté de la conversation leur permette de se montrer tels qu'ils sont.

Rien n'était mieux imaginé que ces sortes de Recueils; mais ceux qui les ont donnés au public, n'ont pas toujours su faire un choix judicieux des dits et gestes de leurs héros; et il est rarement arrivé que ces sortes de Livres aient parfaitement rempli l'attente du lecteur (1). Il faut les lire avec beaucoup de circonspection, parce qu'étant presque tous faits après la mort de ceux dont ils portent le nom,

---

(1) » Ces recueils, dit la Monnoye, seraient très-dignes de notre curiosité, s'ils répondaient à l'idée que nous avons coutume de nous en faire. Nous nous attendons à y trouver des bons mots, des traits singuliers d'érudition, des corrections de passages jusques-là désespérés, de petits contes originaux, de fines anecdotes, quelqu'épigramme bien tournée. C'est à ce coin que les bons ANA doivent, ce me semble, être marqués «, (*Préface du* SÉGRAISIANA).

il s'y rencontre souvent des futilités, des choses inconvenantes et même des bévues grossières que ces savans se seraient bien gardés d'avouer. C'est sans doute ce qui a fait tomber les ANA dans un grand discrédit.

Lorsqu'ils ont commencé à paraître (vers 1666), le public les recherchait avec beaucoup d'avidité; ensuite son empressement s'est réfroidi, et une espèce de dégoût a succédé à ce réfroidissement. Il me semble qu'on aurait pu tenir le milieu entre l'enthousiasme qu'ils ont d'abord inspiré et le mépris où ils sont tombés par la suite; car si les ANA ne sont pas les meilleurs des Livres, il s'en faut beaucoup qu'ils soient les plus ennuyeux, les plus mauvais et les plus inutiles. Nous pensons qu'il y aurait un moyen de remettre ce genre de littérature à sa vraie place; et ce moyen, l'abbé d'Artigny nous l'indique : » ce serait, dit-il, de donner de nouvelles éditions des bons ANA (1), avec des remarques et des corrections; ou il faudrait qu'un homme de goût et d'érudition choisît dans chacun ce qu'il y aurait de meilleur, et en formât un nouveau Recueil, en indiquant avec exactitude les sources où il aurait puisé. Je suis persuadé qu'un semblable travail bien exécuté serait favorablement reçu du public ». L'abbé

_____

(1) On vend à Paris une collection d'ANA, en 10 vol. *in-8°* : elle a pour titre : ANA, ou *Collection de bons mots, Contes, Pensées détachées, Traits d'histoire et Anecdotes des hommes célèbres, depuis la renaissance des lettres jusqu'à nos jours; suivis d'un Choix de Propos joyeux, Mots plaisans, Réparties fines et Contes à rire, tirés de différens recueils.* Amsterdam, Paris, Belin, an VII, 10 vol. *in-8°.* Ce titre est ajouté, et cette collection qui est bien imprimée, renferme *Fureteriana* et *Poggiana,* 1 vol.; *Ménagiana,* 3 vol.; *Vigneul-Marvilliana,* 2 vol.; *Carpentariana, Naudéana, Patiniana,* 1 vol.; *Huetiana* et *Origine des romans,* 1 vol.; *Chevréana,* 1 vol.; *Sévigniana, Boléana,* 1 vol. Il y a des corrections dans ces différens ANA; mais le *Chevréana* qui devrait avoir deux volumes, dont le second doit être terminé par *Ségraisiana,* n'en a qu'un; le *Ségraisiana* manque.

d'Artigny a raison, ce Recueil bien fait serait un véritable trésor, où l'on puiserait toujours avec un nouveau plaisir.

Les Livres en ANA ne sont pas les seuls qui renferment un grand nombre d'anecdotes littéraires ou de dissertations curieuses. Il existe encore beaucoup d'ouvrages, qui, sous le titre de *Mélanges*, de *Variétés*, de *Mémoires*, de *Délassemens*, de *Singularités*, de *Récréations*, de *Diversités*, de *Réflexions*, d'*Aménités*, etc., etc., etc. (1), sont précisément dans le genre des ANA. Il n'y a que le titre de différent. Il est présumable que si les auteurs n'ont pas mis le mot ANA, en tête de ces sortes de Recueils, c'est par la raison que les ANA étaient alors peu estimés, et ils ont craint de se servir du mot. Mais ils n'ont pas voulu pour cela priver le public de leurs recherches intéressantes; ils ont changé le titre en conservant la chose.

Les *Recueils*, *Variétés*, *Mélanges*, etc. n'ont point été inconnus aux anciens; nous avons les *Dits et les Faits de Socrate*, par Xénophon; les *Dialogues* de Platon; les *Dipnosophistes* d'Athénée, les *Symposiaques* de Plutarque, les *Nuits attiques* d'Aulu-Gelle, les *Apophtegmes des philosophes*, par Diogène-Laërce; les *Sentences* de Pythagore, d'Epictète; les ouvrages de Stobée, de Macrobe, d'Isidore de Séville, etc, etc.

---

(1) Baillet a donné dans ses *Jugemens des savans*, une liste assez étendue de ces différens titres, dont quelques-uns sont extraordinaires et bizarres. Voici cette liste : *Diverses Leçons*; *Leçons antiques*; *Leçons nouvelles*; *Leçons suspectes*; *Lectures mémorables*; *Mélanges* nommés par les uns *Symmictes*, et par les autres *Miscellanées*; *Cinnes*; *Schediasmes* ou *Cahiers*; *Adversaires* ou *Recueils*; *Collectanées*; *Philocalies*; *Observations* ou *Remarques*; *Animadversions* ou *Corrections*; *Scolies* ou *Notes*; *Commentaires*; *Expositions*; *Soupçons*; *Conjectures*; *Conjectanées*; *Lieux communs*; *Éclogues* ou *Électes* ou *Extraits* ou *Florides*; *Parergues*; *Vrai-semblables*; *Novantiques*; *Saturnales*; *Seimestres*; *Nuits*; *Veilles*, *Journées*; *Heures subsecives* ou *succisives*: *Præcidanées*; *Succidanées*; *Centurionats*; etc, etc.

A la renaissance des lettres, les auteurs des XVe et XVIe siècles nous ont donné, d'une manière plus érudite qu'agréable, beaucoup de *Miscellanea*, d'*Adversaria*, de *Variæ lectiones*, d'*Observationes*, de *Méditationes historicæ*, etc.

A la fin du XVIe siècle, on a commencé à écrire en français dans le même genre. Les *Mélanges historiques* de Pierre Messie de Séville, furent traduits par Claude Gruget, Parisien; Antoine du Verdier y ajouta une suite; c'est-à-dire un recueil de ses propres observations, sous le titre de *Leçons diverses*. Pierre de la Primaudaye donna quelques tomes d'une *Académie française*: ce sont de gros billots, aussi pesans par le style que par le volume. Jean de Caures publia des *Œuvres morales diversifiées*; Louis Guyon a aussi des *Leçons diverses*. Les *Erreurs populaires* de Laurent Joubert et Gaspard Bachot, parurent, ainsi que celles de Primerose et Brown. Le Jésuite Binet mit au jour son *Essai des merveilles de la nature*; Tabourot fit imprimer ses *Bigarrures et Touches*, qu'on recherche encore aujourd'hui. Pierre de Saint-Julien donna ses *Gemelles* ou *Pareilles*; ce sont des histoires qui se ressemblent. Charles-Etienne publia ses *Paradoxes*, et Honorat de Meynier, ses *Demandes curieuses* et ses *Réponses libres*. L'évêque de Belley, Pierre Camus, composa ses volumineuses *Diversités*; l'abbé Bordelon a aussi publié des *Diversités* qui ne valent pas mieux que ses autres ouvrages. Les *Jours caniculaires* de Simon Majole, évêque de Valtoure, ont été traduits par François Rosset. Gabriel Chapuys a donné dans notre langue les *Histoires* de Torquemade, distribuées par *journées* en forme de dialogues. Chevreau a traduit les *Considérations fortuites* de Joseph Hall. Le frère aîné de Paul Pelisson a donné un petit recueil de *divers problêmes*, à l'imitation de Garembert;

nous ne finirions pas, si nous voulions parler de tous les vieux ouvrages français qui renferment des mélanges.

Quant aux ouvrages modernes du même genre, il en existe un grand nombre ; nous avions fait la Bibliographie de plus de quatre cents recueils de cette espèce ; et nous comptions la mettre à la suite du Catalogue raisonné des ANA, mais cela nous entraînerait trop loin.

Revenons aux ANA, et parlons d'abord de l'étymologie de ce mot ; elle n'est pas connue ; nous allons hasarder deux conjectures à ce sujet ; voici la première : on sait que les Livres dont le titre se termine en ANA, ne renferment ordinairement que des pensées et des anecdotes peu connues sur ceux qui en sont l'objet ; ne pourrait-on pas regarder le mot ANA comme un diminutif du mot *Anecdota*; celui-ci est composé d'*a* privatif et d'*ekdotos*, livré, mis au jour, dérivé d'*ek*, *dehors*, et *didômi*, donner, c'est-à-dire, chose qui n'a pas encore été publiée? Le Recueil des pensées d'un savant, auquel on donne le nom d'ANA, n'ayant point encore été publié, est donc une vraie anecdote, prise dans la véritable acception du mot (1) ; mais comme ce mot *Anecdota* ajouté à un nom propre ne serait point agréable à l'oreille, (*Menagianecdota*, par exemple), on a retranché une partie du mot ajouté, et on a donné une terminaison (le neutre plurier) à la partie que l'on a conservée ; ainsi *Menagiana* peut provenir de *Menagii anecdota*, ou *Verba nondum edita*. Passons à la seconde conjecture, qui paraîtra peut-être plus vraisemblable : la terminaison latine ANA ne formerait-elle pas

_____

(1) Nous disons : véritable acception du mot, car on n'entend plus maintenant par anecdote une chose qui n'a point encore été publiée, mais un petit trait d'histoire détaché, un évènement particulier. Nous avons sous le titre d'*Anecdotes*, des livres qui ont été réimprimés plus de vingt fois.

du nom propre auquel elle est ajoutée , un adjectif neutre pluriel ; dont le substantif serait le mot *verba* ou *miscellanea* sous entendu ? Par exemple , on a intitulé les bons mots et les mélanges de Naudé et de Ménage , *Naudeana* et *Menagiana* , c'est-à-dire , *miscellanea Naudeana* et *miscellanea Menagiana* , ou bien *verba Naudeana* et *verba Menagiana*. Telles sont les deux conjectures que je hasarde sur l'origine du mot ANA , qui n'était point connu avant le dix-septième siècle.

Disons maintenant un mot des écrivains qui ont parlé de ces sortes de livres.

On peut consulter sur l'origine des ANA, les *Dissertations sur diverses matières de religion et de philologie*, par l'abbé Tilladet. *La Haye*, 1714, *2 vol. in-12.* Voyez le *tome 2*, 18e dissertation. — Les *Entretiens sur les Contes des Fées*, par l'abbé de Villiers. *Paris*, 1699, *in-12*, 4e entretien — L'avertissement du *Menagiana*, 1715, *4 vol. in-12*. — Les *Mémoires de Trévoux*, juin, 1712, p. 1088, et octobre, 1749, p. 2137. Wolfius a fait l'histoire des livres en ANA , dans sa préface du *Casauboniana* , 1710 , *in-8o.* Michel Lilienthal a publié des additions à l'ouvrage de Wolfius , sous le titre d'*Analecta ad J. Ch. Wolfii dissertationem de libris in* ANA. Voyez ses *Selecta historica et litteraria. Regiomontani, et Lipsiæ*, 1715, *in-8o.* Observat. VI, pp. 141—177.— Burcard Gotthelfius Struvius , a donné une liste de tous les ANA connus de son tems, dans ses *Supplementa ad notitiam rei litterariæ* , cap. VII. — Le savant Huet a publié une lettre : *des titres de livres terminés en* ANA. On la trouve dans les *Dissertations* de Tilladet, que nous avons citées plus haut, pp. 107 et 110 du second tome. — On peut encore consulter, les *Réflexions sur les* ANA, *et Catalogue raisonné de ces sortes d'ouvrages*, dans les *Nouveaux*

Mémoires d'histoire, de critique et de littérature, par l'abbé d'Artigny. Paris, 1749, 7 vol., tom. 1er, pp. 287—318; tom. III, p. XIII des *additions*, et tom. VI, pp. 1—11. — M. Michault de Dijon, a donné dans le discours préliminaire de ses *Mélanges historiques et philologiques*, une très-bonne notice sur les ANA, et sur les livres de mélanges qui les ont précédés ; elle nous a été utile.

La Monnoye a fait sur les ANA, une plaisanterie qui doit trouver place ici :

Fortunius un jour dîna
Chez un grand, où l'on raisonna
Bien fort sur *Perroniana*,
Thuana, *Valesiana* ;
Après quoi l'on examina
Lequel de *Patiniana*
Vaut moins ou de *Naudœana* ?
S'il fallait à *Chevrœana*
Préférer *Parrhasiana* ?
Et priser *Ménagiana*
Plus que les *Scaligerana* ?
En liberté chacun prôna,
Ou suivant son goût condamna
L'un *Saint-Evremoniana*,
L'autre *Fureteriana*.
Un tiers l'avantage donna
Sur eux à *Sorbériana*.
Tel contre *Anonymiana*,
Contre le *Vasconiana*,
Et contre *Arlequiniana*
Tint bon pour *Santoliana*.
Au dessert on questionna
Si le nom *Boursautiana*,
Celui d'*Ancilloniana*,
De *Vigneul-Marvilliana*,

Et de *Colomesiana*
Jamais des auteurs émana ?
Si l'on verrait *Pithœana*,
Et d'autres que promis on a,
Tels que sont *Baluziana*,
De Selden, *Seldeniana*,
De Daumius, *Daumiana*,
De Calvin, *Calviniana*,
De Bourbon, *Borboniana*,
De Grotius, *Grotiana*,
De Bignon, *Bignoniana*,
De Sallot, *Sallotiana*,
Commire, *Commiriana*,
Enfin *Casauboniana*,
Et le *Bourdelotiana*,
Même *Furstembergiana?*
Fortunius lors opina,
Et d'un ton qui prédomina,
La dispute ainsi termina :
Messieurs, nul de tous ces *Ana*
Ne vaut l'ypécacuanha.

Passons maintenant à la notice raisonnée par ordre alphabétique, des livres en ANA qui sont parvenus à notre connaissance.

BIBLIOGRAPHIE RAISONNÉE

DES

LIVRES EN ANA.

ADDISSONIANA, ou Extraits de tout ce qui a été écrit sur Addisson et sur ses ouvrages, (en anglais). *Londres, Philips,* 1804, 2 *vol. in-8°.*

Cet ANA est peu connu en France. Joseph Addisson, poëte et philosophe, né en 1672, est mort en 1719. Nous possédons depuis 1777, l'*Esprit d'Addisson, ou les beautés du spectateur, du babillard et du gardien,* consistant principalement dans une collection des feuilles de M. Addisson, avec un précis de sa vie, trad. de l'anglais, par M. J. P. A. Yverdon, 1777, 3 vol. in-8°.

ALBUCONIANA, Recueil de différens morceaux sur l'économie politique, Par P. A. V^e. D.... (le Vicomte d'Aubusson). *Paris, Laurens,* 1789, *in-*12.

Ce Recueil se trouve à la suite de la seconde édition de l'ouvrage ayant pour titre : *Modèle d'un nouveau ressort d'économie politique, ou projet d'une nouvelle espèce de banque qu'on pourra nommer Banque rurale,* P. A. Ve D.... (d'Aubusson). *Paris,* 1789, *in-*12. La première édition est d'Amsterdam, 1772, aussi *in-*12.

***ANA (Allainvaliana), ou Bigarrures calotines, (par l'abbé Léonor-Jean-Christine Soulas d'Alla nval). *Paris, de Heuqueville,* 1730--32, 4 *parties en un vol. in-*12.

Ce Recueil est assez recherché, et s'est payé assez cher dans les ventes, quoique nous n'y ayons rien remarqué de bien saillant; souvent les deux dernières parties manquent.

ANGOTIANA, ou suite des Calembourgs, etc., 7ᵉ. édition. *Paris*, 1803, *in-18, fig.*

Tous les ANA qui ont été publiés depuis dix à douze ans, sont peu faits pour relever ce genre de littérature, du discrédit où il est tombé; ils sont presque tous médiocres, et quelques-uns beaucoup au-dessous du médiocre. Aussi nous contenterons-nous de les annoncer simplement.

ANONYMIANA, ou Mélanges de poésies, d'éloquence et d'érudition *Paris*, 1700, *in-12.*

Ce volume est peu de chose; on n'y trouve que trois ou quatre pièces curieuses sur-tout une critique en vers du poëme du Val-de-grace, de Molière, où de beaux détails de peinture et la critique du dôme se font remarquer. Bayle a parlé de cet ANA dans son *Dictionnaire*, à l'article TACITE.

ARLEQUINIANA, ou les bons mots, les histoires plaisantes et agréables, recueillis des conversations d'Arlequin; (par Cotolendi). *Paris*, 1694, *in-12.* Le même, *édition de Hollande*, 1735, *in-12.*

Ouvrage pitoyable, plein de fades plaisanteries et de mauvais quolibets. L'abbé Bordelon, auteur présumé (1) d'une production insipide, intitulée *le Livre sans nom*, n'a pas eu honte d'y dire dans la préface que l'*Arlequiniana* avait partagé tout Paris; il est vrai que l'on fait encore

---

(1) Je dis *présumé*; car Bordelon n'a pas mis ce *Livre* dans le catalogue de ses ouvrages qu'il a donné lui-même dans ses *Dialogues des vivans*, qu'on regarde comme son dernier écrit. M. Barbier l'attribue à Cotolendi.

parler Arlequin dans cet ennuyeux *Livre sans nom*, qui a été imprimé à Paris en 1695, *in–12*, et depuis en 1708 aussi *in–12*.

ARLEQUINIANA, ou jeux de mots de Dominique et autres, rédigés par Ch. Malingreau. *Paris*, 1801, *in–*18.

ARNALDIANA et QUESNELLIANA, manuscrit qui pourrait former un *in–12 de 400 pages*.

Ce Recueil n'a jamais été imprimé. Villefore, connu par ses *Anecdotes de la Constitution*, en a fait la préface et les remarques placées à la fin du Livre, en forme d'éclaircissemens. Il y a apparence que ce manuscrit ne verra jamais le jour. Il existait entre les mains de l'abbé Tricault de Belmont, auteur des *Essais de Littérature*.

ASINIANA, *Paris*, 1801, *in–*18.

ATTERBURYANA, being Miscellanies by the late bishop of Rochester, etc. With I, a collection of original lettres. II, the Virgin-seducer. III, the Batchelor–keeper, or modern Rake, by Philaretus. *London*, 1727, *in–*8°.

François Atterbury, Évêque de Rochester, fut banni de l'Angleterre en 1723, pour s'être déclaré en faveur du prétendant; il se retira à Paris, où il mourut en 1732, regretté des gens de lettres, auxquels il prodiguait ses conseils et son érudition.

BACONIANA, or certain genuine remains of Francis Bacon, Baron of Verulam, etc., in arguments civil and moral, natural, medical, theological and bibliographical, now the first time faithfully published. *London*, print. *by J. D. for Rich. Chiswell*, 1679, *in–*8°.

François Bacon de Vérulam, Chancelier et Garde des Sceaux d'Angleterre, a été le plus grand homme de son siècle, sous le rapport philosophique et littéraire. Il est mort le 9 avril 1626, à 66 ans.

BALOURDISIANA (*ou* Aneries Révolutionnaires), Bêtisiana, Anecdotes de nos jours, recueillies et publiées par Cap... (Capelle). *Paris*, 1801, 1 *vol. in*–18.

BIÉVRIANA, ou jeux de mots de M. de Biévre. *Paris, Maradan, an VIII, in*–18, *portr.*

On a donné une nouvelle édition en 1800, *in*–18, portr.

BOLŒANA, ou bons mots de M. Boileau, avec les poésies de Sanlecque, (publié par Delosme de Monchesnay). *Amsterdam*, 1742, *in*–12.

Ce Recueil, auquel sont jointes les *Poésies de Sanlecque*, avait déjà paru dans la collection des *OEuvres de Boileau*, donnée par J. B. Souchay, en 1740, 2 *vol. in*–4°, fig. de Cochin. Le *Journal des savans*, mai 1741, renferme une lettre de Fontenelle sur ce *Bolœana* que Lefebvre de Saint-Marc a fait réimprimer avec des corrections et des augmentations dans la belle édition des *OEuvres de Boileau*, qu'il a publiée en 1747, 5 *vol. in*–8°, *fig*. Le *Bolœana* est un Recueil de singularités, de jugemens littéraires, d'anecdotes, qui seraient restés dans l'oubli, s'ils n'eussent été révélés au public par M. Delosme de Monchesnay, qui était intimement lié avec Boileau. Racine fils a traité le *Bolœana* d'inexact, et l'abbé Desfontaines, de maussade. L'abbé d'Artigny en a cité quelques traits, pages 300—308 du Tome Ier de ses *nouveaux Mélanges d'histoire, de critique, etc.* Ces traits ne nous paraissent pas confirmer l'opinion de Racine et de Desfontaines. Voyez encore les *Récréations littéraires* de Cizeron–Rival. *Lyon*, 1765, *iu*–12; et sur–tout la bonne édition de *Boileau*, stéréotype d'Hérhan. *Paris*, 1809, 3 *vol. in*–8°, Tom. I, pp.

LXV—CXXXVI. L'éditeur, M. Daunou, y a inséré un grand
nombre de notes historiques sur Boileau d'après Monchesnay, Cizeron-Rival, Dalembert, de Boze, Desmaiseaux,
Gouget, Racine fils, etc., etc.

BONAPARTIANA, ou Recueil des réponses ingénieuses
ou sublimes, actions héroïques et faits mémorables
de Bonaparte ; par C..... d'Aval.. *Paris*, 1801, 2
*vol. in-*18.

BORBONIANA, ou fragmens de littérature et d'histoire de Nicolas Bourbon, (dans les *Mémoires his-*
toriques, critiques et littéraires, de David-Augustin
Bruys, donnés par Philippe-Louis Joly. *Paris*, 1751,
2 *vol. in-*12.

> L'abbé Joly a mis le *Borboniana* à la suite des *Mé-*
> *moires* de Bruys, et il y a joint un petit Recueil, intitulé :
> CHEVANEANA, ou *fragment de Mélanges* de Jacques-Auguste
> de Chevanes, avocat au Parlement de Dijon. On trouve
> dans les *Mélanges historiques et philologiques*, de Mi-
> chault, *Paris*, 1770, 2 *vol. in-*12, des remarques très-
> intéressantes sur quelques articles du *Borboniana*. V. le
> Tom. I, p. 291. Nicolas Bourbon, de l'Académie fran-
> çaise, très-bon poëte latin, est mort en 1644, âgé de
> 70 ans.

BROOKIANA, *London*, 180..., *in-*8°.

> Je sais que cet ANA existe, qu'il a été imprimé à Londres
> vers le commencement de ce siècle; mais je n'ai pu me
> procurer des renseignemens sur ce qu'il renferme.

BRUNETIANA, quinzième édition, contenant uniquement les facéties et les bons mots de M. Brunet
dans ses principaux rôles, etc. *Paris*, 1806, *in-*18, *fig.*

CARPENTARIANA, ou remarques d'histoire, de morale, de critique, d'érudition et de bons mots, de

M. Charpentier de l'Académie française ; (publiées
par Boscheron). *Paris*, 1724, et *Amsterdam*, 1741,
in-12.

> On avait d'abord attribué cet ANA à Camusat, mais
> il est de Boscheron. On y trouve de bonnes réflexions
> morales. Il y a quelques articles contre les femmes. François
> Charpentier, doyen de l'Académie française et de celle
> des Belles–Lettres, est mort à Paris, lieu de sa nais-
> sance, le 22 avril 1702, à 82 ans.

CASAUBONIANA, sive Isaaci Casauboni varia de scrip-
toribus librisque judicia, observationes sacræ in utrius-
que fœderis loca, philologicæ item et ecclesiasticæ,
ut et animadversiones, in Annales Baronii ecclesias-
ticos ineditæ, ex variis Casauboni manuscriptis in
bibliothecâ bodleiana recunditis nunc primum erutæ
a Joh. Chr. Wolfio. Accedunt duæ Casauboni epistolæ ineditæ et præfatio ad librum de libertate
ecclesiasticâ, cum notis editoris in Casauboniana,
ac præfatione quâ de hujus generis libris disseritur.
Hamburgi, *typis P. L. Stromeri*, 1710, *in*-8°.

> Ce Recueil n'est point digne de celui dont il porte le
> nom, ni même de son éditeur. On y trouve peu de
> chose, qui réponde à l'idée qu'oh doit se former d'Isaac
> Casaubon, l'un des plus savans hommes de son siècle.
> Comme il n'a travaillé que sur les 34 premières années
> des *Annales ecclésiastiques* de Baronius, on disait qu'il
> n'avait attaqué l'édifice du Cardinal que par les girouettes.
> La notice sur les livres en ANA, que Wolfius a mise
> dans sa préface, est bonne, mais incòmplette ; Lilienthal
> y a fait des additions en 1715, dans ses *Selecta historica*.
> Isaac Casaubon a été bibliothécaire de Henri IV en 1603;
> après la mort de ce Prince, il est allé en Angleterre, sur

l'invitation de Jacques Ier, et y est mort le 1er juillet 1614. Il a été enterré à Westminster.

CHAMPFORTIANA, ou Recueil choisi d'anecdotes piquantes, et traits d'esprit de Champfort, précédé d'une notice sur sa vie et ses ouvrages. *Paris*, 1800, *in*-12. Seconde édition, 1802, *in*-12.

Champfort avait beaucoup d'esprit et de jugement, mais un peu trop d'affectation dans le style. Son *Éloge de la Fontaine* est un chef-d'œuvre. Les vers suivans tirés d'une de ses épîtres, nous ont paru très-beaux :

> Sainte religion dont le regard descend
> Du Créateur à l'homme, et de l'être au néant,
> Montre nous cette chaîne adorable et cachée,
> Par la main de Dieu même à son trône attachée,
> Qui pour notre bonheur, unit la terre au ciel,
> Et balance le monde aux pieds de l'Éternel.

Champfort fut de l'Académie française. Il mourut de la manière la plus déplorable, en avril 1794.

CHEVANÉANA, (*Voyez* BORBONIANA).

CHEVRÆANA, (publié par Urbain Chevreau lui-même. *Paris*, *P. Delaulne*, 1697-1700, 2 *vol. in*-12.

On estime ce Recueil, il renferme de très-bonnes choses; on n'est pas exposé à y trouver des bévues pareilles à celles qu'ont publiées la plupart des éditeurs d'ANA, qui n'ont pas bien entendu les auteurs dont ils parlaient, ou qui leur ont attribué des choses qui ne leur appartenaient point. Ici c'est un ouvrage fait par l'auteur lui-même, dans lequel il a réuni des notes, des réflexions, des faits littéraires, qu'il n'avait pu faire entrer dans ses autres ouvrages; mais il est bon d'y joindre ses *OEuvres mêlées*; la Haye, 1697, 2 *parties*, *in*-12. C'est encore une espèce d'ANA, composé de lettres semées de vers latins et français, de passages d'auteurs anciens grecs et latins, et d'anecdotes littéraires. Urbain Chevreau né à Loudun en 1613, y est mort en 1710. Le Duchat a fait des remarques sur le *Chevræana;* (Voyez le Ducatiana, p. 403).

Christiana. 1801, *in–*18.

Clementiana, ou Pensées ingénieuses de S. Clément d'Alexandrie, par M. Morellet. (Dans les *archives littéraires,* tome ·II, pp. 42-53).

Colomesiana. (Dans les *Mélanges curieux des meilleures pièces attribuées à Saint – Évremont,* publiées par Desmaiseaux, 1706, *in–*12; et dans le *Scaligerana, Thuana,* etc , 1740, *tome* Ier, pp. 526-628).

Desmaiseaux a enrichi cette dernière édition de nouvelles remarques. Colomiès avait inséré dans ses *Opuscules,* Paris, 1668, un *Recueil de particularités, fait l'an* 1665, et il avait publié à Orange, en 1675, un second Recueil sous le titre de *Mélanges historiques.* Ce sont ces deux petits ouvrages, qui renferment une infinité de traits curieux d'histoire et de littérature , que Desmaiseaux a réimprimé en 1706 sous le titre de *Colomesiana,* dans les *Mélanges* cités plus haut. Paul Colomiès né à la Rochelle en 1638, est mort à Londres en 1692.

Comediana, ou Recueil choisi d'anecdotes dramatiques, bons mots des comédiens, et réparties spirituelles de bonhomie et naïveté du parterre. Par C..... d'Aval.... *Paris,* 1801, *in–*18, *fig.*

Conringiana epistolica, sive animadversiones variæ eruditionis ex B. Hermanni Conringii Polyhistoris celeberrimi epistolis miscellaneis nondum editis libatæ; per Christophorum Henricum Ritmeierum. *Lipsiæ,* 1719, *in–*8°.

Cette édition est la seconde, et plus ample que la première

dont j'ignore la date. Hermann Conringius, Professeur de droit et de médecine à Helmstadt, né à Norden en Frise, l'an 1606, est mort le 12 décembre 1681.

CORDELIANA, ou Recueil des actions et aventures du nommé Cordeil, directeur des arts et métiers à Bourges. *Amsterdam, Braakman*, 1698, *in-*8°.

> Nous ne connaissons cet ANA que par le titre.

CRICRIANA. *In-*18.

DIDEROTIANA, ou Recueil d'anecdotes, bons mots, plaisanteries, réflexions et pensées de Denis Diderot; suivi de quelques morceaux inédits de ce célèbre encyclopédiste. Par M. Cousin d'Avalon. *Paris*, 1810, *in-*18, *de* 157 *pages, portrait.*

DUCATIANA, ou Remarques de feu M. le Duchat sur divers sujets d'histoire et de littérature, recueillies dans ses manuscrits, et mises en ordre par M. F..... (J. Henri Samuel Formey). *Amsterdam, Humbert*, 1738, 2 *vol. in-*12.

> Très-bon recueil, dans lequel on trouve des choses fort-curieuses. Ce savant y a mis des *remarques* et *additions* au MÉNAGIANA, pp. 221—289; aux PERRONIANA THUANA, pp. 290—293; au SCALIGERANA et au VALÉSIANA, pp. 346—356; au CHEVRÆANA, pp. 399—403; au POGGIANA, p. 66. Nous y avons aussi vu de bonnes remarques sur le *Dictionnaire* et sur les *Lettres de Bayle;* sur les *Epistolæ obscurorum virorum;* sur les *Aventures de Pomponius Atticus*, avec la clef; sur les *Mémoires de Comines*, etc. Le Duchat était l'un des hommes les plus érudits de son tems; né à Metz le 23 février 1658, il est mort à Berlin, le 23 juillet 1735.

ENCYCLOPÉDIANA, ou Dictionnaire encyclopédique

des ANA , contenant ce qu'on a pu recueillir de moins connu ou de plus curieux, parmi les saillies d'esprit, les écarts brillans de l'imagination, les petits faits de l'histoire générale et particulière , certains usages singuliers, les traits de mœurs et de caractères de la plupart des personnages illustres, anciens et modernes; les élans des ames fortes et généreuses, les actes de vertu, les attentats du vice, le délire des passions, les pensées les plus remarquables des philosophes; les dictums du peuple, les réparties ingénieuses, les anecdotes, épigrammes et bons mots; enfin les singularités en quelque sorte des sciences, des arts et de la littérature. *Paris , Panckoucke* , 1791 , un *vol. in-4° de 964 pages à deux colonnes.*

> Ce Recueil est un véritable Dictionnaire, d'anecdotes ; mais on n'y trouve point de discussions purement littéraires, pareilles à celles qu'offrent la plupart des ANA ; il fait partie de l'*Encyclopédie méthodique.*

ENCYCLOPÉDIANA , ou l'Abeille de Mont-Martre. *Paris* , 1801, *in-18, fig.*

FÉMINOEANA, ou la langue et l'esprit des femmes, Recueil de ruses, bons mots , naïvetés, saillies, etc. du beau sexe; suivi d'uue notice sur les plus illustres Françaises; par Marc-Antoine. *Paris , Devaux,* 1801, 1 *vol. in-18.*

ENS (Gasparis), Epidoridum libri II. *Coloniœ,* 1619, *in-12.*

> Quoique cet ouvrage ne porte pas le titre d'ANA, c'en est un véritable, dans lequel on trouve des pensées, des saillies et des petits contes amusans et récréatifs. Les anecdotes et les bons mots des anciens n'y sont pas oubliés,

sur-tout ceux de Ciceron, qui, dit-on, était fort plaisant et fort caustique. Ce petit volume sert de prélude à un gros volume de propos de table, (*Apparatus convivialis*), que l'auteur préparait depuis long-tems.

Fontainiana, ou Recueil d'anecdotes, bons mots, naïvetés, traits ingénieux de J. la Fontaine, suivis de l'éloge de la Galle et de plusieurs autres pièces de ce poëte, inédites. *Paris*, 1801, 1 *vol. in*-18.

Fontenelliana, ou Recueil de bons mots, réponses ingénieuses, pensées fines et délicates de Fontenelle. Par C..... d'Aval... *Paris*, 1801, *in*-18.

> On connaissait déjà l'*Esprit de Fontenelle*, ou *Recueil de pensées tirées de ses ouvrages*. La Haye, (Paris), 1744, *in*-12.

Frédéricana, ou Recueil d'anecdotes, bons mots et traits piquans de Frédéric II, Roi de Prusse. *Paris*, 1801, *in*-18.

Furetiriana (*sic*) ou les bons môts, et les re- marques, d'histoires, de morale, de critique, de plaisanterie, et d'érudition, de M. Furetier (*sic*). (*Au second titre*) Furtieriana, ou les bons mots de M. de Furtières. (*sic*). (Mis au jour par Guy- Marais). *Lyon*, *Amaulry*, 1696, *in*-12. *Paris*, *Guillain*, 1696, *in*-12.

> Cet ana n'est pas précisément le Recueil des bons mots de Furetière, mais de ceux qu'il se plaisait à raconter; on y trouve plusieurs pièces de vers, dont quelques-unes sont de Hénault, auteur du sonnet de *l'Avorton*, qui n'ont jamais été imprimées. Ce Recueil a été réimprimé en tête des ana, publiés en 10 *vol. in*-8°. On a ajouté à cette réimpression le poëme satyrique très-

mordant, intitulé les *Couches de l'Académie*. A travers
les invectives et les torrens de fiel que Furetière a répandus dans cette production, on y découvre une grande
richesse d'imagination. Cependant il faut avouer, qu'en
général, le *Furetériana* est au-dessous du savant dont il
porte le nom. Furetière, né à Paris en 1580, a été rayé
de la liste des Membres de l'Académie en 1645, et est mort
en 1668.

Gasconiana, ou Recueil des hauts-faits et jeux
d'esprit des enfans de la Garonne. *Paris*, 1801,
in-18.

Gastronomiana, ou Recueil curieux et amusant
d'anecdotes, bons mots, plaisanteries et réflexions
gastronomiques, etc. *Paris*, 1809, 1 *vol. in*-18, *fig.*

Gersoniana, ou Recueil d'anecdotes, de pensées
et de jugemens sur la vie et les ouvrages de Jean
Gerson, (dans les *OEuvres* de cet auteur, édition
de Dupin, *Hollande*, 1706, 5 *vol. in-fol.*)

> Cet ANA, composé par Dupin, est curieux et digne
> d'être lu par les amateurs de l'histoire littéraire et ecclé-
> siastique. Jean Charlier, surnommé Gerson, célèbre docteur
> en Théologie, est né au Diocèse de Rheims en 1363;
> il mourut à Lyon, le 12 juillet 1429.

Grivoisiana, ou Recueil facétieux, par Martin-
ville. *Paris*, 1801, *in*-18.

Harpagoniana, ou Recueil d'aventures et d'anecdotes sur les avares ; par le C. Duval. *Paris*,
1801, *in*-18.

Henriana, ou Recueil d'anecdotes les plus intéressantes, traits sublimes, réparties ingénieuses et
bons mots de Henri IV. *Paris*, 1801, *in*-18.

Huétiana, ou pensées diverses de M. Huet, Évêque d'Avranches; (publiées par l'abbé d'Olivet). *Paris*, (non pas 822, comme porte le frontispice, mais) 1722, *in*-12.

Huétiana, nouvelle édition, augmentée de la description, en vers latins, du voyage de l'auteur en Suède. *Amsterdam*, 1723, *in*-12.

Ce Recueil a toujours tenu une place distinguée parmi les ana. L'auteur (c'est Huet qui l'a rédigé) et l'éditeur sont connus trop avantageusement dans la république des lettres, pour que l'on ait à craindre de trouver dans cet ana, des choses inutiles ou puériles, comme celles qui ont tant fait décrier ces sortes d'ouvrages. On a réimprimé le *Huétiana*, *in*-8°, et on y a ajouté le *Traité de l'origine des Romans*, dans la collection des ana, en 10 vol. L'abbé Yart a publié des observations sur l'*Huétiana*; et le Mercure de France en a fait mention, en mai 1744, pp. 939—947. Pierre-Daniel Huet, Évêque d'Avranches, né à Caën le 8 février 1630, est mort à Paris le 26 janvier 1721.

Ivrogniana, ou bons mots et aventures d'ivrognes, Recueil de cabaret, avec la relation des bals des bois et les fêtes roulantes; par Anagramme Dauneur. *Paris*, 1804, *in*-18, *fig.*

Jocrissiana, *Paris*, 1801, *in*-18.

Launoiana, ou vie et histoire des ouvrages de M. de Launoy, (dans la seconde partie du 4ᵉ Tome de l'édition des *OEuvres de Jean de Launoy*, donnée par l'abbé Granet. *Genève*, 1731 et 32, 10 *vol. in-fol.*)

On trouve des faits curieux dans cet ana qui, je crois, n'a point été imprimé séparément. Jean de Launoy, célèbre docteur en Téologie, né le 21 décembre 1603, est mort en 1678 le 10 mars. Le *Longueruana* assure qne de Launoy n'aimait point la Théologie scholastique ; et qu'il avait composé un écrit pour prouver qu'elle avait apporté des changemens dans la Théologie. Cet écrit a été brûlé après sa mort. De Launoy était caustique, on le sur-nommait *le dénicheur de Saints* ; apprenant que les Jacobins écrivaient contre lui, il répondit : *je crains plus leur canif que leur plume.*

LEIBNITIANA (Miscellanea), *sous le titre :* Otium hannoveranum, etc. à Joach. Friderico Fellero. *Lipsiæ*, 1718, *in-8°.*

C'est un véritable ANA recueilli par Feller sur Léibnitz l'un des plus grands philosophes de son siècle, né en 1646 à Leipzig en Saxe, est mort à Hanovre en 1716. On a publié en France l'*esprit de Leibnitz*, ou *Recueil de pensées choisies, extraites de toutes ses OEuvres, latines et françaises.* Lyon , 1772, 2 *vol. in-12.*

LINGUETIANA , ou Recueil des principes, maximes, pensées diverses , paradoxes et aventures de Linguet ; suivi de l'éloge de l'art du coeffeur de femmes , par le même auteur ; par C..... d'Aval.. *Paris*, 1801, *in-18.*

LONGUERUANA , ou Recueil de pensées , de discours et de conversations de feu Louis Dufour de Longuerue, abbé de Sept–fontaines et de Saint–Jean–du–Jard ; (publié par Des Marets). *Berlin, (Paris)*, 1754, 2 *vol. in-12.*

LONGUERUANA , réimpression. *Paris, Bastien,* 1773, 3 *Tomes en* 1 *vol. in-12.*

Ce Recueil est curieux ; on y reconnaît le ton tranchant et décisif de celui qui en est l'objet. L'abbé de Longuerue était très–savant, mais il était vif, brusque ; il avait des

saillies d'humeur, une liberté cynique qui rendait quelquefois sa critique téméraire. Il pensait sur certains points
de doctrine comme les protestans, sur—tout sur la con-
fession auriculaire, de laquelle on dit qu'il s'abstenait. Sa
dissertation sur la transsubstantiation ne fait point honneur
à son orthodoxie. Aussi a—t—on voulu la faire passer sous
le nom du ministre Alix, son ami. On trouve à la fin
du *Longueruana : l'histoire chronologique des gouver-
neurs de Syrie pour les Romains, des Pontifes des Juifs
et des Procureurs de la Judée.* La première édition de
cet ANA a eu plusieurs endroits retranchés par ordre du
Ministre, mais il existe des exemplaires dans lesquels on
les a rétablis. Louis Dufour de Longuerue, né à Char-
leville en 1652, est mort à Paris en 1733.

LUDOVICIANA, ou Recueil d'anecdotes, traits historiques et réponses de Louis XVI, précédé d'un
Sommaire sur les évènemens de sa vie. *Paris,* 1 *vol.
in*–18, *portrait.*

LUTHERANA, seu colloquia, meditationes, consola-
tiones, consilia, judicia, sententiæ, narrationes,
responsa, facetiæ D. Mart. Lutheri, piæ et sanctæ
memoriæ, in mensâ prandii et cœnæ, et in pere-
grinationibus observata et fideliter transcripta ; (edi-
tore Henrico Petro Rebenstroch. *Francofurti-ad-
mænum,* 1571, *in*-8°.

Ce Recueil n'a point le titre d'ANA, mais plusieurs
auteurs l'ont regardé comme tel, et ont décidé qu'on
devait le lui donner. C'est ce qui nous a engagé à le
placer ici. Ce sont des propos, des discours que Luther
tenait à table. Il y en a quelques—uns qui ne sont pas
très-favorables au héros de cet ANA. Martin Luther, né
dans le Comté de Mansfeld le 10 novembre 1483, est
mort à Islèbe le 18 février 1546.

MAINTENONIANA, ou choix d'anecdotes intéressantes, de portraits, pensées ingénieuses, bons mots, maximes morales et politiques, etc., tirées des lettres de Madame de Maintenon, avec des notes; (par Belin de Ballu). *Amsterdam*, 1773, *in-8°.*

> Ce Recueil peut être utile et agréable à ceux qui n'ont pas les lettres de Madame de Maintenon. Les notes sont intéressantes. Françoise d'Aubigné, Marquise de Maintenon, naquit dans une prison de Niort le 8 septembre 1635, et mourut, veuve de Louis XIV, à Saint-Cyr le 15 avril 1719.

MALESHERBIANA, ou Recueil d'anecdotes et pensées de Ch. G. de Lamoignon Malesherbes, précédé de sa vie. *Paris*, *Pillot*, 1802, 1 *vol. in-18, portrait.*

MARANZAKINIANA, (rédigé par l'abbé Grécourt). 1730, *in-24 de 54 pages.*

> Ce livret est une vraie caricature sur les ANA. Il est très-rare, bien imprimé, et l'on n'en a tiré que cinquante exemplaires. Maranzac était écuyer d'écurie, ou piqueur de Monseigneur, fils de Louis XIV, à qui il servait de fou, ou plaisant. Après la mort de ce Prince, en 1711, il passa au service de Madame la Duchesse. Cet ANA a été rédigé par l'abbé de Grécourt, et imprimé par ordre, aux frais et sous les yeux de cette Princesse. Lancelot en a acheté un exemplaire 72 l. (Voyez les ANONYMES de M. Barbier, n° 8789).

MATANASIANA, ou Mémoires littéraires, historiques et critiques du docteur Matanasius, S. D. L. R. G.; (par Thémiseul de Saint Hyacinthe). *La Haye*, 1740, 2 *vol. in-12.*

> Cet ouvrage avait paru en 1716 sous le titre de *Mémoires littéraires, historiques et critiques;* comme il ne

se vendit pas, on y fit, 24 ans après, le nouveau titre en ANA que nous avons cité. Il y a de bons morceaux dans ce Recueil; mais on aurait pu attendre quelque chose de mieux de la part de l'ingénieux auteur du *chef-d'œuvre d'un inconnu*. Thémiseul de Saint Hyacinthe, né à Orléans en 1684, est mort à Breda en 1746.

MAUPEOUANA, ou correspondance secrète et familière du Chancelier Maupeou, avec son cœur Sorhouet, membre inamovible de la Cour des Pairs de France; (par Pidanzat de Mairobert). *Imprimée à la Chancellerie*, 1775, 2 *vol. in*-12.

Il y a des choses très-plaisantes et très-piquantes dans ce Recueil, mais elles tiennent au tems et aux circonstances qui ont fait naître cette satyre, c'est-à-dire, à l'affaire des Parlemens sur la fin du règne de Louis XV, en 1771. Cette correspondance avait d'abord paru en petites brochures séparées, depuis 1771 à 1772, format *in*-12, et avait été condamnée à être brûlée par la main du bourreau le 14 mars 1772. Cela n'a point empêché qu'elle ne fut réimprimée sous le titre de *Maupeouana* en 1775. Nicolas-Réné-Charles-Augustin de Maupeou est mort en 1792, dans sa terre de Tuy en Normandie, où il avait été exilé par Louis XVI arrivant au Trône; mais Maupeou n'a jamais voulu remettre son titre de Chancelier à moins qu'on ne lui fît son procès. Dès 1768, cet homme à caractère, avait cherché à étendre l'autorité du Roi et à la débarrasser des entraves que les Parlemens apportaient à ses volontés. Les pamphlets, les injures, les sarcasmes des trois quarts de la nation, ne l'ébranlèrent point; il présenta toujours un front d'airain aux orages, et ne cessa d'agir conformément à ses principes.

MAUPERTUISIANA, avec cette épigraphe : *Discite justitiam moniti.* Hambourg, 1753, *in*-8°.

Belle édition : c'est un Recueil de pièces concernant le fameux procès littéraire de Maupertuis, Directeur de l'Académie de Berlin, avec Koënig, professeur de la Haye, célèbre géomètre et membre de la même Académie : ce procès est mêlé d'incidens très-singuliers, et qui a eu des suites fâcheuses pour les adversaires de Maupertuis; Koënig fut exclus de l'Académie. Pierre-Louïs Moreau de Maupertuis, né à Saint-Malo en 1698, est mort à Basle le 27 juillet 1759.

MELANCHTHONIANA (à Jo. Manlio). *Basileæ*, 1562, *in*-8°.

Nous ne connaissons cet ANA que par le titre. Philippe Melanchthon, né à Bretten dans le Palatinat du Rhin le 16 février 1497, mourut à Wirtemberg le 19 avril 1560.

MENAGIANA, sive excerpta ex ore Ægidii Menagii, (publié par A. Galland et Goulley). *Parisiis, Delaulne*, 1693, *in*-12.

Quelques-uns attribuent cette première édition à l'abbé Dubos et à Galland.

MÉNAGIANA, ou les bons mots, les pensées critiques, historiques, morales et d'érudition de Ménage. (Par Goulley, avec des augmentations par l'abbé Faydit). *Paris*, 1694, 2 *vol. in*-12.

J'ai vu annoncer quelque part une édition du Ménagiana, *Amsterdam*, 1715, 4 *vol. in*-18.

MÉNAGIANA, ou les bons mots et remarques critiques, historiques, morales et d'érudition de M. Ménage, recueillies par ses amis; troisième édition plus ample de moitié et plus correcte que les précédentes, (publiée par la Monnoye). *Paris*, 1715, 4 *vol. in*-12.

Cette édition est la plus estimée. Les remarques de la

Monnoye sont considérables. On a fait des cartons à cette édition. Il se trouve très-peu d'exempl. où ces cartons soient mis à leur place : dans l'édition de 1739, on les a rélégués à la fin de chaque vol. Mais ils sont insérés dans les *Mémoires de littérature* de Sallengre.

MÉNAGIANA, ou les bons mots et remarques critiques, etc., de Ménage. *Amsterdam, Pierre Decoup*, 1716, 4 *vol. in*-12.

> Dans cette édition qui est fort belle, les 3ᵉ et 4ᵉ vol. sont entièrement de la Monnoye, au lieu que dans l'édition de Paris, les remarques de ce savant sont mêlées avec celles de Ménage.

MÉNAGIANA, ou les bons mots, etc. *Paris*, 1719, 4 *vol. in*-12.

MÉNAGIANA, ou les bons mots de Ménage, etc. *Paris*, 1739, 4 *vol. in*-12.

MÉNAGIANA, ou les bons mots, etc. *Paris*, 1754, 4 *vol. in*-12.

MÉNAGIANA, ou les bons mots, etc., 3 *vol. in*-8°, dans la collection des ANA en 10 *vol. in*-8°, dont nous avons parlé.

ANTIMÉNAGIANA, où l'on cherche ces bons mots, cette morale, ces pensées judicieuses et tout ce que l'affiche du *Ménagiana* nous a promis. (Par Bernier). *Paris*, 1693, *in*-12.

> Cette satyre de Jean Bernier médecin, est très-mordante ; mais elle ne porte que sur la première édition. Ce sont des injures contre Ménage, Galland, etc. ; le style est pesant et ennuyeux. On trouve dans le premier vol. du *Recueil des pièces choisies*, (par la Monnoye), 1714, 2 vol. *in*-12, un *Avis à Ménage* par Gilles Boileau, qui est une critique également fort piquante.

Le Ménagiana ayant toujours tenu le premier rang parmi les ana, nous avons cru devoir en rapporter toutes les éditions. Celle de 1715 a toujours été préférée aux autres : voici les morceaux qui nous ont le plus frappé dans cette édition :

Deux fragmens de l'Histoire secrette de Procope. T. I, pp. 347—49.

Critique sur le Martial grec de Joseph Scaliger. T. I, p. 325.

La première Épître de Politien, traduite en français, suivant les règles de la plus exacte version, et accompagnée d'un commentaire plein de recherches peu communes. T. I, p. 354.

Le Discours académique de Claude—Gaspard Bachet de Meziriac, sur la traduction en général, et particulièrement sur celle de Plutarque, par Amiot (qui n'y est pas ménagé). T. II, pp. 411—460.

Une critique sur la Pancharis de Bonnefons. T. II, p. 367.

Une critique sur les Hymnes de Santeuil. T. II, p. 250.

Quelques extraits du faux évangile de St. Barnabé. T. IV, p. 202.

La lettre de la Monnoye sur le prétendu Livre des trois Imposteurs. T. IV, p. 283. (Un anonyme a publié à la Haye en 1716, une réponse à cette dissertation, en 21 pages *in*—16).

Une dissertation sur le Moyen de parvenir, de François Beroalde de Verville. T. IV, p. 313.

Dissertation sur l'Épigramme latine de l'Hermaphrodite, composée par Pulci de Costozza, traduite en grec par Politien, et en français par la Monnoye. T. IV, p. 322.

Dissertation sur le Songe de Poliphile, roman de François de Colone. T. IV, p. 69.

On peut consulter sur le Ménagiana les additions et corrections intéressantes qu'a faites à l'édition de 1715,

M. le Duchat, dans le *Ducatiana.* Tome II, pp. 221—289. On trouve dans les *Mémoires de littérature* de Sallengre, tome I, pp. 228—275, les cartons faits au même MÉNAGIANA de 1715. Voyez encore le *Magasin encyclopédique*, mois de mai 1807, p. 143—166. Gilles Ménage, né à Angers le 15 août 1613, est mort à Paris, le 23 juillet 1692. Bernard de la Monnoye, né à Dijon le 15 juin 1641, est mort à Paris le 15 octobre 1727.

MER...ANA, ou Manuel des Ch..., suite de l'almanach des gourmands, recueil propre à certain usage. 3e édition. *Paris*, 1806, *in-18, fig.*

MOLIÈRANA, ou Recueil d'aventures, anecdotes, bons mots et traits plaisans de Poquelin de Molière; par C..... d'Aval... *Paris*, 1801, *in-18.*

MOORIANA, or select extracts from the moral, philosophical, and miscellaneous works, of the late Dr. John Moore. *London, Crosby*, 1803, 2 *vol. in-8°.*

> Ces extraits des Œuvres morales, philosophiques et mêlées, de feu le Docteur John Moore, ont été publiés par MM. Prévost et Blagdon. On y trouve les portraits caractéristiques des principaux personnages qui ont joué un rôle dans la révolution française, un aperçu géographique des villes les plus remarquables de l'Europe, et une biographie de l'auteur, avec des notes critiques, historiques, satyriques, politiques, etc.

NAUDÆANA ET PATINIANA, ou singularités remarquables, prises des conversations de MM. Naudé et Patin. *Paris, Delaulne*, 1701, 1 *vol. in-12.*

NAUDEANA ET PATINIANA, ou singularités remarquables, prises des conversations de Naudé et Patin, nouvelle édition, augmentée (par Lancelot et publiée par Bayle). *Amsterdam, Vander-Plaatz*, 1703, *in-12.*

D'Artigny rapporte que « le Président Cousin, chargé d'examiner le manuscrit de la première édition, en retrancha quantité de traits libertins. Ce Recueil est rempli de faussetés et de bévues grossières, qu'on aurait tort de mettre sur le compte de Naudé, l'un des plus savans hommes de son siècle ». Niceron prétend que les additions qui sont dans l'édition de 1703, sont du Père Vitry, Jésuite, il a tort; elles sont de Lancelot, de l'Académie des belles—lettres. Mais elles ont été envoyées par le Père Vitry à Bayle, qui les donna au libraire Vander—Plaatz. Celui—ci a réimprimé le *Naudæana et Patiniana* en 1702; mais pour rendre son édition plus long—tems nouvelle, il l'a datée de 1703.

Outre le *Patiniana* qui fait partie du Recueil en question, on a encore l'*Esprit de Guy—Patin, tiré de ses conversations, de son cabinet, de ses lettres et de ses ouvrages, avec son portrait historique.* Amsterdam, (Rouen), 1709, *in—*12, et Amsterdam, 1713, *in—*12. Cet ouvrage est d'Antoine Lancelot. La dernière édition est assez belle, mais remplie de fautes. Ce Recueil est tout autre que ce que le titre promet, et on n'y reconnaît nullement l'esprit de Guy—Patin, auteur satyrique, médisant et quelquefois libertin. Gabriel Naudé, né à Paris en 1600, est mort en revenant de Suède à Abbeville, le 29 juillet 1653. Guy—Patin, médecin, né dans le Beauvoisis en 1601, mourut à Paris en 1672.

NECKERIANA, ou lettres sur les Mélanges de M{de}. Necker, (par Bourlet de Vauxelles). *Paris,* an VII, (1798), *in—*8° *de* 39 *pages.*

Cet ANA ne s'est jamais vendu.

OLIVEYRANA, ou Mémoires historiques, littéraires, etc., etc., recueillis par le Chevalier François—Xavier d'Oliveyra, gentilhomme portugais, né à Lisbonne en 1702, mort à Londres en 1783. *Manuscrit en 27 vol. in-4°.*

Ce Recueil contient le fruit des lectures et des observations de l'auteur, pendant vingt-cinq ans. On sait que d'Oliveyra apostasia en 1756 ; il embrassa la religion anglicane. Ayant appris la nouvelle du tremblement de terre qui fut si funeste à Lisbonne en 1755, d'Oliveyra publia en 1756 son *Discours pathétique*, qui fit beaucoup de bruit dans le tems ; le débit rapide de plusieurs éditions de cet ouvrage, de l'original français et de la traduction anglaise, dans le cours de peu de semaines, alluma la bile de l'inquisition, qui, le 20 septembre 1762, le condamna à être brûlé en effigie. L'auteur publia à ce sujet une petite brochure intitulée : *Le Chevalier d'Oliveyra brûlé en effigie comme hérétique ; comment et pourquoi?* Londres, 1762. D'Oliveyra a publié en portugais plusieurs ouvrages qu'il avait composés et fait imprimer en Hollande, avant de se retirer à Londres. L'inquisition les a tous condamnés. L'un des principaux est *Mémoires historiques, politiques et littéraires, concernant le Portugal.* La Haye, 1743, 2 *vol. in-12.*

Omniana, ou extrait des archives de la Société universelle des gobe-mouches, dédié à S.S. le Président, Fondateur et Général en chef; par C. A. Moucheron, son premier Aide-de-camp. *Paris,* 1808, *in-12, fig.*

Orientaliana, ou les bons mots des orientaux, traduction nouvelle de leurs ouvrages en arabe, en persan et en turc, avec des remarques. *Paris, Augustin Brunet,* 1708, *in-12.*

Cet ANA est rare ; je n'en connais que le titre, et je sais qu'il en existe un exemplaire dans le cabinet du savant M. Noël, à Paris.

ORIGENIANA , (par Huet , dans son édition des *Commentaires d'Origène* sur l'écriture sainte , Gr. Lat. *Rouen*, 1668, 2 *vol. in-fol.*)

> Cet ANA est digne du savant Évêque d'Avranche. Dans le voyage que Huet fit en Suède , il copia le manuscrit grec des Commentaires d'Origène , et le publia à son retour en grec et en latin , il y ajouta cet important ANA. Origène naquit l'an 180 de J. C. , et mourut en 254.

OXONIANA , ou Recueil de faits et anecdotes , relatives aux collèges, bibliothèques et établissemens de l'université d'Oxford , accompagnées de descriptions et d'extraits des manuscrits inédits qu'on y conserve, de notices sur les membres et professeurs célèbres, etc ; le tout formant une histoire complette de l'origine de ce célèbre établissement.

> Tel est le titre d'un ANA qu'un membre de l'université d'Oxford a dû publier , d'après l'annonce qu'il en a faite en 1807.

PANAGIANA PANURGICA , ou le faux Évangéliste ; (par M. de Prémontval). *La Haye*, 1750, *in-8°*.

> « Parmi les différentes critiques , dit d'Artigny , tant bonnes que mauvaises , qu'on a faites du livre intitulé *les Mœurs*, (par Toussaint qui s'était caché sous le nom de PANAGE), on distinguera toujours celle-ci. »

PANTALO-PHEBOEANA , ou mémoires, observations et anecdotes au sujet de Pantalon-Phébus. A la suite du *Dictionnaire néologique*, (attribué à l'abbé Desfontaines), 3e édition. *Amsterdam*, 1722, *in-12*.

> C'est une satyre très-piquante , et remplie de traits ingénieux contre Fontenelle, la Motte-Houdart, l'abbé de Pons et autres auteurs du tems. On l'a attribuée à Des-

fontaines; mais on assure qu'elle est, ainsi que le *Dictionnaire néologique*, de Bel, Conseiller au Parlement de Bordeaux; et que l'abbé Desfontaines n'est guères que l'éditeur de ces deux ouvrages.

PARRHASIANA ET CASAUBONIANA, ou pensées diverses sur des matières de critique, d'histoire, de morale et de politique, de MM. Théodore Parrhase, (Jean le Clerc) et Casaubon. *Amsterdam*, 1699, *2 vol. in*-12.

PARRHASIANA, ou pensées diverses sur des matières de critique, d'histoire, de morale et de politique; avec la défense de divers ouvrages de M. le Clerc, par Théodore Parrhase, (Jean le Clerc). *Amsterdam*, 1701, *2 vol. in*-12.

> Cette seconde édition est la meilleure. Ce Recueil contient d'excellentes réflexions sur la poésie, l'éloquence, l'histoire, la morale, la politique, etc. etc. On trouve dans le premier volume, un détail curieux des ouvrages que M. le Clerc avait publiés jusqu'alors, avec une réponse un peu vive aux savans qui les avaient attaqués; voyez dans les *Mémoires de Trévoux*, août, 1702, p. 139 à 149, édition d'Amsterdam, une lettre de Frain-du-Tremblay sur le *Parrhasiana*. Jean le Clerc, né en 1657, mourut en 1736.

PATINIANA, (*voyez* NAUDÆANA).

PERRONIANA, sive excerpta ex ore Cardinalis Perronii, per F.F. P.P. (fratres Puteanos), *Genevæ*, (*Hagæ comitum*), 1669, *in*-12.

PERRONIANA, sive excerpta ex ore Cardinalis Perronii, per F.F. P.P. (Jacques et Pierre Dupuy). *Coloniæ-Agrippinæ, apud Gebrardum Scagen, (Rothomagi)*, 1669, *in*-12.

Cette édition — ci est plus correcte que la précédente.

C'est Christophe Dupuy, procureur de la Chartreuse à Rome, et employé chez le Cardinal Duperron, qui a recueilli les bons mots de ce Cardinal; il les a remis à ses frères cadets, Jacques et Pierre Dupuy. Claude Sarrau, Conseiller au Parlement de Paris, a copié le manuscrit des frères Dupuy; et après sa mort, Isaac Sarrau, son fils, donna cette copie à M. Daillé le fils, qui rangea les articles par ordre alphabétique. Il communiqua son travail à Vossius qui en tira une copie, et la fit imprimer à la Haye, chez Adrien Vlacq, et non pas à Genève chez Pierre Columès, comme le porte le titre. C'est la première édition dont nous avons parlé. La seconde a été faite la même année, sur le manuscrit même de Daillé à Rouen, et non pas à Cologne, comme il est annoncé dans le frontispice.

La troisième édition a été faite à Rouen en 1691, sous le nom de Cologne.

Les Huguetans contrefirent celle-ci en 1694, et en copièrent les fautes.

Le *Perroniana* a encore été réimprimé dans le *Scaligérana*, *Thuana*, etc. Amsterdam, 1740, tom. I, page 63—484. Il est enrichi des notes de Claude Sarrau, de Daillé fils, de Duchat et de Desmaizeaux. On trouve des additions aux *Perroniana et Thuana*, editio secunda, *Col. Agrip.*, *Scagen*, 1669, dans le *Ducatiana* p. 290, le Duchat dit que le *Perroniana*, le *Thuana* et le *Scaligérana*, paraissaient dès l'an 1664. Alors il ne serait plus surprenant qu'il eût existé des éditions du *Perroniana*, *datées* de 1666 et 1667, comme je l'ai vu annoncer quelque part (1). L'origine de cet ANA est très-obscure. On assure avec fondement, je crois, que Duperron n'a pas dit tout

---

(1) Pour la date de *1666*, *voyez* d'Artigny, tome premier de *ses Mélanges*, p. 291; et pour celle de 1667, *voyez* les *Anonymes* de M. Barbier, n°. 11944.

ce qu'on lui prête dans ce livre. Il est vraisemblable que quelques anecdotes, quelques réponses ont été mal rendues ou altérées. Il serait injuste de juger un homme célèbre d'après ce qu'il dirait dans une société particulière. Duperron faisait toujours imprimer deux fois ses ouvrages, avant d'en venir à l'édition qu'il destinait au public. Jacques Davy Duperron, naquit de parens calvinistes dans le canton de Berne, le 25 novembre 1556 ; il mourut à Bagnolet près Paris, le 5 septembre 1618.

Pironiana, ou Recueil des aventures plaisantes, bons mots, saillies ingénieuses d'Alexis Piron; par C.... d'Aval... Nouvelle édition. 1801, *in*–18.

Pithoeana, sive excerpta ex ore Francisci Pithœi, anno 1616, (en français).

Tel était le titre du manuscrit original, écrit de la main de François Pithou, neveu de Pierre et de François Pithou. M. de la Croze, bibliothécaire et antiquaire du Roi de Prusse, le copia et le communiqua à Teissier, qui le publia à la tête de ses *nouvelles additions aux éloges des hommes savans*, *tirés de l'histoire de M. de Thou*, imprimées à Berlin en 1704. Cette première édition était pleine de fautes. Ce Recueil renferme des choses curieuses; on l'a réimprimé assez correctement dans les *Scaligérana*, *Thuana*, etc. Amsterdam, 1740, pp. 485—525, du tome Ier. François Pithou, né à Troye en 1544, mourut le 7 février 1621. C'est lui qui a découvert le manuscrit des *Fables de Phèdre*, et qui le premier l'a fait imprimer avec Pierre Pithou son frère aîné, qui mourut à Nogent-sur-Seine, le 1er novembre 1596, à 57 ans.

Plagiariana, contenant divers principes émanés du trésor de la vérité, recueillis par S. N..... Prieur de Saint-Yon. *Amsterdam, Changuyon*, 1735, *in*–8°.

Cet ana a rapport à la Théologie.

Poggiana, ou la vie, le caractère, les sentences et les bons mots de Pogge Florentin, avec son histoire de la République de Florence ; (par Lenfant). *Amsterdam*, 1720, 2 *vol. in*-12.

> Il faut ajouter à cet ouvrage les deux suivans :
>
> 1° Remarques sur le *Poggiana*, de Lenfant, (par la Monnoye). *Paris*, 1722, *in*-12 *de* 35 *pages*.
>
> Des auteurs ont attribué cet opuscule au P. Montfaucon. Le Duchat pense qu'il est d'un nommé Simon de Val-Hebert, auteur de l'épître dédicatoire des *Origines françaises de Caseneuve*. Mais on est généralement d'avis qu'on le doit à la Monnoye. C'est Toulié du Solivet qui en a fourni le manuscrit à l'imprimeur. Lenfant répondit à ces remarques critiques, dans la *Bibliothèque germanique*, to. 4, p. 70. Il passa condamnation sur plusieurs articles.
>
> 2° Osservazioni critiche ed apologetiche sopra il libro di J. Lenfant intitolato *Poggiana*, da Gio Battista Recanati; *in Venezia*, 1721, *in*-12.
>
> Nous ne connaissons ces observations critiques, que par leur titre.

Poissardiana, ou les amours de Royal-Vilain, et de Mademoiselle Javotte, dédié à Monseigneur le Mardi gras. *La Grenoulière*, 1756, *in*-12.

Poissardiana, ou catéchisme des halles ; ouvrage utile à la jeunesse qui veut passer joyeusement le carnaval. *Paris, Pigoreau*, 1802, 1 *vol in*-18, *fig*.

Polissoniana, ou Recueil de turlupinades, quolibets, rebus, jeux de mots, allusions, allégories, pointes, expressions extraordinaires, hyperboles, gasconades, bons mots et plaisanteries; avec les équivoques de l'homme inconnu, et la liste des plus rares curiosités, (connu sous le nom de Bacha-Bilboquet). (Par

l'abbé Claude Cherrier). *Amsterdam* , (*Rouen*),
1722, *in*-12.

POLISSONIANA, ou Recueil de turlupinades , quolibets,
rebus , etc. ; (par l'abbé Cherrier). *Amsterdam* ,
Schelte , 1725, *in*-12.

> C'est le plus mauvais de tous les ANA qui ont paru
> jusqu'à ce jour.

PREDICATORIANA, ou choix d'anecdotes sur les pré-
dicateurs, particulièrement sur ceux des XVIᵉ et XVIIᵉ
siècles , avec des extraits piquants de leurs sermons
originaux, singuliers et burlesques ; et l'indication
des meilleures éditions des principaux sermonaires;
précédé d'une notice bibliographique des livres en
ANA. *Manuscrit pouvant former un in*-8° *d'environ*
350 *à* 400 *pages.*

> Ce Recueil que nous avons formé , pour nous délasser
> de travaux plus importans , est amusant ; nous avons placé
> en tête la *Notice bibliographique des livres en* ANA qui
> forme la quatrième partie du présent volume , et nous
> la faisons suivre d'une *introduction* ou *coup d'œil rapide*
> *sur l'histoire de l'éloquence sacrée.* Rien n'est plus sin-
> gulier que les sermons qui se débitaient dans les XVIᵉ
> et XVIIᵉ siècles ; et cependant ils faisaient beaucoup d'effet ,
> parce qu'ils étaient accommodés aux mœurs du tems, et
> à la perspicacité des auditeurs. Un saint zèle animait ces
> vertueux prédicateurs , mais leur éloquence y répondait
> d'une singulière manière. Nous publierons ce Recueil lorsque
> nous y aurons ajouté les plus beaux morceaux de l'élo-
> quence chrétienne du siècle dernier, pour faire juger des
> progrès de cette branche de l'art oratoire ; le contraste
> de ces morceaux sublimes avec les espèces de bouffon-
> neries qui déshonoraient la chaire au XVᵉ siècle , offrira

quelque chose de piquant, et réunira dans un seul volume
l'utile et l'amusant.

Rabutiniana, ou pensées diverses du Comte de
Bussy Rabutin. (Voyez les *OEuvres mêlées* de ce
Comte, To. III, pp. 1—53. *Amsterdam*, (*Paris*),
1731, 5 *vol. in-*12).

> Il y a quelque chose de bon dans ce Recueil. Roger,
> Comte de Bussy Rabutin, né à Épiry en Nivernais le
> 30 avril 1618, est mort à Autun le 9 avril 1693.

Revolutiana, ou anecdotes, épigrammes et saillies
relatives à la révolution; par Philana. *Paris, Ma-*
*radan, an x, in-*18, *fig.*

Rousseana, ou Recueil d'anecdotes, bons mots,
maximes, réflexions de J.-J. Rousseau; par M. Cousin
d'Avalon. *Paris*, 1810, *in-*18, *portrait.*

Rousseliana, ou Recueil de tous les bons mots,
vers, calembourgs, lazzis et facéties de Cadet Roussel,
où l'on a réuni les additions de Brunet; suivi de
la tragédie de Matapan. *Paris*, 1805, *in-*18.

Saint-Evremoniana, ou Recueil de diverses pièces
curieuses, avec des pensées judicieuses, de beaux
traits d'histoire, et des remarques très-utiles de M.
de Saint-Évremont; (par Cotolendi). *Amsterdam,*
Pierre Mortier, 1701, *in-*12.

Saint-Evremoniana, ou Recueil de diverses pièces
curieuses, etc.; (par Cotolendi). *Rouen*, 1710, *in-*12.

Saint-Evremoniana, ou Recueil de diverses pièces,
etc. *Amsterdam*, 1750, 2 *vol. in-*8°.

> Ce Recueil n'est pas aussi mauvais que M. Desmaizeaux
> veut bien le dire, dans la *vie de Saint-Évremont*, p. 188.

Il compare Cotolendi à l'abbé Cotin qui, pour se venger de Despréaux qui l'avait maltraité dans ses satyres, en composa une très-mauvaise, et la fit ensuite courir sous le nom de Boileau. Il est vrai que Cotolendi, éditeur de l'*Arlequiniana*, n'a pas fait preuve de goût dans cette insipide ANA; mais on trouve de bonnes choses dans le *Saint-Evremoniana*, sur-tout son *mot sur l'éloquence*, ses *remarques sur la langue française*, etc., etc., etc. Charles de Saint-Denis de Saint-Évremont, né à Saint-Denis-le-Guast le premier avril 1613, mourut à Londres le vingt septembre 1703.

SANTEUILLIANA, ou les bons mots de M. de Santeuil, avec un abrégé de sa vie. *La Haye, Joseph Crispin,* 1707, 1 *vol. in-*8°.

Cet ANA est dû à Pinel de la Martelière, ami de Santeuil, et non à la Monnoye, comme plusieurs l'ont prétendu. On a souvent réimprimé cette compilation, ainsi qu'on peut le voir par les articles suivans.

SANTEUILLIANA, ou les bons mots de M. de Santeuil. *La Haye,* 1710, *in-*12.

SANTEUILLIANA, anecdotes et bons mots de Santeuil. *Paris,* 1723, 2 *vol. in-*12.

Cette édition est préférable à toutes les autres.

SANTEUILLIANA, *sous le titre de* vie et bons mots de Santeuil. *Cologne,* 1738, 1 *vol. in-*12.

SANTEUILLIANA, *sous le titre de* vie et bons mots de Santeuil. *Cologne,* (*Paris*), 1742, 2 *Tom. en* 1 *vol. in-*12.

SANTOLIANA, ouvrage qui contient la vie de Santeuil, ses bons mots, l'analyse de ses ouvrages; publié par l'abbé Dinouart. *Paris, Nyon,* 1764, *in-*12.

C'est encore la même compilation dont s'est emparé l'abbé Dinouart, et qu'il a publiée sous le titre de *Santoliana*.

SANTOLIANA, ou Recueil des aventures, anecdotes, bons mots et plaisanteries de Santeuil, avec des notes et remarques; par C..... d'Aval.. *Paris*, 1801, *in*-18.

Tout le monde connaît la bizarrerie du caractère de ce fameux poëte latin. « Concevez, dit Labruyère, un homme facile, doux, complaisant, traitable, et tout d'un coup, violent, colère, fougueux, capricieux ». Ce sont ces singularités qui ont fait recueillir avec empressement les anecdotes de la vie de Santeuil, et qui ont produit les différentes éditions du *Santoliana*. Jean-Baptiste Santeuil, né à Paris le 12 mai 1630, est mort à Dijon le 5 août 1697.

SCALIGERANA, sive excerpta ex ore Josephi Scaligeri, (curâ et studio Joan. et Nicolai de Vassan, collecta et ab Isaaco Vossio edita); per F. F. P. P. (fratres Puteanos). *Genevæ*, *apud Petrum Columesium*, (*la Haye*), 1666, *in*-8°.

Cette édition a été publiée à la Haye quoique le titre porte Genève, par Isaac Vossius qui avait emprunté le manuscrit de M. Daillé, comme il avait déjà fait pour le *Perroniana*. Voyez ce que nous disons de cette édition, dans le petit mot sur l'histoire des *Scaligerana*, que nous avons placé à la suite de la liste de leurs éditions.

SCALIGERANA, editio altera, ad verum exemplar restituta et innumeris iisque fœdissimis mendis quibus prior illa passim scatebat, diligentissimè purgata. *Coloniæ*, *apud Gebrardum Scagen*, (*Rouen*), 1667, *in*-8°.

Cette édition a été donnée par M. Daillé.

SCALIGERANA , sive excerpta ex ore Jos. Scaligeri , per F. F. P. P. (fratres Puteanos) ; editio secunda auctior et emendatior. *Hagæ-Comitum , ex typographiá Adriani Vlacq* , 1668 , *in-8°.*

SCALIGERANA , sive excerpta ex ore Jos. Scaligeri , etc. *Lugduni-Batavorum ex officiná Cornelii Driehuysen* , 1668 , *in-8°.*

> C'est dans le fond la même édition que la précédente.

PRIMA SCALIGERANA nusquam antehac edita , cum præfatione (et notis) Tanaquilli Fabri ; (curâ et studio D. de Sigogne advocati pictaviensis) ; quibus adjuncta et altera Scaligerana quam anteà emendatiora cum notis cujusdam v. D. (viri docti) anonymi (Pauli Colomesii). *Groningæ , apud Petrum Smithæum* , (*Saumur*) , 1669 , *in-8°.*

> On voit par ce titre que le premier Scaliger a été ici imprimé pour la première fois , et qu'il est réuni au second que l'on a purgé des fautes qui se trouvaient dans les éditions précédentes. On distingue les *Scaligerana* en premier et en second , à raison de la date de leur composition et nullement de leur impression ; car le second a été imprimé le premier. Nous parlerons de leur origine après en avoir exposé les différentes éditions.

PRIMA SCALIGERANA , nusquam antehac edita , cum præfatione (ac notis) Taniquilli Fabri , etc. *Ultrajecti , apud Petrum Elzivirium* , 1670 , *in-4°.*

> Cette édition est entièrement conforme à celle de Saumur.

PRIMA SCALIGERANA , editio altera priore emendatior. *Ultrajecti , apud Petrum Elzivirium* , (*Rouen*) , 1671 , *in-8°.*

Scaligerana, ou bons mots, rencontres agréables et remarques judicieuses et savantes de J. Scaliger, avec des notes de M. Tannegui Lefevre et de M. Colomiès; le tout disposé par ordre alphabétique en cette nouvelle édition. *Amsterdam, Huguetans,* 1695, *in-*12.

> Cette édition n'est point estimée; elle a été donnée par les Huguetans qui ont confondu les deux *Scaligerana,* sous l'ordre alphabétique. Ce qui fait un effet désagréable en ce que ces deux ouvrages sont d'un mérite bien différent; le premier est bon; on n'en peut dire autant du second.

Scaligerana, ou bons mots, rencontres agréables et remarques judicieuses et savantes de J. Scaliger, etc. *Cologne,* 1695, *in-*12.

Scaligerana, Thuana, Perroniana, Pithoeana et Colomesiana, ou remarques historiques, critiques, morales et littéraires de Jos. Scaliger, J.-Auguste de Thou, le Cardinal Duperron, Fr. Pithou et P. Colomiès, avec les notes de plusieurs savans; (publiées par Desmaizeaux). *Amsterdam, Covens et Mortier,* 1740, 2 *vol. in-*12.

> C'est l'édition la meilleure et la plus recherchée des *Scaligerana.* Le premier, qui est séparé du second, est enrichi des notes de Vertuuien, de François de Sigogne, de Tannegui Lefevre, de le Clerc, de le Duchat, et de l'éditeur Desmaizeaux. Le second est accompagné des remarques de Sarrau, de Daillé, de Colomiès, de le Clerc, de le Duchat et de Desmaizeaux.
>
> Disons un mot sur l'origine des deux *Scaligerana :*
>
> Le premier, presque tout latin, a été fait par Vertunien, sieur de Lavau, médecin de Poitiers, qui n'a tiré des conversations de Joseph Scaliger, que des traits d'une

érudition solide, peu commune, qu'il a accompagnés de plusieurs savantes remarques. Voilà le résumé de ce que dit Desmaizeaux dans son histoire des *Scaligerana* sur le premier ; mais on trouve dans un *Recueil de lettres*, Amst., 1730, pag. 66, que « le *Scaligerana prima* est de Scaliger même, qui, étant professeur à Leyde, avec 1600 florins de pension, recevait ordinairement après souper, la visite de Grotius, de Heinsius, de Vorstius, etc., qui étudiaient alors dans cette université. Ces jeunes gens écrivaient tout ce qui se disait dans ces soirées. Ainsi l'on ne doit pas s'étonner s'il y a bien des irrégularités dans cet ouvrage. » Malgré cela ce premier *Scaligerana* est bon ; Ménage le regardait comme un vrai trésor.

Le second *Scaligerana*, bigarré de français et de latin, a été compilé par les jeunes Vassan (1) qui ont recueilli sans choix ni discernement ce qu'ils entendaient dire à Scaliger. Ils donnèrent ce Recueil aux frères Dupuy qui le communiquèrent à Sarrau qui le copia ; Isaac Sarrau, son fils, donna cette copie à un de ses amis qui la prêta à Daillé ; celui-ci la transcrivit en 1663, mais il rangea les articles par ordre alphabétique. Isaac Vossius, à qui Daillé communiqua cette copie, la transcrivit et la fit imprimer en 1666, c'est la première édition que nous citons. « Le second *Scaligerana*, selon l'auteur du *Recueil de lettres*, cité plus haut, est de Dumoulin ; c'est un enfant de Scaliger, dont Grotius, Heinsius, Vorstius, etc. ont fait les oreilles. »

Leubscher a publié à Wirtemberg, en 1695, une dissertation, sous le titre de *Historia Scaligeranorum*, en deux feuilles *in-4°*. Il y cite avec beaucoup de soin les auteurs qui ont parlé des *Scaligerana*, et il a copié fidèlement leurs méprises. On trouvera encore l'*Histoire des Scaligerana* en tête de l'édition de 1740, elle a été donnée

_____

(1) Jean et Nicolas, fils de Perrette Pithou, épouse de Vassan, sieur de Remi-Mesnil ; sœur de Pierre et François Pithou, morte en 1604.

par Desmaiseaux. Le Duchat a publié des remarques sur le *Scaligerana* de 1695, dans le *Ducatiana*, p. 346.

On peut mettre au nombre des ANA sur Scaliger père, les *Electa Scaligerea*, *id est*, *Julii Cæsaris Scaligeri sententiæ*, *præcepta*, *definitiones*, *axiomata*, *ex universis illius operibus Selecta et per certas locorum communium classes disposita*, *opera quondam Itabyrionis*. Hanovæ, Wechel, 1634, *in-8°*. Ce Jules-César Scaliger est père du célèbre Joseph Scaliger dont il est question dans les articles précédens. Joseph-Juste Scaliger, né à Agen le 4 août 1540, mourut à Leyde en 1609.

SCARAMUCCIANA, ou bons mots de Scaramouche. *in-12.*

Angelo Constantini a donné la *vie de Scaramouche*, Paris, 1698, *in-8°*. Je crois qu'on a réimprimé le *Scaramucciana* sous le titre de *Scaramouchiana*, et que cette dernière édition est moins complette que la première.

SCARONIANA, ou Recueil d'anecdotes, bons mots, réponses bouffonnes, gaietés et farces de Paul Scaron; suivi des meilleurs morceaux de poésie burlesque de cet auteur. *Paris*, 1801, *in-18.*

SCHURTZFLEISCHIANA, ex scholis illius collecta et edita ab Irenæo Sincero. *Vittembergæ*, *ex officinâ Schlomachianâ*, 1729, *in-8°*.

Nous ne connaissons que le titre de cet ANA.

SÉGRAISIANA, ou mélange d'histoire et de littérature, recueilli des entretiens de Ségrais, (par Antoine Galland), chez M. Foucault intendant de Caën, avec les églogues et l'amour détruit par le tems, tragédie pastorale, ensemble la relation de l'île imaginaire, et l'histoire de la Princesse de Paphlagonie; (par

Mlle. de Montpensier). *La Haye*, (*Paris*), 1722, *in-12*, et *Amsterdam*, 1723, *in-12*.

La Monnoye, auteur de la préface de ce Recueil, raconte ainsi comment il a été composé : « la maison de M. Foucault, intendant de Caën, était le rendez-vous de tout ce qu'il y avait à Caën de personnes de mérite et de qualité. M. de Ségrais, lorsque sa santé lui permettait de s'y trouver, y était reçu avec distinction. Il y avait pour lui une place de réserve, auprès d'une tapisserie, derrière laquelle un homme de confiance était caché, et retenait sur le papier, les différens articles dont est composé le *Ségraisiana*. La lecture ne peut manquer d'en être également instructive et amusante ». L'abbé d'Artigny dit qu'on y trouve des anecdotes de toute espèce, et des traits hardis qui le firent supprimer à Paris, dès sa naissance. Et Voltaire prétend que « de tous les ANA, celui qui mérite le plus d'être mis au rang des mensonges imprimés, et sur-tout des mensonges insipides, est le *Ségraisiana* ; il fut compilé, ajoute-t-il, par un copiste de Ségrais, son domestique, et imprimé long-tems après la mort du maître ». Ce jugement de Voltaire me paraît excessivement sévère. Il pourrait bien fournir une petite addition, sinon aux mensonges imprimés, du moins aux choses avancées un peu légèrement. On trouve des anecdotes très-intéressantes dans le *Ségraisiana*, j'y ai remarqué la clef de l'*Histoire de la Princesse de Paphlagonie*, qu'on n'a jamais imprimée à la suite des nouvelles éditions qu'on en a données. Je la rapporte dans la première édition de ma *Bibliographie des livres tirés à moins de cent exemplaires*. M. Renouard l'a ajoutée à son édition de l'*Histoire de la Princesse*, etc., 1805, *in-12*; voyez p. 125. Jean Regnault de Ségrais, né à Caën en 1624, y est mort en 1701.

SELDENIANA, (ou plutôt) table-talk, being the

discourses of John Selden, or his sense of various
matters of weight and high consequence , relating
especially tho the religion and state ; the 2 edition.
London, for I. Tonson, and I. Churchill, 1696,
in-8°.

> Quoique cet ouvrage ne porte pas le titre de *Selde-*
> *niana*, on le connaît particulièrement sous ce nom ; c'est
> un véritable ᴀɴᴀ qui a été réimprimé plusieurs fois,
> particulièrement à Amsterdam , sous le titre de Londres,
> 1716 , *in-8°* ; et à Londres en 1789 , *in-*18. Malgré ces
> réimpressions, cet ouvrage passe pour médiocre, et indigne
> de la réputation de son savant auteur. Jean Selden, né
> à Salvington dans le Sussex, le 16 décembre 1584, est
> mort à Oxford le 30 novembre 1654.

Sᴇ́ᴠɪɢɴɪᴀɴᴀ , ou Recueil de pensées ingénieuses,
d'anecdotes littéraires, historiques et morales, tirées
des lettres de Madame de Sévigné, (par Pierre Bar-
ral). *Grignan, (Paris),* 1756, *in-*12.

Sᴇ́ᴠɪɢɴɪᴀɴᴀ , ou Recueil, etc. *Paris,* 1768, *in-*12.

Sᴇ́ᴠɪɢɴɪᴀɴᴀ , ou Recueil de pensées ingénieuses ,
d'anecdotes, etc. ; avec des remarques pour l'intelligence du texte. *A Auxerre, Fournier,* 1788, *in-*12.

Sᴇ́ᴠɪɢɴɪᴀɴᴀ , ou Recueil des pensées, etc ; nouvelle
édition. *Paris , Belin,* 1803, *2 vol. in-*12 *de* 250—
238 *pages.*

> Les lettres de Madame de Sévigné , présentent une
> infinité d'anecdotes piquantes et écrites d'un style en-
> chanteur. C'est le Recueil le plus propre à fournir des
> matériaux pour former un ᴀɴᴀ très-agréable. Mais tout
> le monde a ces lettres admirables. Marie de Rabutin, Dame
> de Chantal, Marquise de Sévigné, née le 5 février 1626,
> est morte le 14 janvier 1696.

SORBERIANA, ou bons mots, rencontres agréables, pensées judicieuses et observations curieuses de M. Sorbière. *Toulouse*, 1691, *in*-12.

SORBERIANA, sive excerpta ex ore Sam. Sorbière. *Tolosæ*, 1694, *in*-12.

SORBERIANA, ou bons mots, etc. *Paris*, 1694, *in*-12.

> Cette édition a été donnée par M. Graverol de Nismes, qui y a placé en tête la vie de Sorbière. Cet ANA est peu estimé. Je crois qu'il y en a encore une édition de Paris, 1695, *in*-12. Samuel Sorbière, médecin, naquit à Saint-Amboix, diocèse d'Usez, le 7 septembre 1615, et mourut le 9 avril 1670.

SUHMIANA, samlede og udgivne ved Nyrup. (Suhmiana, recueillis et publiés par Nyrup), en danois. *Copenhague*, 1799, *in*-8°.

> C'est un Recueil de quelques manuscrits qu'a laissés Suhm, l'un des savans les plus distingués du Nord, et auteur d'un grand nombre d'ouvrages, relatifs à l'histoire, à la politique et aux belles-lettres. Ces MSS. ont été publiés par son ami, le bibliothécaire et professeur Nyrup. On y trouve un projet de constitution pour la monarchie danoise, rempli d'idées libérales, et très-modérée. La chancellerie du Roi fit intenter une action criminelle à l'éditeur ; mais sur quelques remontrances particulières, cette action a été retirée.

SWIFTIANA ; *London*, 180..., *in*-8°.

> Je n'ai pu me procurer aucun renseignement sur cet ANA, qui a été imprimé à Londres, au commencement de ce siècle ; Jonathan Swift, le Rabelais de l'Angleterre, est mort à 78 ans.

TAUBMANNIANA, (Recueil des saillies de Frédéric Taubman). *Lipsiæ*, 1703, *in*-8°.

TAUBMANNIANA. *Francofurti*, 1728, *in-12.*

Ce sont les bons mots et saillies de F. Taubman, professeur à Wittemberg, mort en 1613; il joignait beaucoup d'esprit à une grande érudition, et à un grand penchant pour la satyre, sans cependant excéder les bornes que devraient toujours respecter les écrivains de ce genre. Ce Recueil est presque tout allemand.

THUANA, ou (Recueil des bons mots de M. de Thou), excerpta ex ore Jac. Aug. Thuani, per F.F. P.P. *Genevæ*, (*Hagæ Comitum*), 1669, *in-8°.* (Avec le *Perroniana*).

THUANA (et PERRONIANA). Editio secunda. *Coloniæ-Agr.*, (*Rouen*), 1669, *in-12.*

Dans cette seconde édition, l'éditeur, M. Daillé, a rangé les articles du *Thuana* selon l'ordre alphabétique. Cet ANA est curieux. Sarrau le transcrivit en 1642, sur l'exemplaire manuscrit des frères Dupuy, amis intimes de M. de Thou, dont ils recueillaient les discours. C'est Isaac Vossius qui donna la première édition que nous citons. Il en existe encore une, jointe au *Perroniana* de Cologne, 1694, *in-18.* On trouve cet ANA dans l'*Histoire de de Thou*, édition de Buckley. Londres, 1733, *in-fol.*, tom. VII, *num.* XI, p. 185 *et suiv.* Et dans le *Scaligerana* de 1740, tom. Ier, pp. 1—62. Jacques-Auguste de Thou, né à Paris en 1553, y est mort en 1617.

VALESIANA, ou pensées critiques, historiques et morales, et les poésies latines de M. de Valois, recueillies par son fils. *Paris*, 1694, *in-12, fig.*

Il y a de très-bonnes choses dans ce Recueil, sur-tout de bonnes remarques sur le premier vol. de Ducange. Il est malheureux que M. de Valois n'ait pas continué un ouvrage aussi utile. Adrien de Valois, né le 14 janvier 1607, est mort le 2 juillet 1692.

Varillasiana, ou ce que l'on a entendu dire à M. Antoine Varillas, historiographe de France, mis au jour par Boscheron. *Amsterdam, Zacharie Chastelain, 1734, in-12.*

Ce Recueil est peu estimé. Antoine Varillas, né à Guéret en 1624, mourut à Paris, le 9 juin 1696. Il se vantait d'avoir été 34 ans, sans avoir mangé une seule fois hors de chez lui.

Vasconiana, ou Recueil de bons mots, des pensées les plus plaisantes et des rencontres les plus vives des gascons; (par Demontfort). *Paris, Brunet, 1708, in-12. Seconde édition, Paris, 1710, in-12.*

Ce Recueil contient quelques saillies heureuses, étouffées par une infinité de pensées plates et insipides.

Voltariana, ou éloges amphigouriques de François-Marie-Arouet Sieur de Voltaire, etc.; (attribué à Saint-Hyacinthe) (1). *Paris, 1748, in-8°, et 1749, 2 vol. in-8°.*

Collection assez mal digérée; cependant on y trouve quelques pièces curieuses et importantes; telles que le *Mémoire* de Jore, libraire à Rouen, fait par Bayle, avocat au Parlement de Paris; les *Mémoires* et *Factums* dans l'affaire de Travenol, les *Lettres* contenant le parallèle de la Henriade et du Lutrin, etc. F. M. Arouet de Voltaire, naquit à Chatenay près Paris, le 20 février 1694, et mourut à Paris le 30 mai 1778.

---

(1) M. Barbier dit dans ses *Anonymes*, que cet ouvrage n'a point été publié par Saint-Hyacinthe, puisqu'il était mort depuis deux ans, quand le *Voltariana* a vu le jour. Le savant éditeur du *Chef-d'œuvre d'un inconnu*, neuvième édition, *Paris*, 1807, 2 *vol. in-8°*, M. Leschevin, pense que le *Voltariana* appartient à MM. Travenol et Mannory, et son opinion nous paraît fondée.

VOLTAIRIANA, ou Recueil de bons mots, plaisanteries, pensées ingénieuses et saillies spirituelles de Voltaire; par C..... d'Aval... *Paris*, 1801, *in*–18.

WALPOLIANA, ou Recueil des bons mots d'Horace Walpole. (En anglais). *Londres*, *Philips*, 1801, 1 *vol. gr. in*-8°.

> L'éditeur de ce Recueil n'a pas satisfait l'attente du public; il aurait dû apporter plus d'attention et de discernement, dans le choix des bons mots et des anecdotes d'Horace Walpole, l'un des hommes les plus spirituels de son siècle. Ou les anecdotes sont trop connues, ou les bons mots dépendans de quelques circonstances particulières, inconnues au public, perdent à la lecture beaucoup de leur finesse, et du sel qu'ils pouvaient avoir dans la bouche du Lord.

WARTONIANA, or miscellanies in verse and prose, by the Warthon family and several other persons of distinction. *London*, 1727, 2 *vol. in*-8°.

> Je ne connais cet ANA que par le titre.

F I N.

NOTES ADDITIONNELLES.

I. NOTE.

Sur la traduction italienne de DAPHNIS ET CHLOÉ, par Annibal Caro.

Quoique j'aie déjà parlé de cette traduction, (page 79 du présent volume), j'y reviens pour rectifier une petite inexactitude qui s'est glissée dans son annonce, et pour y ajouter une notice que M. de Landine, conservateur de la Bibliothèque de Lyon, a eu la bonté de me communiquer. Cette notice n'étant arrivée qu'après l'impression de l'article, je n'ai pas cru pour cela devoir en priver mes lecteurs; je la joins donc ici au titre de l'ouvrage rapporté plus exactement :

Gli amori pastorali di Dafni e di Cloe di Longo sofista, tradotti dalla lingua greca nella nostra toscana dal commendatore Annibal Caro. *Crisopoli*, 1786, *in-4°.*

« Le manuscrit autographe de cette excellente traduction
« italienne de l'un de nos quatre érotiques grecs, appar-
« tenait à M. François Danieli de Naples, qui l'a fait
« imprimer par Bodoni de Parme, au nombre de CIN-
« QUANTE-TROIS exemplaires. Le caractère en est superbe,
« et c'est l'un des chefs-d'œuvre de l'imprimeur. La
« Préface est de Danieli, quoique son nom et celui de
« Bodoni ne se trouvent en aucun endroit du Livre. Les
« cinquante-trois exemplaires n'ont été donnés qu'aux
« amis de Danieli. Leur rareté est extrême ; cependant
« M. Fournier, dans son *Dictionnaire portatif de Biblio-*

« *graphie*, ne l'estime que 25 f. J'en ai vu un exemplaire
« appartenant à M. Guidi de Naples, à qui j'en ai offert
« 200 f., et qui n'a pas voulu me le céder. » Telle est
la note de M. de Landine, j'y ajouterai un mot : M.
Brunet dit dans son *Manuel du libraire et de l'amateur*,
Tom. II, p. 60, que l'on doit trouver après le titre deux
feuillets contenant une lettre de l'éditeur et une de l'imprimeur ; ces deux lettres sont adressées à la personne
à qui l'on envoyait le livre ; ensorte que chaque exemplaire porte un nom différent. J'ai dit ailleurs que la liste
des personnes auxquelles l'ouvrage a été donné, est imprimée à la fin du volume. M. Brunet porte le nombre
des exemplaires à 56, et prétend qu'il n'est pas certain
qu'il n'y en ait eu que ce nombre d'imprimé. Il ajoute
qu'il y en a quelques exemplaires sur papier vélin. Je
pense qu'on n'en a tiré que deux sur pap. vélin et cinquante-trois sur papier ordinaire, ce qui fait en tout
cinquante-cinq. Un exemplaire s'est vendu 100 fr., à
Paris, Salle Sylvestre, en 1805.

I I. N O T E.

Sur l'Homère grec, de M. Bodoni, imprimé à
Parme, en 1807 et 1808, 3 *vol. gr. in-fol.*

Ce magnifique ouvrage n'a vu le jour que depuis peu
de tems, quoique l'impression en fût terminée en décembre
1808. L'éditeur, M. Lamberti, desirait en offrir le premier
exemplaire à Sa Majesté I. et R., à qui cet ouvrage est
dédié ; les évènemens de la dernière guerre d'Allemagne
ont retardé cette présentation, et par conséquent la publication des trois volumes. Le *Giornale italiano* a donné
une notice de cette production remarquable, dans le n° 358.
M. Pezzana de Milan, ayant eu la complaisance de me
communiquer cette notice, j'en essaie ici la traduction,
pour mieux faire connaître au lecteur l'importance du beau
travail de M. Bodoni.

« L'Italie qui, dans les fastes glorieux de la belle lit-
« térature, se vante d'avoir donné le jour à la première
« édition de l'Iliade, publiée, sous les auspices de L.
« de Médicis, par D. Chalcondyle, (*Florence*, 1488, 2 *vol.*
« *in–fol.*); cette Italie, dis–je, après environ trois siècles,
« reproduit, sous les auspices de Napoléon–le–Grand, ce
« divin Poëme, comme un des monumens les plus sublimes
« de l'art typographique, porté à son plus haut point de
« perfection. Le célèbre Bodoni, que l'on peut hardiment
« comparer aux plus fameux imprimeurs anciens et mo-
« dernes, a entrepris cette édition, avec ce zèle infatigable
« et ce talent distingué, qui dans le cours de sa brillante
« carrière, le placent au–dessus de tout autre. On n'a
« tiré que CENT–QUARANTE exemplaires de cette édition,
« qui est *grand in–fol.*, et divisée en *trois volumes*. Deux
« de ces exemplaires sont sur beau vélin d'Allemagne;
« l'un est destiné à Sa Majesté l'Empereur, et l'autre au
« Vice–Roi d'Italie. La dimension du vélin est telle, que
« la presse n'étant pas assez grande pour contenir la
« feuille ouverte, il a fallu plier le vélin pour l'imprimer; ce
« qui en a rendu l'impression extrêmement difficile. M. Louis
« Lamberti, célèbre Bibliothécaire, a présidé à cette édition,
« tant pour la correction, que pour le choix des leçons (ou
« variantes). Enfin l'habile typographe a heureusement ter-
« miné son travail; et certainement, on ne peut rien desirer
« de plus grand ni de plus élégant, tant pour la belle jus-
« tification, que pour la disposition régulière des carac-
« tères; ni rien offrir de plus brillant et de plus magni-
« fique, aux regards de quiconque sait apprécier et
« admirer les chefs–d'œuvre de l'art typographique. Malgré
« la distance de Milan à Parme, l'édition des trois volumes
« a été terminée en 18 mois, c'est–à–dire, depuis le mois
« de mai 1807, jusqu'au mois de décembre 1808; et
« dans cet intervalle, M. Bodoni a éprouvé, à différentes
« fois, des indispositions très–graves, et M. Lamberti a été

« engagé dans différens voyages. M. Morali, Professeur
« de langue grecque au Lycée de Milan, a eu grande part
« à la correction de cet ouvrage; il a partagé cette tâche
« pénible avec l'éditeur, et s'en est acquitté avec cette
« intelligence et cette attention scrupuleuse, qui le dis-
« tinguent. Mais si l'on peut regarder cette belle et utile
« édition comme parfaite quant à la partie typographique,
« il faut cependant convenir qu'elle laisse encore quelque
« chose à desirer quant à la partie critique. M. Lamberti lui-
« même après avoir exposé, dans une préface latine de
« dix pages, les raisons qui l'ont déterminé à préférer
« quelques leçons et à en rejetter d'autres, différentes des
« précédentes et souvent même opposées aux.opinions des
« hellénistes les plus distingués, tels que Heyne et Wolfius;
« M. Lamberti, dis-je, promet d'enrichir cette magnifique
« édition de commentaires destinés à justifier les leçons
« qu'il a adoptées. Nous savons qu'il s'occupe actuellement
« de ce travail, qui touche à son terme.

« En attendant, M. Lamberti a obtenu de Son Altesse
« Impériale, la permission d'aller à Paris pour présenter
« lui-même cette édition à Sa Majesté Impériale à qui
« elle est dédiée. »

III. NOTE.

Sur une nouvelle édition du DANTE, *in-fol.*

Cette édition a paru dernièrement; je ne la connais
que par l'annonce qu'en a faite le *Télégraphe littéraire*,
ixe année, n° 9, p. 66; quoique cette annonce ne donne
pas, sur cette édition, tous les renseignemens que l'on
pourrait desirer, je vais la transcrire ici, en attendant
que j'en aie obtenu de plus détaillés :

« M. *Louis Mussi*, de Milan, est parvenu à élever à
« la gloire du *Dante* le plus beau monument typogra-
« phique dont ce poëte célèbre ait jamais été l'objet. Le
« luxe, la perfection de toutes les parties de cette édition

« *in-folio*, feront époque dans les annales de l'impri-
« merie. Elle n'a été tirée qu'à soixante-dix exemplaires.
« M. *Louis Mussi* avait fait exécuter dans ses ateliers
« tout ce qui était nécessaire pour qu'elle ne le cédât
« en somptuosité à aucune autre édition connue. Un cé-
« lèbre bibliographe, M. *Gaetano Poggiali*, doit consacrer
« un ouvrage particulier à justifier les nouvelles leçons
« dont l'éditeur a fait usage, et qui ajoutent un mérite
« littéraire très-réel à la richesse typographique de l'ou-
« vrage. Il contient la vie du *Dante* écrite par *Boccace*,
« mais différente de celle que l'on connaît déjà. On l'a
« tirée d'un ancien manuscrit dont est possesseur M. *Joseph*
« *Bossi*, peintre d'une réputation distinguée. Pour faire
« jouir les amis des lettres des améliorations apportées
« au texte, M. *Mussi* a publié, en même tems, deux
« autres éditions de la *Divina commedia*, dont le prix n'a
« rien d'effrayant, et qui se font remarquer cependant
« par leur élégance et leur pureté. »

IV. NOTE.

Sur le Virgile de M. H. Justice, 5 *vol. in-8°.*

Nous avons parlé de ce Virgile, p. 208; mais nous
venons d'apprendre qu'il s'en trouve maintenant des exemplaires en papier vélin, chez MM. Tilliard frères, libraires
à Paris. Voici la note que nous fournit à ce sujet le
Télégraphe littéraire :

« Depuis long-tems on regrettait de ne pouvoir plus
« trouver dans le commerce, des exemplaires complets de
« cette édition de Virgile, dont M. Justice le fils à Bir-
« mingham avait négligé de faire retirer des exemplaires,
« malgré les demandes fréquentes qui lui en avaient été
« faites. De cette nouvelle édition sur papier vélin, il
« n'y a en tout que quatre-vingts exemplaires tous bien
« soignés. Il n'en existait pas auparavant sur papier vélin.

« Ceux-ci offrent aux personnes qui ont l'Horace de
« Pine (V. p. 198), la facilité de faire le rapprochement
« de deux auteurs qui doivent se trouver dans toutes les
« bibliothèques, et dont les éditions de luxe, comme celles-
« ci, doivent avoir la préférence, à raison des figures et
« monumens antiques dont elles sont ornées. »

Si les planches n'ont point été altérées par les tirages
précédens, ou par le laps de tems, ces quatre-vingts
« exemplaires doivent être infiniment précieux.

F I N.

NOTICE

Sur une nouvelle Edition de la traduction françoise de Longus, par Amyot, et sur la découverte d'un fragment grec de cet ouvrage.

DAPHNIS ET CHLOÉ, traduction complète d'après le manuscript de l'Abaye de Florence. *Imprimé à Florence, chez Piatti,* 1810, in-8.

CETTE édition, imprimée à soixante exemplaires, qu'on a eu l'attention de numéroter, et qui ont été distribués en présents, a été faite aux frais et par les soins de M. Courier, de Paris, ancien officier d'artillerie, et helléniste fort habile. Elle contient de plus que toutes les précédentes, la traduction françoise, en sept pages, d'un fragment très curieux remplissant la lacune qu'on sait être au premier livre de cet agréable ouvrage. Le fragment y est traduit par M. Courier en ancien langage; et on peut dire à la louange du traducteur, qu'il a rempli cette difficile tâche assez habilement pour se faire lire avec Amyot sans qu'on aperçoive trop de disparate. Il a fait dans le reste de l'ouvrage un assez grand nombre de corrections dont quelques-unes de pur style, et que peut-être il eût été mieux de ne pas hasarder; mais la plupart portent sur le texte même et sont motivées sur de meilleures leçons recueillies depuis Amyot dans les manuscrits, et notamment par M. Courier lui-même dans le manuscrit florentin de l'abbaye (della Badia), conservé maintenant à la bibliothèque Laurentiane, et d'après lequel il a copié le texte grec de ce même fragment.

On peut avoir quelque surprise de voir paroître la traduction françoise d'un morceau d'ancienne littérature grecque, sans que ce fragment ait été lui-même publié ; tandis qu'il étoit si facile, qu'il étoit de devoir même de l'imprimer, n'eût-ce été qu'en forme de note et à la fin du volume françois, où il eût à peine occupé trois ou quatre pages.

Si l'étrange histoire de la découverte de ce morceau, et (espérons n'avoir pas à continuer à le dire) celle de sa perte subite, n'étoient pas maintenant de notoriété publique, on pourroit croire que les pages ajoutées dans cette édition nouvelle, sont une de ces petites supercheries littéraires, dont il y a déjà tant d'exemples ; le court avertissement qui précède l'ouvrage est lui-même obscur, et conçu de manière à inspirer peu de confiance sur l'authenticité du morceau. Il faut dire que dans cette affaire tout semble avoir tourné à contresens ; est-ce la faute des hommes ? est-ce seulement le concours de bizarres circonstances, que la prudence ne pouvoit prévoir, c'est ce que je n'ai pas le talent de deviner ; mais comme de ces petits incidents, on a fabriqué une longue histoire dans laquelle je suis, non pas compromis, je me rends la justice d'être certain que jamais je ne pourrois l'être à juste titre en quoi que ce fût ; mais au moins comme j'y suis nommé, et que, bon gré, malgré, on paroît vouloir m'y faire figurer, il faut aussi que je la raconte ; ce que je vais faire avec toute ingénuité, et le plus brièvement qu'il me sera possible.

En novembre dernier, me trouvant à Florence avec M. Courier, que j'avois vu venir dans mon magasin à Paris, que j'avois retrouvé avec plaisir à Bologne, nous visitâmes ensemble la belle bibliothèque des ma-

nuscrits, dite de Médicis ou Laurentiane. Le principal
motif de notre visite étoit d'y vérifier si dans un manuscrit bien connu, et contenant quatre ouvrages grecs,
y compris le roman de Longus, nous trouverions le
passage qui, dans ce dernier ouvrage, manque à tous
les imprimés, comme il a d'abord manqué dans le
manuscrit florentin d'Alamanni, qui maintenant est
perdu, et sur lequel a été faite la première édition
florentine de 1598, in-4., source de toutes les autres
réimpressions. M. Furia, bibliothécaire, nous com-
munique le manuscrit, et nous reconnoissons avec
joie qu'il n'a point de lacune, que l'endroit inédit
forme une page entière de ce manuscrit in-4. remplie
d'une écriture aussi menue que serrée. M. Courier prend
aussitôt la résolution de copier ce fragment, et même
de collationner le texte entier de l'ouvrage qui paroît
ne l'avoir jamais été, et qui faisoit espérer des variantes
assez importantes : le tout, bien entendu, sans dé-
placement du manuscrit, et dans l'intérieur de la bibliothèque. Je remets à M. Courier quelques livres nécessaires à son travail; j'écris à Paris pour lui en faire
envoyer d'autres qui ne se trouvoient pas à Florence, et
dont il avoit besoin, non pas pour la simple transcription du court fragment, mais pour la révision qu'il
alloit faire de tout le texte. Je pars ensuite pour Li-
vourne où m'appeloient mes affaires; de retour le 12
novembre à Florence, où je n'avois à rester que douze
heures seulement, je cours à la Laurentiane visiter
MM. les bibliothécaires et M. Courier. J'y trouve ce
dernier avec M. Bencini, sous-bibliothécaire; je les

vois chagrins; ils me montrent le manuscrit du Longus,
et m'apprennent que la surveille, pendant une courte
interruption de travail, une feuille de papier placée par
inadvertance dans le manuscrit, y étoit restée collée,
parce que cette feuille s'étoit trouvée fortement ta-
chée d'encre en dessous. Je considère avec un chagrin
aussi vif qu'amer (1) cette malheureuse feuille collée
tout à travers, et cachant tout une page qui étoit justement celle du morceau inédit. Je fais à l'un et à l'autre
l'observation que le premier soin eût dû être, le 10,
jour de l'accident, d'enlever cette feuille, lorsqu'elle
étoit encore moite, et par conséquent moins adhé-
rente au manuscrit. Je demande la permission d'es-
sayer de la décoller, afin de reconnoître l'étendue
du dommage, et d'aviser à le diminuer, à le réparer, s'il étoit possible. M. Bencini m'engage à attendre l'arrivée du bibliothécaire en chef, M. Furia, qui
effectivement ne tarde pas à venir. Je le prie de per-
mettre que je détache cette feuille, si je le puis faire
sans endommager le manuscrit; et, en sa présence,
avec un peu de dextérité, animé par le desir de répa-

_____

(1) Ma douleur fut bien vive, peut-être même le fut-elle
autant que celle de M. Furia, quoique je n'aie pas le bonheur de la faire parler en termes aussi magnifiques. « A così
« orrendo spettacolo mi si gelò il sangue nelle vene, e per più
« istanti, volendo esclamare, volendo parlare, la voce arres-
« tossi nelle mie fauci, ed un freddo gelo invase le istupidite
« mie membra. Finalmente l'indignazione succedendo al do-
« lore, che mai faceste, esclamai...... ». Page 58 de l'écrit de
M. Furia.

rer un mal que je n'avois ni fait ni occasionné, mais qui cependant ne m'en chagrinoit pas moins vivement, je parviens à détacher cette feuille, en la déchirant par morceaux; et j'achève avec un plein succès cette petite opération chirurgico-bibliographique.

Quand la feuille du manuscrit fut débarassée de sa triste compagne, mon premier soin fut d'inviter ceux qui l'avoient si habilement déchiffrée et transcrite, à vérifier si l'un des endroits couverts par la tache d'encre recéloit quelque passage resté incorrect, ou au moins incertain, dans la copie, qui heureusement étoit achevée. Cette vérification fut faite sur-le-champ; et il fut bien avéré qu'aucun passage oblitéré par la tache d'encre, ne laissoit le moindre louche, la moindre incertitude dans la copie, ce qui nous donna à tous quatre un peu de consolation. M. Furia demanda à M. Courier une copie du fragment; je l'invitai à avoir soin de faire cette transcription sur un papier de la juste dimension du manuscrit, et à la faire en lettres fines, avec cette perfection avec laquelle il sait écrire le grec. On convint que cette pièce seroit remise dans le plus bref délai; pour ma part je promis d'envoyer plusieurs exemplaires de la petite édition que je me proposois d'en faire à Paris aussitôt après mon retour, et de tirer ces exemplaires exprès sur du papier de la grandeur du manuscrit; afin qu'on pût, en y réunissant copie manuscrite et copie imprimée, réparer en quelque sorte le dommage et la dégradation de la page ancienne. Pour cette édition que j'allois faire, il me fut promis, en présence de M. Furia et de son aveu, que la copie qui

m'étoit destinée me seroit d'abord envoyée, sauf à
faire ensuite celle qui devoit revenir à la bibliothèque, et qui, devant être plus soignée, mieux écrite, seroit nécessairement un peu plus longue à exécuter. Huit
jours, quinze au plus, en faisant le tout à son aise et
sans précipitation, devoient suffire à ce petit travail ;
de sorte qu'avant la fin de novembre tout devoit être
remis en ordre, et la bibliothèque avoir reçu sa copie.
Je ne prévoyois guère qu'une demande aussi simple,
aussi naturelle, et faite d'aussi bonne foi, à laquelle
M. Furia ne fit aucune objection, seroit l'occasion ou
plutôt le prétexte d'une tracasserie qui, au surplus,
doit m'être toujours complètement étrangère. Le même
jour, je pars pour revenir en France. M. Courier me
promet encore que dans la semaine il m'enverra la copie
du fragment, et ensuite, le plutôt possible, sa traduction françoise en style d'Amyot, et les variantes du
texte entier. J'étois bien persuadé que ce fragment me
devanceroit à Paris ; et l'édition que je projetois, je
la destinois à être envoyée en cadeau du nouvel an,
tant à la bibliothèque de Florence, à qui cette attention étoit bien due, qu'à nombre de savants et autres
personnes de distinction qui avoient bien voulu m'accueillir dans la tournée que je venois de faire en Italie
et en Suisse.

Le 12 décembre, j'arrive à Paris ; point de fragment ; j'attends, j'écris, je récris, rien ne vient : je
finis par ne plus écrire ; et enfin, dans le mois d'avril, je
reçois par la poste, non pas le fragment grec, mais un
exemplaire de l'entière traduction françoise d'Amyot,

réimprimée à Florence, avec le fragment traduit et remis à sa place : c'est l'édition que j'annonce au commencement de cette note. Pour ce qui est du fragment en langue grecque, et de la collation promise de tout le texte; depuis mon départ de Florence, je n'en ai plus entendu parler.

Il sembleroit que je n'aurois plus rien à dire, et que je devrois clore ici cette note, déjà assez longue; mais puisqu'on a bien voulu s'occuper de moi sans que je l'aie demandé, il faut aussi que pendant quelques minutes j'occupe tout l'univers de ma réponse; j'entends l'univers de Tristram-Shandy, les cinquante ou soixante personnes qui se sentiront le courage de lire toute cette polémique.

J'avois pris mon parti, et fait le sacrifice du petit plaisir que je m'étois d'abord promis de la publication de ce fragment, tant et si inutilement attendu, lorsqu'on m'envoya de Milan un article anonyme, inséré dans le *Corriere Milanese*, du 23 janvier, et probablement rédigé par quelque officieux Florentin. Dans cette note, dont chaque ligne est un mensonge et une calomnie, on parle de vandalisme, de cupidité; on dit qu'un libraire de Paris découvrit et copia le fragment, qu'ensuite il renversa son encrier sur la page inédite, et la couvrit entièrement d'une encre particulière et indélébile: le tout, bien entendu, par avidité et pour gagner beaucoup à la publication exclusive de cette pièce. Je ne répondis point à une note aussi absurde ; mais M. Furia a pris la peine d'y répondre à ma place, dans un écrit qu'il vient d'insérer au tome X de la *Collezione*

d'Opuscoli scientifici et letterarj, Florence 1810, in-8.,
pages 49 à 70. Dans cet exposé, qui certes n'est pas un
écrit fait de complaisance pour moi, on voit à peu près
les détails que je viens de donner; on voit par qui,
où et comment a été faite la tache, qu'il n'y a pas eu
d'encre indélébile, que le *librajo francese* n'est pour
rien là dedans; et enfin le journaliste milanois se
trouve complètement convaincu d'imposture : mais on
y voit aussi que M. Furia ne demande pas mieux
que de trouver des torts, et qu'à défaut de faits il se
jette sur les plus menus incidents, pour me faire
jouer un personnage.

D'abord il me blâme indirectement d'avoir détaché
la feuille super-imposée. Je l'ai fait parce que c'étoit
nécessaire, indispensable; je l'ai fait en sa présence,
avec un succès complet, sans effleurer dans la plus
petite parcelle le papier du précieux manuscrit; et si
dans cette occasion quelqu'un pouvoit avoir tort, ce
seroit le bibliothécaire lui-même, pour n'avoir pas essayé d'ôter cette feuille, dès le 10 novembre, jour de
l'accident; ce qu'il eût probablement fait sans aucun
risque et avec la facilité d'enlever aussi une partie de
cette nouvelle encre encore mal fixée sur la feuille ancienne. Au reste, l'emplâtre est ôté, c'est le principal;
mais je ne vois en aucune manière quel pouvoit être
le motif de M. Furia, lorsque le 10 novembre, il voulut que la feuille restât collée, ainsi qu'il l'apprend
lui-même : *Il qual non volli che fosse in conto alcuno
rimosso dal posto.* Certes à ce poste la feuille ajoutée
figuroit tout aussi bien que l'aune de boudin au nez

de la femme ; et je suis très coupable d'en avoir fait l'extirpation. M. Furia continue : « M. Renouard hu-« mectant adroitement le feuillet avec sa langue et son « haleine, se disposoit à l'enlever, je m'y opposai bien « vite, mais inutilement, parce qu'au moment même « il l'enleva rapidement en le déchirant en quatre mor-« ceaux (1)». Il m'a en vérité fallu du courage pour sur-monter le dégoût de poser ma langue sur ce feuillet tant de fois palpé par ces messieurs. C'est la plaie d'un malade que je suce, me disois-je en moi-même pen-dant cette répugnante corvée. M. Furia me dit bien alors : Prenez garde, laissez, vous allez tout déchirer. Ma réponse fut de lui présenter le manuscrit débarrassé ; tout justement, au talent de l'opération près, comme l'oculiste à qui l'on crieroit : Laissez cette cataracte, vous allez crever l'œil ; et qui répondroit en montrant la cataracte extirpée et le malade rendu à la lumière. Comme on veut à toute force que je sois pour quelque chose dans tout cela, on me fait aussi une affaire de n'avoir pas respecté l'intégrité du papier super-imposé, et de l'avoir enlevé par morceaux. Auroit-il mieux valu pour le conserver intact, arracher par lambeaux la feuille du manuscrit? Ce papier portoit une attes-tation de la main de M. Courier, par laquelle il se re-connoît l'auteur involontaire du dégât ; mais l'attesta-

---

(1) Il signor Renouard destramente umettandolo con la lingua e col fiato, già disponevasi a toglierlo. Mi vi opposi io ben tosto, ma inutilmente, poichè egli nel tempo stesso con rapida mano lo tolse, rompendolo in quattro parti.

tion n'a point été déchirée ; M. Furia déclare l'avoir recueillie et conservée entière. Dans l'état des choses, il ne pouvoit rien desirer davantage.

Le point le plus désagréable de cette affaire, et ce qui a motivé l'écrit de M. Furia, c'est qu'effectivement la bibliothèque n'a pas encore recouvré la copie du fragment ; c'est que le manuscrit, devenu imparfait au moment où il venoit d'être reconnu complet, est encore dans son état de mutilation. C'est un œil rendu à la lumière, et crevé aussitôt après par la main qui l'avoit si habilement opéré. Sans doute, il falloit que la copie fût remise ; il le falloit si bien que, voyant ce qui est arrivé, je me reproche actuellement à moi-même, comme un tort bien involontaire sans doute, de n'avoir pas refusé toute copie avant que la bibliothèque eût reçu la sienne, et d'avoir au contraire desiré, bien que de l'aveu du bibliothécaire, qu'une copie me fût d'abord transmise.

Pouvois-je me douter que cette demande, faite de la meilleure foi du monde, serviroit, comme je l'ai déjà dit plus haut, de motif ou de prétexte à une difficulté que je n'avois garde de prévoir, par la raison que je n'eusse pas été capable de la faire. Partant le même jour, je ne pouvois que me recommander à la bonne volonté de M. Courier qui promettoit l'envoi le plus prompt, à celle de M. Furia qui consentoit à continuer l'obligeante communication du manuscrit, pour l'achèvement de la révision du texte. M'étoit-il possible de deviner qu'après mon départ, ces messieurs se fâcheroient, prendroient de l'humeur les uns contre les autres, et dans leur fâcherie mettroient en jeu l'absent pour lui faire dire ce qu'il n'a point dit, et tirer de quelques mots des inductions toutes contraires à ce qu'il a jamais pensé. M. Furia imprime qu'on lui a allégué que j'avois défendu de lui rien remettre : c'est, je dois le dire, une fausseté, de quelque part qu'elle vienne. On a vu plus haut que j'avois desiré une copie prompte, mais je ne l'ai jamais demandée exclusive. MM. Furia et Courier savent très bien cela l'un et l'autre. Ma recommandation à ce dernier, au moment de nous quitter, fut de me donner la première copie, ainsi qu'il étoit convenu, et de me la donner assez promptement pour que je pusse être mis en état d'imprimer aussitôt après mon arrivée à Paris.

C'étoit bien peine perdue que cette recommandation, puisque je n'ai jamais rien reçu, ni le texte du fragment, déjà copié quand je suis parti de Florence, ni la traduction faite depuis, qu'on m'avoit pareillement promise, et que j'ai connue, avec le public seulement, quand elle a été imprimée. Qu'on vienne après cela dire que c'est pour se conformer à mes intentions qu'on a refusé la copie demandée; ceci a en vérité un peu trop l'air d'une mauvaise plaisanterie.

Si l'on eût scrupuleusement réservé cette pièce pour moi, on me l'eût envoyée : si l'on s'étoit cru lié par une interdiction que je n'avois pas plus le droit que la volonté de prononcer, cette cause eût entièrement cessé par l'offre que M. Furia déclare avoir faite de ne communiquer à qui que ce soit cette copie avant qu'on ait imprimé à Paris, et même de la cacheter et dé-

poser, si l'on croyoit une telle précaution nécessaire :
cependant le refus a continué, et probablement dure
encore. J'en ai dit assez pour prouver que quels qu'en
puissent être les motifs, ils me sont et doivent m'être
parfaitement étrangers.

Au reste, si l'on veut trouver à M. Courier quelque
tort, ce ne sera du moins pas celui de l'amour du gain ;
car dans son travail tout étoit gratuit, comme dans mon
édition à peu près tout devoit être pour moi pure dé-
pense. Aussi M. Furia dans sa longue épître ne l'attaque
point de ce côté ; il réserve ce gracieux compliment
pour le libraire. Il est tout simple pour M. Furia qu'un
libraire n'a pu aller voir des manuscrits que dans l'espoir de gagner quelque argent : deux ou trois pages inédites de grec ont enflammé sa convoitise ; et *per fas et
nefas* il a fallu arriver aux moyens de ravir cette riche
toison, et de la ravir pour soi seul. Ma réponse est ma
vie entière ; et, assurément, jamais l'amour du gain
ne m'a fait dévier de la route que doit suivre un com-
merçant honnête : ce n'est point là mon péché capital.
Quant à cette importante spéculation, non littéraire,
mais mercantile, selon M. Furia ; il a trop de bon sens
pour être la dupe de sa petite injure : il sait très bien
que, soit à Paris, soit à Florence, il y avoit dans cette
exiguë publication, quelque argent à dépenser, pour
imprimer la pièce, la vendre à peu de personnes, en
faire cadeau à un grand nombre, et en être pour les
frais de l'édition. Au reste, ce n'étoit pas trop payer
le plaisir de cette petite conquête littéraire, et j'y eusse,
s'il l'eût fallu, dépensé bien davantage. M. Furia sait

très bien aussi que, dans l'intérieur même de la bibliothèque j'ai dépensé, je ne dis pas à son profit, mais à celui des subalternes, bien plus que n'auroit jamais pu rapporter la vente la plus miraculeuse de cette niaiserie grecque. Cette indemnité, je la devois sans doute, pour la complaisance avec laquelle on voulut bien, pendant ce temps des vacances, tenir la bibliothèque ouverte pour laisser travailler sur ce manuscrit qui ne devoit pas être déplacé. Quant à M. Furia, ses complaisances et sa peine ne pouvoient se payer que par de la reconnoissance ; et je n'en conserve pas moins pour lui que si le manuscrit me fût venu, qu'il me fût venu en temps utilé, que mon impression eût été bien et promptement faite ; et enfin que j'eusse eu de cette petite affaire autant de satisfaction et d'agrément qu'elle m'a déjà donné d'ennui. Mais aussi, que M. Furia me fasse la grace de ne point s'occuper de moi plus qu'il ne doit et plus que je ne veux ; qu'il ne me fasse pas dire ce que je n'ai point dit : ou, si l'on me prête un langage inconvenant, que sa haute sagacité, aidée d'un peu de charité chrétienne, lui fasse rejeter comme absurdes tout langage, toute conduite qui n'auroient pu être le langage, la conduite d'un homme honnête et non en démence.

Que conclure de tout ceci, et des vingt-deux pages de M. Furia ; que le libraire a eu le tort de ne pas voir du premier coup-d'œil, que l'accident arrivé au manuscrit exigeoit qu'avant toutes choses copie fût remise à la bibliothèque ; mais qu'au reste, la remise de cette copie n'a dépendu aucunement de sa volonté, et qu'il n'est point du tout la cause du refus. On lui reprochera encore, si l'on veut, de n'avoir pas su prévoir que le desir bien franc, un peu enthousiaste, de publier deux vieilles pages de grec seroit officieusement transformé en avidité mercantile. Quant au littérateur, il est probable qu'il aura cru avoir le droit de retenir ce qu'il avoit trouvé, ou au moins de ne le publier que quand bon lui sembleroit. Il n'aura pas aperçu qu'avant la tache il avoit bien ce droit, mais que la tache une fois faite, son devoir étoit de rendre aussitôt une copie manuscrite: ou, s'il ne la vouloit rendre qu'imprimée, de la donner avec une promptitude telle qu'on eût à peine eu le temps de s'affliger de la dégradation. La plus grande partie du mal est encore réparable. Que M. Courier imprime son fragment, ou qu'il le rende en manuscrit à la bibliothèque ; il fera cesser les justes réclamations des amis des lettres ; et dès lors la dégradation du manuscrit ne sera plus qu'un accident, très fâcheux sans doute, mais sans aucun préjudice pour la littérature.

Paris, le 5 juillet 1810.

ANT. AUG. RENOUARD.

DE L'IMPRIMERIE DE CRAPELET.

TABLE

Des Noms propres répandus dans l'ouvrage.

(1) La traduction interlinéaire du *Robinson*, dont nous parlons, *page 57*, est de Madame de Montmorency-Laval. Le titre de cet ouvrage est : *La vie et les très-surprenantes aventures de Robinson Crusoë, en anglais, avec la traduction française interlinéaire*. A Dampierre, par G. E. J. M. L., 1797, 2 *vol.* in-8°.

M. Barbier, dans son *Dictionnaire des Anonymes*, enrichi de tant de notices intéressantes, donne (sous le n° 434) de bons détails sur la première traduction française du *Robinson*. L'original anglais, attribué à Daniel de Foe, avait paru vers 1719, 3 *vol.* in-8°. En 1720 furent traduits en français les deux premiers volumes, et le troisième en 1721, époque de la publication de cette traduction à Amsterdam. Il résulte des recherches faites sur le *Robinson*, en français, que Saint-Hyacinte a traduit tout au plus la première moitié du premier volume, et que le reste de l'ouvrage l'a été par M. Juste Van-Effen. (Voyez encore le n° 7450 du *Diction. des Anonymes*, sur la belle édition du *Robinson*, en français, donnée par Griffet-la-Baume, avec une préface de l'abbé Montlinot, *Paris, Madame Panckoucke*, an VII, 3 *vol.* in-8°, *fig.* ; et le n° 7451, sur la traduction de Madame de Montmorency-Laval, dont nous parlons). Il faut ajouter à ces articles la note fournie à M. Barbier par M. Coquebert de Taisy, et qui est dans le quatrième tome du *Dictionnaire*, à la table des auteurs, page 187; la voici : « le véritable auteur de ces aventures (de Robinson) est » Alexandre Selkirch, qui en a été le héros. Son manuscrit lui fut dérobé par » l'éditeur, (Daniel de Foe, littérateur anglais) qui le fit imprimer après l'avoir » vraisemblablement ajusté à sa manière. Selkirch réclama et ne put jamais » obtenir justice. » Il paraîtra peut-être un peu surprenant que cette anecdote, qui devait être parfaitement connue des anglais, nous soit parvenue si tard,

TABLE des Ouvrages anonymes.

*

T A B L E

Des Livres publiés sous le nom d'ANA, formant la quatrième partie du Répertoire.

FIN DES TABLES.

Nota. Nous nous proposions de faire imprimer, à la suite des trois tables précédentes, la liste des personnes qui, d'après L'INTRODUCTION publiée en octobre dernier, se sont fait inscrire pour un ou plusieurs exemplaires du RÉPERTOIRE DE BIBLIOGRAPHIES SPÉCIALES. Mais nous préférons placer cette liste à la fin du volume qui paraîtra dans le courant de cette année, parce qu'il sera plus étendu, renfermera des matières d'un intérêt plus général, et formera un ouvrage à part, servant de prolégomènes à toutes les Bibliographies spéciales. Le nom des personnes qui ont du goût pour ces sortes d'ouvrages, y sera donc mieux à sa place qu'à la suite des quatre petites Bibliographies particulières que nous publions aujourd'hui. On peut encore se faire inscrire chez l'auteur, pour le volume qu'il va mettre sous presse.

Nous avions promis un exemplaire en papier vélin aux personnes inscrites dans le courant de novembre; nous remplissons notre engagement, mais en même tems nous regrettons que plusieurs inscriptions nous soient arrivées après le terme fixé. Le tirage des premières feuilles était achevé, et le nombre des personnes inscrites avant décembre, a déterminé celui des exemplaires en papier vélin.